KB165762

서울의 자서전

서울의

조선의
눈으로
걷다

자서전

신병주
지음

글항아리

들어가는 말

    1394년 10월 조선의 수도가 된 이래 서울은 근·현대의 격동기 속에서도 대한민국 수도로서의 위상을 지켜왔다. 전통과 현대의 조화를 이룬 세계적인 도시로서의 명성을 이어가는 중이다. 이런 점에서 태조 이성계가 1392년 조선을 건국하고 2년 후인 1394년 한양 천도를 단행한 것은 탁월한 역사적 선택이었다고도 볼 수 있다. 조선의 수도로 출발한 만큼 현재의 서울에도 조선시대와 관련한 다양한 역사와 문화 공간들이 남아 있다. 조선시대 역사를 전공한 필자는 서울에서도 조선의 숨결이 묻어 있는 공간을 찾아 이들을 소개하는 글을 써나갔고, 마침내 그 결실을 맺게 되었다. 제목을 '서울의 자서전'이라고 한 것은 서울이 조선의 수도가 된 이후 지금까지 역사의 현장을 중심으로 자신의 이력을 계속 써가고 있다고 생각했기 때문이다. '조선의 눈으로 걷다'라는 부제를 단 것은 이 책에 소개되어 있는 장소들을 탐방하면서, 역사의 향기를 체험했으면 하는 바람에서였다.

    이 책은 시기별로 서울에 남아 있는 조선의 역사와 문화 공간들을 소개하고, 그곳에 얽힌 사연들을 담고 있다. 『조선왕조실록』 『승정원일기』『연려실기술』을 비롯하여, 조선시대 학자 개인 문집 등 검증된 사료에 바탕을 두고 이야기를 전개함으로써 역사적 객관성을 최대한 견지하려고 노력했다. 그리고 필자가 직접 탐방하면서 얻은 감상들도 서술하여, 제목 그대로 조선의 눈으로 서울이 간직해온 이력들을 독자들에게 가능하면 생생하게 전달할 수 있도록 노력했다. 조선을 상징하는 공간인 경복궁, 창덕궁, 창경궁 등의 궁궐과 왕릉, 조선이 수도가 되는 데 결정적인 역할을 한 한강, 정조의 숨결이 남아 있는 배다리, 조선 후기 중인 문화의 산실인 서촌 등 비교적 알려진 공간에 숨겨진 이야기들과 함께, 효종이 홍덕이라는 궁녀에게 김치를 공급할 수 있도록 하사한 홍덕이 밭, 단종의 왕비 정순왕후가 옷감을 물들였던 자지동천, 서울에서 느끼는 이순신 장군의 발자취, 천민 출신 유희경이 만든 문화사랑방 침류대, 흥선대원군의 별장 석파정과 이소정에 숨은 이야기 등 이제까지 상대적으로 잘 알려지지 않았던 내용들도 포함하여 책을 구성했다. 최근 영화 「파묘」가 크게 흥행했는데, 서울에도 파묘 후에 옮겨진 왕릉이 있다는 흥미로운 사실도 소개했다. 책에서 다루고 있는 내용들을 영화나 드라마 등 문화 콘텐츠로 잘 활용하는 방안도 권유해본다.

책의 출발점이 된 것은 서울시에서 운영하는 인터넷 홍보지 '내 손안에 서울'의 '신병주 교수의 사심私心 가득한 역사이야기' 코너였다. 2021년부터 격주마다 조선시대 서울 이야기를 숙제하듯이 연재했고, 50개 주제가 모여 이제 책의 출간에 이르게 된 것이다.

지면을 만들고 적극 후원해주신 서울시 관계자 분들께도 감사의 마음을 전하고 싶다. 기회가 되면 이 책의 속편에 해당하는 『서울의 자서전: 근현대의 눈으로 걷다』의 출간도 이어갈 계획이다.

무엇보다 이 책은 10여 년 만에 글항아리에서 출판한 책이라는 점에서도 필자에게는 큰 소회가 있다. 현재까지 인문학 도서 출판이라는 외길을 걸으면서 많은 성과를 낸 글항아리 출판사는 2008년 『이지함 평전』, 2012년 『조선평전』을 출간하면서 필자와 인연을 맺었다. 그리고 이번에 『서울의 자서전』을 출간하면서 강성민 대표와 이은혜 편집장과의 좋은 인연을 계속 이어가게 된 것도 큰 보람이다. 그리고 이 책에 나오는 주요한 장소들을 함께 답사하며, 좋은 기억들을 공유해온 배병권, 방성원, 표시목 등 건국대학교 사학과 박사과정 학생들은 책의 교정에도 참여해주었다. 학생들에게 고마운 마음을 전한다. 늘 후원해주는 아내 김윤진과 딸 신해원과도 출간의 기쁨을 함께 하고 싶다.

2024년 5월
건국대 연구실에서
신병주

차례

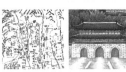

1
경복궁과 근정전,
이름에 담긴 뜻

1392년 조선 건국 후 가장 의미 있는 장면 중 하나는 1394년 10월 한양으로 천도를 단행한 것이다. 500년 가까이 고려의 수도로 기능했던 개성을 대체하는 방침은 새로운 왕조의 지향점을 상징적으로 보여준 사건이었다.

천도 1년 후인 1395년(태조 4) 열 달에 걸친 궁궐 공사가 끝났다. 『태조실록』 1395년 9월 29일 기록은 새 궁궐이 완성되었음을 알리고 있다. "새 궁궐은 연침燕寢이 7칸이다. 동서이방東西耳房이 각각 2칸씩이며, 북쪽으로 뚫린 행랑이 7칸, 북쪽 행랑이 25칸이다. 동쪽 구석에 연달아 있는 것이 3칸, 서쪽에 연달아 있는 누방樓房이 5칸이고, 남쪽으로 뚫린 행랑이 5칸, 동쪽의 소침小寢이 3칸이다. (…) 정전은 5칸으로 조회를 받는 곳이며 보평청 남쪽에 있다. 상하층의 월대가 있는데, 들어가는 깊이가 50척, 넓이가 112척 5촌, 동계東階, 서계西階, 북계北階의 넓이가 각각 15척이다. (…) 수라간水剌間 4칸과 동루東樓 3칸은 상하층이 있다. 그 북쪽 행랑 19칸은 정전의 북쪽 행랑 동쪽에 닿아서 내전의 동쪽 행랑과 연했으며, 그 남쪽

「백악춘효」 안중식, 비단에 엷은색, 125.9×51.5cm, 1915,
국립중앙박물관. 경복궁의 위풍당당한 모습을 부감법으로 묘사한 것

9칸은 전문의 동각루東角樓에 닿았다." 경복궁이 처음 완성됐을 때의 침전과 정전의 규모, 수라간, 동서의 행랑 모습까지 알 수 있다.

경복궁의 전체 규모는 755칸 정도였는데, 1868년 흥선대원군이 중건한 규모가 7200여 칸임을 고려하면 건설 당시 경복궁의 규모가 그리 크지 않았음을 알 수 있다. 성리학 이념을 담아 건국한 왕조였던 만큼 왕의 공간부터 모범적으로 검소와 절약을 실천해야 한다는 정신을 담았기 때문이다.

궁궐의 이름을 짓는 과정도 흥미롭다. 1395년 10월 7일 태조는 최고의 참모 정도전에게 "그대는 마땅히 궁전의 이름을 빨리 지어서 나라와 더불어 한없이 아름답게 하라"고 명했고, 정도전은 『시경詩經』「주아周雅」편에 있는 "이미 술에 취하고 이미 덕에 배부르니 군자는 영원토록 그대의 경복景福(크나큰 복)을 모시리라旣醉以酒 旣飽以德 君子萬年 介爾景福"라는 구절을 떠올렸다. 태조가 궁궐에서 잔치를 베풀면서 술에 취한 모습과 덕으로 정치를 해야 한다는 뜻을 담은 이름이었다.

정도전은 이어서 『춘추春秋』의 "백성을 중히 여기고 건축을 삼가라"고 한 구절을 인용한 후, 왕은 넓은 방에서 한가히 거처할 때는 빈한한 선비를 도울 생각을 하고, 전각에 서늘한 바람이 불면 맑고 그늘진 것을 생각해본 뒤 거의 만백성을 봉양하는 데 최선을 다해야 한다는 점을 거듭 강조했다.

정도전은 '경복궁'이라는 궁궐 이름과 함께, 왕이 무엇보다 백성을 위해서 부지런히 일해야 함을 강조한 '근정전勤政殿', 생각하고 생각해서 정치를 해야 한다는 뜻의 '사정전思政殿', 사람의 오복五福

「중묘조서연관사연도」 종이에 채색, 42.7×57.5cm, 1535, 홍익대박물관.
경복궁 근정전을 그린 가장 오래된 연도의 그림이다.

중에서 건강과 평안을 상징하는 강녕의 이념을 담은 '강녕전康寧殿'
등의 이름도 지었다. 전각 하나하나에 왕도 정치와 민본 정치를 실
천하려는 조선왕조의 이념이 잘 구현된 궁궐 경복궁. 그 이름에 담
겨 있는 의미들을 기억하고 이곳을 찾는다면 그 즐거움은 더 커질
것이다.

2
태종이 청계천 공사를
시작한 이유

한양이 조선의 도읍으로 결정된 데에는 몇 가지 이유가 있다. 그중에서도 도심의 동서남북 외곽을 낙산, 인왕산, 목멱산, 백악산이 둘러싸고 있고, 이들 내사산內四山을 연결하는 한양도성이 방어에 유리하다는 점이 컸다. 그러나 내사산에서 흘러내린 물이 도심에 집중적으로 흘러드는 바람에 비가 많이 오면 도성 전체가 잠기는 것은 큰 고민거리였다. 이런 문제점을 간파하고 도심을 관통하는 개천 조성 작업에 착수한 왕이 태종이었다.

1394년 10월 새로운 국가 조선의 도읍이 된 한양은, 정종이 1399년 3월 개성 천도를 단행하면서 잠시 수도의 기능을 잃었다. 이듬해 왕위에 오른 태종은 1405년 11월 수도를 한양으로 다시 옮겼다. 새 왕조에 걸맞은 새 수도라고 인식했기 때문이다. 태종은 한양의 약점인 홍수 피해를 막으려면 도심을 관통하는 개천을 조성해야 한다고 판단해 마침내 결단을 내렸다. 1406년(태종 6) 1월 개천開川 공사 실시를 명한 것이다.

1406년 1월 16일 태종은 충청도와 강원도 정부丁夫 3000명

청계천 돌다리.

이 도성에 이르자, 덕수궁과 창덕궁에 각각 1000명씩 부역하게 하고, 한성부에 소속된 600명에게는 개천 파는 일을 맡겼다. 청계천 공사의 역사적인 첫 출발이었다. 3월 28일에는 조정에 있는 관리로 하여금 직급에 따라 일할 장정을 보내 개천을 파고 도로를 닦게 했다. 그런데도 큰비가 내리면 여전히 물바다에 잠기는 상황은 계속되었다.

1407년 5월 27일에는 큰비가 내려 경성의 천거川渠(개천과 도랑)가 모두 넘쳤으며, 1409년 5월 8일에는 큰비가 내린 후 교량이 전부 파괴되고 성안에서 두 명이 익사했다. 1410년 7월 17일에는 도성에 물이 넘쳐서 종루鍾樓 동쪽에서부터 흥인문興仁門에 이르기까지 사람이 다니지 못할 정도였다.

1410년 8월 8일에는 큰비가 내려 광통교廣通橋의 흙다리가 무

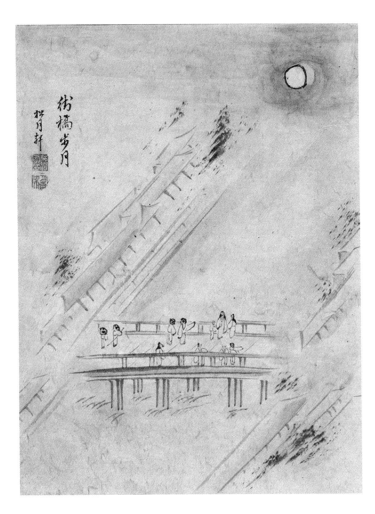

「가교보월」, 『옥계십이승첩』, 임득명, 종이에 채색, 1786, 서울역사박물관.
1786년 광통교의 모습이다.

너지자, 태종은 "정릉貞陵 옛터의 돌로 돌다리를 만드십시오"라는 신하들의 건의를 받아들여 석교를 놓았다. 실록에는 신하들이 먼저 의견을 냈다고 나오지만, 왕릉의 돌을 석교로 쓴다는 것은 태종의 의지가 아니면 불가능한 일이었다. 여기에는 태종과 신덕왕후의 갈등이 자리잡고 있었다.

태종은 태조를 움직여 자신의 아들 방석을 조선의 첫 세자로 책봉한 신덕왕후에게 깊은 반감을 품고 있었다. 왕이 된 후 원래는 현재의 덕수궁 근처에 조성되어 있던 정릉(신덕왕후의 묘)을 경기도 양주(현재의 성북구 정릉동)로 옮기게 지시한 것도 태종이었다. 2024년 영화 「파묘」가 크게 흥행했는데, 신덕왕후의 정릉은 파묘가 이루어진 조선의 첫 왕릉이 되었다. 여기에 더해 태종은 흙으로 만든 광통교가 소실되자, 정릉의 무덤에 있던 돌들을 활용해 다리를 만들게 했던 것이다. 현재 복원되어 있는 청계천의 광통교 자리에서는 한눈에 봐도 오래된 석축이 눈에 들어오는데, 이는 600년 전에 있었던 태종과 신덕왕후의 악연을 고스란히 보여주고 있다.

부분적으로 개천 조성 작업을 추진하던 태종은 개천의 역사를 본격적으로 맡을 개천도감開川都監을 설치하고, 1412년 1월에는 개천도감에 역군사의役軍事宜(부역하는 군인들에 대해 마땅히 지켜야 할 일)를 내렸다.

명하기를, "군인이 일하고 쉬는 법은 파루 뒤에 공사를 시작하여 인정 뒤에 보내서 쉬게 하라. 만일 명령을 어기고 백성에게 과중하게 일을 시키는 자가 있으면 마땅히 중하게 논죄하겠다" 하고, 또 병조·순금사巡禁司에 명하기를 "인정 후에서 파루 전까지 백성에게 일을 시키는 자가 있으면, 감독관을 죄주겠다"고 하고, 또 정부에 명하기를 "전의감典醫監, 혜민서惠民署, 제생원濟生院 등의 관청으로 하여금 미리 약을 만들고, 또 천막을 치게 하여 만일 병이 난 자가 있으면 곧 구제 치료하여 생명을 잃지 말게 하라"하였다. 처음에 경상도·전라도·충청도 3도의 군인이 올 때에 지인知印을 보내 행차하는 길옆의 각 고을로 하여금 구호하여, 얼어 죽는 일이 없게 하라고 명하였다.

위의 기록에서는 태종이 개천 공사를 지휘하면서, 파루罷漏(통행금지 해제, 새벽 4시) 후에 공사를 시작하고, 인정人定(통행금지, 밤 10시)이 되면 공사를 중지할 것을 특별히 지시한 모습이 나타나 있다. 전의감, 혜민서, 제생원 등의 의료기관에 공사에 참여한 사람들의 건강관리와 구호에 만전을 기할 것을 지시한 내용도 확인할 수 있다.

태종의 강력한 의지 속에서 1412년 2월 15일 마침내 개천을 파는 공사가 끝났고, 『태종실록』은 "개천을 준설하는 것이 끝났으니, 내 마음이 곧 편안하다"는 왕의 발언을 기록하고 있다. 그만큼 태종은 새로운 개천의 조성을 초대의 역점 사업으로 여겼던 것이다. 한양의 서쪽에서 동쪽으로 흘러 중랑천과 합류하는 이 개천은 청계천의 원형이 되었고, 현재 서울 시민들에게 도심 속의 휴식처가 되어주고 있다.

3
단종이 옥새를 내준 곳, 경회루

경복궁에서도 가장 경치가 좋은 곳인 경회루慶會樓는 정도전이 처음 궁을 지을 때는 없었던 건물이다. 경회루를 처음 세운 왕은 태종으로, 1412년 4월 2일 『태종실록』에는 이 건물이 조성된 과정이 기록되어 있다.

"새로 큰 누각을 경복궁 서쪽 모퉁이에 지었다. 공조판서 박자청에게 명하여 감독하게 하였는데, 제도制度가 굉장하고 창활敞豁하였다. 또 못을 파서 사방으로 둘렀다. 궁궐의 서북쪽에 본래 작은 누각이 있었는데, 태조가 창건한 것이었다. 왕이 협착하다고 하여 명하여 고쳐 지은 것이다"라고 했으니, 태조 때 세운 작은 누각을 고쳐 경회루를 건축했음을 알 수 있다.

1405년 개성에서 한양으로 다시 도읍을 옮긴 태종은 1411년 경복궁 안 서쪽에 연못을 판 후, 1412년 4월에는 『주역周易』의 36궁宮을 모방해 36칸에 46주柱의 돌기둥을 버텨놓은 경회루를 완성했다. '경사스럽게 만나는 누각'이라는 이름에서도 드러나듯 군신의 연회 및 외국 사신의 접대를 위한 목적이 컸다.

태종이 경회루를 조성한 후 43년이 지난 1455년, 이곳에서는 슬픈 역사가 전개된다. 단종이 삼촌인 수양대군의 압박 속에 왕위를 양보했던 곳이 바로 경회루였다. 단종은 "내가 나이가 어리고 중외中外의 일을 알지 못하는 탓으로 간사한 무리들이 은밀히 발동하고 난을 도모하는 싹이 종식되지 않으니, 이제 대임大任을 영의정(수양대군)에게 전해주려고 한다"고 했다. 한확 등 군신들이 그 명을 거둘 것을 굳게 청하자 수양대군 또한 눈물을 흘리며 완강히 사양하였다. 그날의 모습을 『세조실록』에서 보자.

"나는 전일부터 이미 이런 뜻이 있었거니와 이제 계책을 정하였으니 다시 고칠 수 없다. 속히 모든 일을 처리하도록 하라" 하였다. 한확 등 군신들이 합사合辭하여 전균이 다시 들어가 이러한 사실을 아뢰었다. 조금 있다가 전균이 다시 나와 전교를 선포하기를, '상서사尙瑞司 관원으로 하여금 대보大寶를 들여오라는 분부가 있다'고 하니, 모든 대신이 서로 돌아보며 얼굴빛이 변하였다. 또 명하여 재촉하니 동부승지 성삼문이 상서사에 나아가서 대보를 내다가 전균으로 하여금 경회루 아래로 받들고 가서 바치게 하였다. 노산군이 경회루 아래로 나와서 세조를 부르니, 세조가 달려 들어가고 승지承旨와 사관史官이 그 뒤를 따랐다. 노산군이 일어나 서니, 세조가 엎드려 울면서 굳게 사양하였다. 노산군이 손으로 대보를 잡아 세조에게 전해주니, 세조가 더 사양하지 못한 채 이를 받고는 오히려 엎드려 있고, 노산군이 명하여 부축해 나가게 하였다. (…) 세조가 익선관과 곤룡포를 갖추고는 백관을 거느리고 근정전 뜰로 나아가

경사스럽게 만나는 누각, 경회루.　｜　경회루에서 단종의 선위禪位를 받았다.

　　이 기록에서 주목되는 점 하나는 수양대군에게 옥새를 전해준 인물이 성삼문이라는 것이다. 성삼문은 당시 동부승지(예방승지)로서 오늘날로 말하면 청와대 의전수석으로 재직하고 있었고, 직무상 어쩔 수 없이 옥새를 꺼내온 것이었다. 수양대군은 단종이 내준 옥새를 받을 때 울며 사양하는 모습을 취했지만, 속마음은 그게 아니었을 것이다.

　　"세조가 선위를 받을 때 자기는 덕이 없다고 사양하니, 좌우에 따르는 신하들은 모두 실색하여 감히 한마디도 내지 못하였다. 성삼문이 그때 예방승지로서 옥새를 안고 목 놓아 통곡하니, 세조가 바야흐로 부복하여 겸양하는 태도를 취하다가 머리를 들어 빤히

쳐다보았다"는 기록에서도 두 사람 사이의 깊 었던 갈등을 엿볼 수 있다.

경회루에서 본 바깥 봄 풍경.

1455년 윤6월 단종이 왕위에서 물러난 날 성삼문은 크게 자책했고, 그의 절친한 친구 박팽년은 울분을 참지 못해 함께 경회루에서 뛰어내리자고 했다. 성삼문은 이를 말리면서 훗날을 도모하여 단종을 복위시키자는 다짐을 했다. "이날 박팽년이 경회루 못에 임하여 빠져 죽으려 하매, 성삼문이 기어이 말리며 말하기를, '지금 왕위는 비록 옮겨졌으나, 임금께서 아직 상왕으로 계시고, 우리가 살아 있으니 아직은 일을 도모할 수 있다. 다시 도모하다가 이루지 못하면 그때 죽어도 늦지 않다' 하매, 박팽년이 그 말을 따랐다"는 『연려실기술』의 기록에서, 경회루 앞마당은 단종 복위 운동의 시발점이 된 곳이었음을 떠올려주고 있다.

태종이 군신 간의 연회를 위한 장소로 세웠던 경회루에는 단종이 왕위를 빼앗긴 안타까운 사연이 있었으며, 연산군 시대에 이르러서는 홍청망청興淸亡淸의 공간으로 전락한다. 전국에서 불러 모은 기생 홍청興淸과 함께 사치와 향락을 일삼은 왕의 모습을 경계한 언어 '홍청망청'은 오늘날까지 전해지면서 역사의 준엄함을 보여주고 있다.

4

권력을 가까이하지 않은
효령대군과 청권사

서울의 지하철 2호선 방배역 옆에는 청권사淸權祠가 있다. 태종의 둘째 아들 효령대군孝寧大君(1396~1486)을 모신 사당이다. 효령대군 사후에 바로 조성되지는 않았고, 숙종대에 양녕대군을 모신 사당인 지덕사至德祠가 조성되자 이를 전범 삼아 영조대인 1736년에 만들어졌다. 위치는 효령대군의 묘역이 있던 곳이다.

'청권'이라는 이름은『논어』권18「미자微子」의 '신중청 폐중권身中淸 廢中權'에서 따왔다. 주나라 태왕의 세 아들 중 둘째인 우중虞仲의 '처신이 청도淸道에 맞았고, 스스로 폐한 것이 권도權道에 맞았다'라는 고사를 효령대군에 비유한 것이다. 정조 때인 1789년에 사액을 받았고, 이후 헌종과 고종 연간에 사당을 보수했다는 기록이 있다. 정조는 편액을 하사하면서, "우리 왕가에 효령과 양녕 두 대군이 계셨네 / 오랜 후세에 오히려 감회가 있는데 / (…) 길일을 가려서 편액을 내리고 / 근신을 보내어 잔을 드리게 하네"라는 제문을 내렸다.

효령대군의 이름은 보補, 초명은 호祜다. '효령'이라는 군호에서

『청권집유』이돈영, 조선 후기, 규장각한국학연구원. 문신 이돈영이 효령대군의 사적事蹟을 모아 기록한 역사서다.

드러나듯이 어려서부터 아버지 태종과 어머니 원경왕후를 지극한 효성으로 대했다. 태종이 "효령과 충녕이 조석으로 드나들며 혼정신성昏定晨省(저녁에는 잠자리를 봐드리고, 아침에는 문안을 드리다)했다"고 표현한 것이나, 변계량이 "효령대군은 온아하고 문명한 자질을 가졌고 효제孝悌와 충신의 행실에 독실하며 (…) 몸가짐을 겸손하게 해 털끝만큼도 교만한 기색이 없으니, 그처럼 훌륭할 수 없다"고 한 것은 그 인물됨을 잘 보여주고 있다.

1418년 8월 충녕에게 왕위를 물려주고 상왕이 된 태종은 중국 사신의 접견과 같은 주요 행사에 효령대군을 꼭 배석시켰다. 세종 또한 불교에 깊은 관심을 보인 형을 인정하고 그의 자문을 받았다. 효령대군은 세종대부터 성종대까지 왕실과 국가의 원로로서 최

효령대군 이보 묘역.

고의 예우를 받으며 평안한 일생을 보내다가
1486년(성종 17) 5월 11일 91세를 일기로 사망
했다.

　『성종실록』에 정리된 효령대군의 졸기는 "젊어서부터 독서하
기를 좋아하고 활쏘기를 잘하였는데, 일찍이 태종을 따라 평강에
서 사냥하면서 다섯 번을 쏘아 다섯 번 다 맞추니, 위사衛士들이 모
두 감탄하였다. 태종이 일찍이 편치 않으므로 이보가 몸소 탕약을
써서 조금도 게을리하지 않으니, 태종이 가상히 여겨 특별히 노비
를 내려주었다. 세종께서 우애가 지극히 도타와서 늘 그 집에 거둥
하여 함께 이야기하였는데, 마침내 저녁이 되어서야 파하곤 하였
다"에서 보듯 효령대군을 칭송하는 내용이 중심을 이룬다. 한편 그
가 불교에 빠진 점은 비판하고 있다. "이보는 불교를 심하게 믿어서

머리 깎은 사람들의 집합 장소가 되었으며, 무릇 중외의 사찰은 반드시 수창해 이를 영건했다. 세조가 불교를 숭신해 승려들로 하여금 거리낌 없이 제멋대로 다닐 수 있도록 했으니, 반드시 이보의 권유가 아닌 것이 없었다." 즉 효령대군의 불교 숭상에 대해 사관들은 비판적인 입장을 견지했다.

효령대군은 불교의 중흥에 크게 기여했다. 관악산의 연주암戀主庵을 중건했는데, 이것은 지금도 연주암에 효령대군의 초상을 봉안한 효령각孝寧閣이 있는 것과 깊은 관련이 있다. 월출산 무위사, 만덕산 백련사 중창 및 양주 회암사의 중수를 건의했고, 수많은 불사 개최의 중심에도 그가 있었다. 세조가 원각사를 창건하면서 효령대군에게 그 일을 주관하게 한 것 역시 효령대군이 불교에 깊은 애정과 지식을 지녔기 때문일 것이다.

이외에도 불교 경전의 언해 사업에 적극 참여해 조선 전기에 불교가 명맥을 잇도록 하는 데 큰 역할을 했다. 이처럼 불교에 심취한 효령대군을 보고 양녕대군은 보살이라 일컫기도 했다. "이보가 일찍이 절에 예불하러 나아갔는데, 양녕대군 이제李禔가 개를 끌고 팔에는 매를 받치고는 희첩姬妾을 싣고 가서 절의 뜰에다 여우와 토끼를 낭자하게 여기저기 흩어놓으니, 이보가 마음에 언짢아하며 이에 말하기를, '형님은 지옥이 두렵지도 않습니까?' 하니, 이제가 말하기를, '살아서는 국왕의 형이 되고 죽어서는 보살의 형이 될 것이니, 내 어찌 지옥에 떨어질 이치가 있겠는가?'"라고 한 기록이 『성종실록』에 보인다. 동생인 세종과 효령이 각각 왕이 되고, 부처를 신봉한 것을 비유한 것이다.

효령대군의 삶에서 특히 눈길을 끄는 것은 91세라는 이례적인 장수다. 조선 역대 왕의 평균 수명이 47세인 점을 고려하면 효령대군의 장수는 대단했다. 왕 중에는 영조가 83세로 장수를 누렸는데, 그보다 훨씬 더 오래 산 셈이다. 효령대군의 장수는 권력에의 미련을 버리고 불교에 심취해 자신이 좋아하는 것을 하면서 전국의 명산을 두루 돌아다닌 덕분이 아닐까? 방배동에 조성되어 있는 사당 청권사에서 효령대군의 삶을 반추해보게 된다.

5
허름한 장소에서 피어난 긍지,
자지동천과 비우당

한양도성 낙산공원 부근에서 동쪽으로 500미터쯤 가면 종로구 창신동 바위에 새겨진 글씨가 눈에 띈다. '자줏빛 풀이 넘치는 샘물'이란 뜻의 '자지동천紫芝洞泉'은 흰 옷감을 이곳에 넣으면 자줏빛으로 염색이 되었다는 데서 유래한다. 단종이 왕위에서 쫓겨난 후 단종의 왕비 정순왕후가 생계를 위해 이곳에서 옷감 물들이는 일을 했다고 한다. 1454년(단종 2) 1월 정순왕후는 왕실의 기대를 한 몸에 받으며 단종의 왕비가 되었다. 조선 역사상 처음으로 왕의 지위에 있는 이와 혼인하여 왕비가 된 사례다. 『단종실록』은 "근정문에 나아가서 효령대군 이보, 호조판서 조혜를 보내어 송씨를 책봉하여 왕비로 삼았다"면서 경복궁에서 왕비가 책봉받는 과정을 기록하고 있다.

하지만 왕비로 산 삶은 아주 짧았다. 1455년 윤6월 삼촌 수양대군의 압박을 받은 단종이 왕위를 내놓은 것이다. 단종이 상왕이 되면서 정순왕후는 의덕왕대비懿德王大妃가 되었다. 열여섯의 나이에 조선 역사상 최연소 대비가 된 것이다. 이후의 삶은 단종의 수

난과 궤적을 같이한다. 1457년 6월 세조는 단종을 노산군으로 강봉降封하고, 단종의 유배를 결정한다. 유배지는 서강西江을 앞에 두고 삼면이 산으로 둘러싸여 있는 강원도 영월 청령포였다. 이후에도 경상도 순흥의 금성대군 역모 사건 등 단종 복위 운동이 이어지자, 1457년 10월 21일 세조는 단종의 처형을 명했다.

비록 먼 곳으로 유배되긴 했지만 남편이 살아 있을 때는 희망이 있었다. 그러다가 들려온 청천벽력과도 같은 사망 소식은 정순왕후를 좌절의 삶 속으로 빠트렸다. 정순왕후는 평민으로 강등된 후 동대문 밖에서 거처하며 자지동천을 생계의 터전으로 삼아 외롭고 고달픈 삶을 이어갔다. 동대문 근처에 여인시장이 형성된 것도 정순왕후와 관련이 깊

이수광이 살았던 비우당 처마 뒤 바위에 자지동천이라는 글자가 새겨져 있다.

다. "정순왕후가 정업원淨業院에 있을 때 채소 공급은 동교에 사는 여인들이 시장을 열어 이루어졌다. 여인들의 채소 시장은 지금까지 없어지지 않고 있다"고 『한경지략』은 기록하고 있다.

마음의 상처를 달래기 위해 정순왕후는 불교에 크게 의지했던 것으로 보인다. 궁궐에서 은퇴한 여인들이 자주 찾은 절인 정업원은 그녀에게 마음의 안식처가 되었다. 옛 정업원이 있던 자리에 현재는 청룡사가 들어서 있으며, 이곳에 있는 '꽃비가 내리는 누각'이란 의미의 우화루雨花樓는 눈물로 얼룩졌을 단종과 정순왕후의 슬픈 이별을 떠올려준다. 청룡사 앞에는 1771년 영조가 이곳을 방문하고 친필로 '정업원구기淨業院舊基'라고 쓴 비석이 남아 있다. 정업원 인근 산봉우리는 정순왕후가 동쪽인 영월을 바라보며 단종의 명복을 빌었다고 해 동망봉東望峰으로 불리는데, 영월 청령포에 단종이 쌓은 망향탑과 묘한 짝을 이룬다.

정순왕후는 열여덟 살 때인 1457년 단종과 사별한 후 숱한 시련 속에서도 삶의 끈을 놓지 않고 64년을 더 살았으며, 중종 때인 1521년 82세를 일기로 생을 마감했다. 정순왕후의 무덤은 단종의 누이인 경혜공주의 아들 정미수鄭眉壽 집안의 종중宗中 산이 있는 현재의 남양주시 진건읍에 대군 부인의 묘로 조성되어 '노산군묘'로 불렸다. 숙종대인 1698년(숙종 24) 노산군이 단종이 되면서, 정순왕후도 왕비의 위상을 회복했다. '사릉思陵'이라는 무덤 이름에는 오랫동안 남편을 늘 생각했다는 뜻을 담았다.

자지동천 자리 옆에는 세종대에 청백리 재상으로 유명했던 유관柳寬(1346~1433)의 비우당庇雨堂도 있다. 비우당의 '비庇'는 '덮다'

라는 뜻으로, 비 맞는 것을 겨우 피하는 집이라 할 수 있다. 유관이 장마철에 비 새는 방에서 우산을 받치고 앉아 우산 없는 사람들을 걱정 했다고 한 데서 집 이름이 유래했다고 한다.

훗날 비우당은 유관의 외후손이 되는 이수광李睟光(1563~1628) 이 거처로 삼는다. 이수광의 호 '지봉芝峯'은 동대문 밖 상산商山의 산봉우리 이름을 따온 것으로, 그가 자랐던 비우당은 지봉 아래에 있었다. 이수광은 외가 5대조인 유관과 부친의 청백리 정신을 계 승해 허름한 초가 비우당에 거처하는 것을 긍지로 여겼다고 한다. 비우당은 실학의 선구적 저술『지봉유설』의 산실이기도 했다. 지금은 도심 속 아파트촌 사이에 있어 숨은 유적지가 되어버린 자지 동천과 비우당이지만, 여전히 정순왕후와 이수광의 모습이 어른거리고 있다.

6
대비들을 위해 세운 궁궐, 창경궁

1469년 11월 성종成宗(1457~1494, 재위 1469~1494)이 조선의 아홉 번째 왕으로 즉위했다. 예종의 장남인 제안대군과 친형 월산군을 제치고 왕이 된 데에는 장인인 한명회의 후원자 역할이 컸다. 성종은 왕이 된 후 새로운 궁궐 건설에 착수했다. 세 명의 대비인 정희왕후 윤씨, 안순왕후 한씨, 소혜왕후 한씨를 편안하게 모시겠다는 명분과 함께 넘버 3의 위치에 있었던 자신을 왕으로 만들어준 대비들에 대한 보답이기도 했다.

1482년(성종 13) 성종은 세종대에 상왕인 태종을 위해 지었던 수강궁壽康宮을 확장하고 수리하라는 명을 내렸다. 세 대비의 처소를 마련하기 위한 선행 작업이었다. 아무래도 궁궐을 새롭게 조성하기보다는 기존 건물을 활용하는 것이 유리했기 때문이다. 요즈음으로 본다면 리모델링과 확장이라고 할까? 1485년 수리를 마친 수강궁은 창경궁이라는 이름으로 재탄생했다. 창덕궁과 담장 하나를 사이에 두고 붙어 있어서 창덕궁이 수용할 수 없는 공간을 설치하는 측면도 있었다. 창경궁의 정전인 명정전이 근정전이나 인정전처

환취정

연경당

통명전 터

연희당

경춘전

홍화문

진수당

시민당 터

「동궐도」, 273.0×576.0cm, 국보 제249호, 1830년 이전, 고려대박물관.
창경궁의 전각들이 있는 풍경.

럼 남향을 하지 않고 동향으로 만들어진 것도 이곳이 왕실 여인들을 위한 공간에서 출발했기 때문인 것으로 풀이된다.

창경궁昌慶宮 건물의 이름을 짓는 데 가장 중요한 역할을 한 인물은 서거정徐居正(1420~1488)이다.『창경궁지』에는 "서거정에게 명하여 전각의 이름을 짓게 했는데, 전은 명정明政, 문정文政, 수녕壽寧, 환경歡慶, 경춘景春, 인양仁陽, 통명通明이고, 당堂은 양화養和, 여위麗暉이며, 합閤은 사성思誠이고, 정亭은 환취環翠다"라고 기록되어 있다.

정문은 홍화문弘化門, 법전은 명정전明政殿이었다. 창경궁의 정문 이름이 홍화문으로 정해지면서, 원래 동소문의 이름이었던 홍화문은 혜화문惠化門으로 바꾸었다. 창경궁에는 중궁전인 통명전을 비롯해 환경전, 경춘전, 자경전 등 왕과 왕비의 생활공간이 크게 발달했으며, 북쪽으로 넓게 펼쳐진 후원은 창덕궁의 후원과 구분 없이 사용되었다. 명목상으로는 독립된 궁궐이지만 실제로는 창덕궁에 부족한 주거 생활공간을 보완하는 기능을 했다. 창경궁은 창덕궁과 함께 묶여서 동쪽에 있는 궁궐인 동궐東闕로 인식되었으며, 이것은 순조대에 작성된「동궐도東闕圖」의 모습을 통해서도 확인할 수 있다.

창경궁은 임진왜란 때 경복궁, 창덕궁과 함께 완전히 불타 없어졌으나 광해군대에 수리 사업에 착수해 어느 정도 모양새를 갖추었다. 헌종 연간에 편찬되고, 1908년에 증보된『창경궁지』에는 창경궁의 역사가 다음과 같이 정리되어 있다.

창경궁은 창덕궁 동쪽에 있는데, 옛 수강궁 터다. 성종 14년(1483)

계묘에 정희왕후, 소혜왕후, 안순왕후 세 대비를 위하여 세웠다. 그 후 임진왜란의 화재를 만나 광해군 8년(1616) 병진년에 이르러 다시 수리하였다. 동쪽을 홍화문이라 하는데, 그 안에 대궐 안 도랑이 있고, 거기에 걸린 다리를 옥천이라 한다. 또 그 동쪽을 통화문通化門이라 하고, 북쪽을 집춘문集春門, 동남쪽을 선인문宣仁門이라 한다. (…) 광해 8년 병진년(1616)에 창경궁 중건을 마쳤다. (…) 정조 원년에 월근문月覲門을 통화문 북쪽 산기슭에 세워 경모궁과 통하게 하니, 전왕을 사모하는 마음이 깃들어 있음이라. 집춘문集春門 바깥은 바로 반궁泮宮(성균관)인데, 역대 임금이 문묘에 참배할 때 이 문을 거쳤다. 1830년 8월에 불이 나서 전각이 많이 타버렸다. 1833년 계사에 다시 수리하고, 창덕궁과 같은 때에 지어 세웠다.

기록에서 보듯이 창경궁은 여러 차례 화마에 시달렸다. 1624년 이괄의 난 때 궁궐 건물의 상당 부분이 훼손되자, 인조 연간에 복원 공사에 들어갔다. 1633년 창경궁 공사가 본격화되자 인조는 거처를 창덕궁에서 창경궁으로 옮기기도 했다.

창경궁은 광해군에서 인조 연간에 새로운 모습을 갖추고 국왕이 거처하면서 창덕궁을 보완하는 기능에서 벗어나 조선시대를 대표하는 또 하나의 궁궐로 자리잡아갔다. 임진왜란 때 소실된 후 복원되지 못한 경복궁이 궁궐 기능을 못 하면서, 창덕궁이 법궁 역할을 하고, 창경궁은 경희궁과 더불어 이궁離宮 역할을 했다.

1680년 인경왕후가 천연두에 걸리자, 숙종은 경희궁에서 창경궁으로 거처를 옮겼다. 장희빈이 인현왕후를 저주하기 위해 흉물을

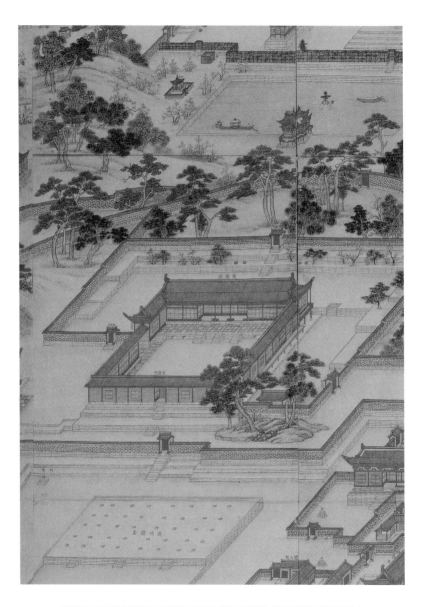

「동궐도」에 그려진 창경궁 내 자경전. 정조가 어머니 혜경궁 홍씨를 위해 지은 건물이다.

묻었던 통명전, 사도세자가 뒤주에 갇혀 비극적인 생을 마감한 문정전, 혜경궁 홍씨가 『한중록』을 집필하고 정조가 태어난 경춘전이 창경궁에 소재한 건물이었다. 영조는 1750년 균역법을 실시하면서 창경궁 홍화문 밖에서 직접 백성의 의견을 듣기도 했다. 이외에 창경궁에는 정조가 어머니 혜경궁을 위해 지은 자경전慈慶殿이 있다. 언덕에 세운 자경전은 사도세자를 모신 사당인 경모궁景慕宮(현재의 서울대학교병원 자리)과 마주 보도록 설계돼 있는데 부모를 향한 정조의 효심이 잘 드러난다. 정조의 후궁인 수빈 박씨의 거처로 순조를 출생한 집복헌集福軒도 창경궁에 있다.

7
성종, 용산에 독서당을 건립하다

조선시대 관리들에게도 휴가 제도가 있었을까? 물론 있었고, 그것도 유급 휴가였다. 세종이 장기근속한 집현전 학자들에게 사가독서賜暇讀書를 하게 한 것이 그 기원이었다. 사가독서 제도는 현재 관공서나 대학, 기업체 등에서 실시하는 장기 연수 또는 연구년 제도와 유사하다. 세종 때는 집에서 사가독서를 하게 했다가, 시설을 좀더 갖춘 북한산 진관사에서 휴가를 보내도록 했는데, 성종대에 이르러서는 아예 사가독서를 지원하고 관리할 수 있도록 독서당을 새로 건립했다. 처음 세워진 곳은 서울 용산이었다.

성종은 세종 때의 사가독서 제도를 발전적으로 계승해 연구를 체계적으로 할 수 있는 공간인 '독서당'을 조성했다. 실록에서 경연을 가장 많이 한 왕이 성종인 것은 이러한 모습을 잘 뒷받침해준다. 조선 전기 왕 중에서 세종처럼 학문을 즐기고, 신하들과 공부하고 의견 교환하기를 좋아한 왕으로는 성종을 꼽을 수 있다. 독서당은 '호당湖堂'이라고도 불렸는데, 성종은 처음 용산 지역에 독서당을 설치하고 이를 '남호南湖'라고 칭했다. 용산에 설치되었던 독서당은 중종 때에 와서 한강의 동호 근처인 지금의 금호동, 옥수당 쪽으로 옮겨져 동호 독서당으로 불렸다. '동호대교'라는 명칭은 이 근처에 독서당이 있었던 것과 깊은 관련이 있다. 성종 때 처음 독서당을 지은 동기는 조위曹偉(1454~1503)가 쓴 「독서당기」를 보면 알 수 있다. 첫 부분을 읽어보자.

커다란 집을 짓는 자는 먼저 경남梗楠(가시나무와 녹나무)과 기재杞梓(소태나무와 가래나무)의 재목을 몇십 몇백 년을 길러서 반드시 공중에 닿고 구렁에 솟은 연후에 그것을 동량棟梁으로 쓰게 되는 것이요, 만 리를 가는 자는 미리 화류驊騮(주나라 목왕이 타던 준마)와 녹이騄駬(목왕이 타던 팔준마 중 하나)의 종자를 구하여 반드시 꼴과 콩을 넉넉히 먹이고, 그 안장을 정비한 연후에 가히 연나라와 초나라의 먼 곳에 닿을 수 있는 것이니, 국가를 경영하는 자가 미리 어진 재주를 기르는 것이 이와 무엇이 다르리오. 이것이 곧 독서당을 지은 까닭이다.

이 기록에는 성종 때 독서당을 설치한 유래와 취지가 잘 밝혀져 있다. 재목을 미리 심어두어야, 집을 짓고 말을 미리 준비해두어야 먼 길을 갈 수 있는 것처럼, 국가를 다스리기 위해서는 어린 인재들을 잘 길러야 한다는 뜻이며, 이를 위해 독서당을 지었다는 것이다.

1492년(성종 23)에 조성한 독서당은 한강 북쪽 언덕에 있었던 용산의 폐사廢寺를 수리한 것이었다. 조선시대에는 불교 탄압 정책으로 없어진 절이 많았는데, 독서당이 이 자리를 활용한 것이다. 성종대에 본격적인 독서당 시대가 열렸음은 『연려실기술』 「성종조고사본말」에 "문신 중에 나이 젊고 자질이 총명 민첩한 채수, 양희지, 유호인, 조위, 허침, 권건 등을 뽑아 휴가를 주고 장의사藏義寺에서 글을 읽게 하였다. 후에 용산의 폐사를 수리하여 독서하는 곳으로 삼았으나 아무런 명호名號가 없었으므로 조위를 시켜 기문을 짓게 하고 아울러 '독서당'이란 세 글자로 액호를 걸게 하였다. 술과 음악을 내려주고 승지를 보내어 낙성식을 올렸다"라는 기록에 잘 나타나 있다. 독서당은 학문을 심하게 탄압했던 연산군대에 와서 수난을 겪었다. 1504년(연산군 10)에 갑자사화의 여파로 사라졌다가 중종 때 부활했다. 1517년(중종 12)에 중종은 두모포豆毛浦 정자를 고쳐 지어 독서당을 설치했는데, 이때의 독서당은 성종 때의 남호독서당과 구분해 동호독서당이라 한다. 성종이 수정배水精杯를, 중종이 선도배仙桃杯를 독서당 학자들에게 하사한 기록도 보인다. 독서당의 변천 과정은 『신증동국여지승람』에 기록되어 있다.

독서당은 옛날에 용산에 폐지한 절간이 강 북쪽 언덕에 있었는데, 성종조에 고쳐서 짓고 당堂을 만들어 홍문관의 연소한 학자들의 글 읽는 곳으로 만들었다. 연산군 때에 혁파하고 당은 궁인들이 차지했다. 중종 10년에 다시 독서당을 옛날 정업원淨業院에 설치하였는데, 여염집 사이여서 공부하기에 적합하지 않다고 하여 다시 좋은 자리를 두모포 남쪽 언덕 월송암月松庵 서쪽 산기슭을 선택하여 창건하였으며, 호당이라고 이름하였다.(『신증동국여지승람』 제3권

「독서당계회도」, 작자미상, 비단에 수묵, 102.0×57.0cm, 보물 제867호, 1570년, 서울대학교박물관.

『동국여지비고』 제2편 한성부)

「독서당기」 마지막 부분에서 조위는 "성인의 도리는 모두 서책 중에 퍼져 있다. 육경의 깊은 뜻과, 여러 사기史記의 다르고 같음과, 백가서百家書의 넓고 많음을 반드시 다 거두고 넓게 찾아내어, 그 흐름을 지나서 정밀한 것을 모으고 그 모임을 보아서 요긴한 것을 찾으며, 그 넓은 것을 다하여 요약한 데로 돌아오게 한 후에야 깊이 나가 그 근원을 만날 수 있을 것이다"라고 했다. 독서의 중요성을 강조한 것이다. 함께 독서당 생활을 했던 동기들은 자주 모임을 가졌다. 독서당에서 배를 타고 압구정 쪽으로 갔던 모습은 「독서당계회도」라는 그림으로 남아 있다.

8
욕망과 흥에 절었던
연산군의 공간

1494년 12월 19일 연산군이 창덕궁 인정문에서 즉위식을 올렸다. 연산군은 창덕궁에서 즉위식을 올린 최초의 왕이기도 하다. 성종의 적장자라는 프리미엄 속에서 즉위한 왕이지만 철저하게 독재 군주의 길을 걸었다.

왕과 신하들의 공부 자리인 경연을 폐지하고, 왕을 비판하고 견제하는 기능을 하는 사헌부, 사간원, 홍문관에 대한 탄압도 심해졌다. 독재에 걸림돌이 되는 장치들을 배제한 후에는 사치와 쾌락을 추구하며 존재감을 과시해나갔다. 경복궁, 창덕궁과 같은 궁궐을 비롯해 서울 일대의 주요 명승지가 사치와 쾌락의 중심 공간이 되었다.

『연산군일기』에는 경복궁 경회루에서 연산군이 자주 잔치를 베푼 모습이 기록되어 있다. "경회루 연못가에 만세산萬歲山을 만들고, 산 위에 월궁月宮을 짓고 채색 천을 오려 꽃을 만들었는데, 백화가 산중에 난만하여, 그 사이가 기괴 만상이었다. 그리고 용주龍舟를 만들어 못 위에 띄워놓고, 채색 비단으로 연꽃을 만들었다. 또한

산호수珊瑚樹도 만들어 못 가운데에 푹 솟게 심었다. 누각 아래에는 붉은 비단 장막을 치고서 흥청·운평 3000여 인을 모아 노니, 생황과 노랫소리가 비등하였다"는 기록이나, "횃불 1000자루를 늘어세워 밤이 낮처럼 밝은데, 흥청 수백 명이 늘어앉아 풍악을 연주하였다"는 기록은 이 사람이 한 나라의 왕인지 영화나 연극의 주연 배우인지를 헷갈리게 만든다. "군인을 뽑아서 서호西湖에 있는 배 수십 척을 끌어 경회지慶會池에 띄웠다. 배 한 척을 육지로 운반하는데, 민정 500여 인이 들면서 외치는 소리가 성안을 진동하였다"는 기록에서는 개인의 욕망을 위해 국고를 탕진하는 왕의 모습이 눈앞에 선명하게 펼쳐진다.

또 잔치에 흥을 돋우기 위해 채홍사採紅使를 전국에 파견했다. 임사홍과 임숭재 부자는 채홍사로 활약하며 왕의 신임을 얻었다. 이때 뽑힌 기녀들은 운평運平, 가흥청假興淸, 흥청興淸이라 했다. 흥청들이 입는 옷인 아상복迓祥服과 홍단장紅丹裝에 드는 비용을 백성으로부터 거두어 살림이 탕진될 지경에 이르렀다.

장녹수는 흥청 출신이었다가 연산군의 눈에 띄어 후궁이 됐고 국정 농단을 주도했다. 『연산군일기』에는 장녹수가 연산군을 어린 아이나 노예처럼 대했다는 기록이 보인다. 흥이 나면 연산군은 흥청들 사이에서 춤까지 추었다. "그때 왕은 처용處容 가면을 풍두豐頭라고 불러 금·은·주옥으로 장식하고, 왕이 매양 술에 취해 발광할 때마다 스스로 풍두를 얼굴에 걸고 경복궁으로 갔는데, 흥청 수백 명에게 풍악을 치며 따르게 하여 대비 앞에서 희롱하고 춤도 추었다"는 기록에서는 그야말로 엽기성이 보인다. 연산군이 흥청을 끼

창덕궁 인정전. 광해군은 창덕궁에
서 즉위식을 올린 최초의 왕이다.

고 노는 것을 한탄한 백성은 '흥청망청興淸亡淸'
이라는 말을 유행시켰고, 이것은 지금까지도
경계의 언어가 되고 있다.

『연산군일기』에는 연산군 스스로 제 명을 줄이는 상황들이 이어진다. "또 도성 안 대궐에 가까운 인가를 철거하고 동서로 돌성을 쌓아 한계를 정하고 문묘文廟의 신판神版을 옮긴 뒤 그 안에 짐승을 길렀으며, 수리도감을 두고 크게 공사를 일으켜 사방의 공장工匠을 모으고 민호民戶를 징발, 모두 서울에 집중시켜 궁실을 넓히고, 큰 정자를 더 지어 강가나 물굽이에 그들먹하게 벌여놓으며, 높은 곳은 깎고 낮은 곳은 메워 큰길을 이리저리 내고, 밤낮으로 시녀들과 오가며 놀았다"거나, "일찍이 강물을 끌어 탕춘대蕩春臺 정자 밑에 이르게 하고 또 산을 뚫어 다른 시냇물을 끌어 정자 밑에 합류

시키려 했는데, 모두 이루지 못했다"는 기록들은 서울의 명소들을 사치의 공간으로 만들어가는 상황을 증언해주고 있다.

　창덕궁의 후원 역시 탐욕과 유흥의 공간이 되어갔다. 연산군은 후원에 높이와 넓이가 수십 길이 되는 서총대瑞葱臺를 세우고 그 아래에 큰 못을 팠는데, 해가 넘도록 공사를 마치지 못할 정도였다. 또 창덕궁 후원에서 경복궁·경회루까지 임시 건물 3000여 칸을 이어 짓고, 망원정 아래의 조수潮水를 끌어들여 창의彰義의 수각水閣 아래까지 파서 통하게 하려고 도감으로 하여금 물길의 깊이와 너비·고저를 측량하게 하고, 거기에 동원될 역부役夫 50만여 명을 동원했다.

　기행은 여기서 멈추지 않았다. "후원에 응준방鷹隼坊을 두고, 팔도의 매와 개 및 진귀한 새와 기괴한 짐승을 샅샅이 찾아 모두 가져오게 하였으며, 사나운 짐승을 생포하여 압송해와서 우리에 길렀다"는 기록에서는 궁궐을 동물원으로 전락시킨 행각을 볼 수 있다. 창경궁을 동물원 창경원으로 만들어버린 일제에 앞서 연산군이 선구적인 모습을 보인 셈이다.

궁궐과 서울 일대의 명소를 자신의 쾌락을 추구하는 공간으로 만들었던 연산군의 기행은 결국 몰락을 재촉하는 부메랑으로 돌아왔다. 1506년 9월 중종반정이 일어났고, 연산군은 교동도에 유배된 지 두 달 만에 죽었다. 그의 나이 서른한 살이었다. 『연산군일기』는 병으로 죽었다고 기록했지만, 방탕한 삶만 살다가 가시나무 울타리에 갇힌 스트레스도 적지 않았을 것이다.

9
단경왕후가 왕을 그리워하며 머문
인왕산 치마바위

　서울의 서쪽을 대표하는 인왕산은 겸재 정선의 걸작 「인왕제색도」로 친근하게 다가온다. 인왕산에는 필운대, 송석원, 청풍계, 수성동 계곡 등 역사와 인물의 흔적이 밴 유적이 많이 남아 있는데, 치마바위에도 애절한 사연이 있다. 2017년 한 방송사에서는 「7일의 왕비」라는 드라마를 방영했다. 7일 만에 쫓겨난 왕비의 비운을 표현한 작품으로 단경왕후 신씨가 주인공이었다.

　단경왕후端敬王后 신씨愼氏(1487~1557)의 본관은 거창으로, 1487년 신수근과 청주 한씨 사이에서 태어났다. 1499년 열세 살의 나이로 당시 왕자 신분이던 한 살 연하의 진성대군과 혼례식을 올렸다. 그녀의 운명을 바꾼 가장 큰 사건은 1506년 9월 2일에 일어난 중종반정이었다.

　반정 주체 세력은 연산군을 대신할 왕으로 연산군의 이복동생인 진성대군을 지목하고, 그의 집을 찾았다. 연산군의 폭정이 지속되면서, 자신도 정치적 희생물이 될까 염려한 진성대군은 선뜻 문밖을 나서지 못한 채 자결까지도 생각했다. 위기에서 남편을 구한

여인이 단경왕후였다. 『연려실기술』에는 당시
의 상황이 잘 묘사되어 있다.

반정하던 날 먼저 군사를 보내어 사제私第(중종이 있던 집)를 에워
쌌는데, 대개 해칠 자가 있을까 염려해서였다. 임금이 놀라 자결하
려고 하자 부인 신씨가 말하기를, '군사의 말머리가 이 궁을 향해
있으면 우리 부부가 죽지 않고 무엇을 기다리겠습니까. 그러나 만
일 말꼬리가 궁을 향하고 말 머리가 밖을 향해 있으면 반드시 공자
公子를 호위하려는 뜻이니, 알고 난 뒤에 죽어도 늦지 않습니다' 하
고, 소매를 붙잡고 군이 말리며 사람을 보내 살피게 하였더니 말 머
리가 과연 밖을 향해 있었다.

이 기록은 위기 상황에서 침착하게 대응했던 왕비의 모습을 잘 보여준다. 두 사람은 평소에도 애정이 매우 두터웠지만, 중종반정을 주도한 세력들은 왕비의 폐위를 요구했다. 연산군의 처남 신수근의 딸이라는 것이 가장 큰 이유였다.『중종실록』1506년 9월 9일의 기록을 따라 당시 상황을 재구성해본다. 유순, 김수동, 유자광, 박원종, 유순정, 성희안 등은 "거사할 때 먼저 신수근을 제거한 것은 큰일을 성취하고자 해서였습니다. 지금 수근의 친딸이 대내大內에 있습니다. 만약 왕비로 삼는다면 인심이 불안해지고, 인심이 불안해지면 종사에 관계됨이 있으니, 은정恩情을 끊어 밖으로 내치소서"라고 요구했고, 중종은 "아뢰는 바가 심히 마땅하지만, 조강

「인왕산도」 강희언, 종이에 엷은색, 24.6×42.6cm, 18세기, 개인.
왕비의 자리에서 쫓겨난 단경왕후는 인왕산 아래 사직골에 살았다.

지처인데 어찌하랴?"라면서 왕비 보호에 나섰다. 그러나 공신들은 거듭 '종사의 대계大計'를 위해 폐위할 것을 압박했고, 중종은 "종사가 지극히 중하니 어찌 사사로운 정을 생각하겠는가. 마땅히 여러 사람의 의논을 좇아 밖으로 내치겠다"면서 왕비의 폐위를 결정했다. 단경왕후는 정현조의 집으로 쫓겨나면서 조선시대 왕비 중 가장 짧은 재위의 기록을 세우게 되었다.

왕비 자리에서 쫓겨난 단경왕후는 초저녁에 교자轎子를 타고 경복궁 건춘문을 나와 정현조의 집에 머물렀다가, 본가가 있는 인왕산 아래 사직골로 거처를 옮겼다. 중종은 경복궁에서도 늘 옛 왕비를 그리워했다고 한다. 이 사실을 알게 된 단경왕후는 중종이 알아볼 수 있도록 집 근처 인왕산 자락에 붉은 치마를 걸쳐놓았고, 이것이 지금까지 전해오는 인왕산 치마바위 이야기다. 그만큼 두 사람의 애정은 폐비 이후에도 계속되었다.

인왕산 정상 바로 아래에 위치한 치마바위에는 일제강점기인 1939년 일제가 대일본청년단대회를 기념하면서 글씨를 새겼던 흔적도 남아 있다. 해방 후 쪼아냈지만 일부가 남아 있는 것이다.

『중종실록』 1528년(중종 23) 1월 29일의 "어의동於義洞 폐비 신씨 집 수직 군사를 단 네 명만 정했는데, 매우 부족하여 근일 도둑이 출입한 일이 있었다. 여섯 명으로 늘려 지키도록 하라"고 한 기록이나, 『연려실기술』의 "매양 모화관慕華館에서 명나라 조사詔使를 영접할 때에는 꼭 말을 보내 먹이게 하니, 부인은 직접 흰죽을 쑤어 손수 들어서 말을 먹여 보냈다고 한다"는 기록에서 서로를 위했던 두 사람의 모습을 엿볼 수 있다.

중종은 승하 직전에도 단경왕후를 보고 싶어했다. 1544년 11월 15일 『중종실록』에는 "입내入內하는 궁인이 있어 통화문通化門을 시간이 지나도록 열어놓았기에 들어온 사람이 누구냐고 물었더니 모른다고 했는데, 들으니 상이 임종 때에 폐비 신씨를 보고 싶어했기 때문에 들어온 것이라고 했습니다"라고 기록되어 있어 임종 직전까지 중종이 단경왕후를 보고 싶어했음을 알 수 있다.

중종과 헤어진 후 40년 이상 홀로 지내던 단경왕후는 1557년 (명종 12) 12월 7일 일흔한 살의 나이로 생을 마감했다. 그녀의 무덤은 경기도 양주 장흥면 수회동水回洞으로, 친정 가문의 땅이 있는 곳에 조성되었다. 폐위된 채 생을 마감했던 단경왕후는 영조대에 와서야 왕비의 이름을 되찾았다. 1739년(영조 15) 3월 유학 김태남은 단경왕후의 폐출은 중종의 뜻이 아니었음을 주장하며, 이제라도 복위해야 한다고 청했다. 영조는 대신들에게 이 상소를 검토하라고 지시했고 마침내 왕비의 복위를 결정했다. 1506년에 폐출된 후, 233년간 폐비로 살다가 왕비의 호칭을 되찾은 것이다. 능호는 온릉溫陵으로 승격되었다. 인왕산에서도 눈에 잘 띄는 곳에 있는 치마바위에 중종과 단경왕후의 애절한 사랑이 수백 년의 세월을 지나면서도 살아 있다.

10
조광조를 배향한 도봉서원

건국대학교박물관에서 관장으로 일하던 시절, 외부 기관에서 가장 많은 대여 요청을 받은 작품이 있다. 바로 「도봉서원도道峯書院圖」다. 도봉서원은 서울시 도봉구 도봉산 입구에 위치한 서원으로, 조광조를 배향했다가 뒤에 송시열을 추가로 배향한 곳이다.

조광조趙光祖(1482~1519)는 중종의 파격적인 후원 속에 개혁 정치의 아이콘이 되었으나, 1519년 기묘사화로 능주에서 사약을 받고 38세의 짧은 생애를 마감했다. 그러나 선조대 이후 사림파가 본격적으로 중앙 정계에 진출하고 학계를 지배하면서, 조광조는 사후에 사림파의 영수로 추앙받았다.

조광조를 배향한 서원이 서울에 설립된 계기는 조광조가 어릴 때부터 도봉산 영국동寧國洞(원래 영국사라는 절이 있어서 영국동이라 한다)에 있는 천석泉石을 좋아해 왕래하며 즐긴 연고가 있었기 때문이다. 처음에는 영국서원寧國書院이라는 이름이 붙었으나, 선조 때 사액을 받은 후 도봉서원이 되었다.

처음 도봉서원의 건립을 주도한 인물은 양주 목사로 부임한

남언경_{南彦經}이었다. 서원 공사의 마무리는 이 　도봉서원.
제민이 했으며, 1579년(선조 12)에는 이정암이
중수했다. 1578년(선조 11)에 조광조의 제자인 백인걸이 도봉서원
의 사액을 받기 위한 상소를 올렸다가 선조가 거부한 사례가 『선조
수정실록』에 보인다. 그런데 사액을 받은 후의 이름인 도봉서원이
『선조실록』 1604년(선조 37)의 기록에 나오는 것으로 보아, 1604년
이전에 사액서원이 되었음을 알 수 있다.

　　서울 근처에 서원을 설치하고, 자파 정치 세력의 영향력을 과
시하는 모습은 광해군대 북인 집권기에 정인홍과 이이첨 등이 주
도해 북인 학문의 영수 조식을 배향한 백운서원_{白雲書院}을 건립한 것
으로도 나타난다. 17세기에 도봉서원은 서인의 학문적, 정치적 구
심점으로서 점차 세력을 확대해 백운서원의 주체들과 대립했다.

서인이 집권 세력이 된 인조반정 이후에는 특히 그 영향력이 커졌다. 송시열의 수제자인 권상하는 "만력 계유년(1573)에 사옥祀屋이 창건되어 마침내 서울 동교東郊의 대유원大儒院이 되었다. 그런데 그 사체事體와 규모가 성균관에 다음가므로, 서울의 선비들이 여기에 많이 모여들었다"(『한수재집』권22, 「소광정기昭曠亭記」)라며 당시 도봉서원의 위상을 기록하고 있다. 숙종 때는 송시열이 조광조와 함께 배향되면서 도봉서원은 서인에서 노론으로 이어지는 정치 세력의 구심점 역할을 했다.

도봉산 자운봉.

도봉서원은 영조대 노론 집권 시기에 특히 위상이 강화되었다. 1745년(영조 21)에 영조로부터 인쇄한 서적을 제공받았으며, 1759년(영조 35)에는 영조가 친히 쓴 편액을 하사받아 그 위상을 높였다. 영조는 '도봉서원' 네 글자를 쓰고 치제致祭할 때에 게판揭板하도록 하라고 명하였다. 선조 때에 설립된 이후 400여 년간 양주, 파주, 포천, 서울 지역에 있는 선비들이 찾는 대표 서원 역할을 했던 도봉서원. 그러나 1871년 흥선대원군이 내린 서원철폐령의 파고 속에 훼철되었으며, 오늘날의 모습은 1970년의 1차 복원, 2011년의 2차 복원을 통해 이루어진 것이다.

「도봉서원도」, 심사정, 비단에 담채, 18세기, 건국대박물관.

    도봉서원의 모습은 정선과 그의 제자 심사정이 그린 그림으로
확인할 수 있다. 정선의 그림은 현재 소장처를 알지 못한 채 사진으
로만 전하며, 심사정의 그림은 건국대학교 박물관에 소장되어 있
다. 정선은 인왕산 일대에 거주하면서 김창협 등 노론의 후원을 받
아 역사적 인물과 관련 있는 장소들을 그림으로 남겼는데, 「도봉서
원도」도 이 과정에서 완성된 것으로 보인다.

    심사정은 어릴 때 정선에게 배우기도 했으나, 문인 화가로서
남종화 분야에서 일가견을 이룬 인물로 평가받고 있다. 심사정의
「도봉서원도」와 정선의 「도봉서원도」가 비슷한 분위기를 자아내는
것으로 미루어, 심사정이 정선의 그림을 참고했을 가능성이 크다.

    사진으로 전해지는 정선의 그림을 보면, 우이동 계곡에 위치한
도봉서원을 중심으로 위로는 우뚝 솟아오른 만장봉萬丈峰이 보이고,
서원 앞쪽으로는 큰 바위들 사이로 시원하게 흐르는 시냇물이 사
실적으로 묘사되었다. 서원 뒤로는 울창한 송림이 서원 건물을 감
싸고 있고, 그 위로는 둥글게 솟아오른 산봉우리들이 나타나는데,
정선의 진경산수화풍이 이 그림에도 잘 반영되어 있는 것이다. 심
사정의 「도봉서원도」 역시 진경산수화풍으로, 산과 계곡으로 형성
된 원형의 공간 안에 도봉서원이 포근하게 위치했음이 나타난다.

11
중종의 정릉이 옮겨진 사연

조선의 왕릉 중에서 서울 강남 한복판에 자리를 잡은 왕릉이 있다. 성종과 정현왕후의 왕릉인 선릉宣陵과 중종의 왕릉인 정릉靖陵이 그것이다. 현재 지하철 2호선의 역명 '선릉'과 9호선의 역명 '선정릉'은 바로 두 왕의 무덤에서 유래했다. 그런데 중종의 정릉은 원래 이곳에 있지 않았다. 1544년 중종이 승하한 후 처음 묻힌 곳은 경기도 고양시 현재의 서삼릉 내, 장경왕후의 희릉禧陵이 위치한 곳이다. 1515년 중종의 계비로 들어왔던 장경왕후가 인종을 낳다가 출산 후유증으로 사망한 후 처음에는 태종의 원릉 옆에 희릉을 조성했다. 이후에 희릉을 고양으로 옮겼는데 중종도 이곳에서 백 보쯤 떨어진 곳에 모신 것이다. 중종의 무덤이 조성된 후에 희릉은 정릉이라는 이름으로 바뀌었다.

중종의 정릉은 명종이 왕으로 있던 시절 현재의 강남구로 옮겨졌다. 중종의 두 번째 계비였던 문정왕후가 아들 명종을 움직여 중종의 무덤을 옮기게 한 것이다. 문정왕후가 내세운 논리는 중종의 무덤이 아버지 성종의 무덤이 있는 선릉 곁으로 가야 한다는 것이었지만, 문정왕후 자신이 사후에 남편과 함께 묻히고 싶다는 바람이 컸다.

당시 상황에 대해 사관史官은 "능침을 옮기는 것은 중대한 일이므로, 산이 무너지거나 물에 패여나가는 부득이한 경우가 아니면 능을 옮겨서는 안 되는 것이다. 풍수의 길흉설에 끌려 옮기는 것도 불가한데 하물며 옮길 만한 아무런 까닭도 없이 대중의 의사와 여론을 어겨가며 옮기는 것이겠는가"라면서, 명종이 당시의 여론을 무시하고 천릉한 처사를 비판했다.

이어서 "중종께서 돌아가신 지가 지금까지 몇 년이었던가. 그 동안 체백體魄이 이곳에서 편안히 지냈고 혼령도 이곳에 노셨으며 희릉과 효릉(중종의 아들 인종의 무덤)도 이곳에 있으니, 인정으로 신명의 도를 미루어보건대 어찌 다른 곳으로 옮기고자 할 이치가 있겠는가. 그러나 이번에 천릉한 일은 상의 뜻이 아니고 문정왕후의 생각에서 나온 것임을 백성이 모두 알고 있다. 고금을 막론하고 세상에 투기하는 사나운 여자가 어찌 없을까마는 이미 죽어 유명을 달리한 뒤까지 시기하여 남편의 무덤을 옮겨 전처의 무덤과 멀리 떨어지게 하였다는 말은 듣지 못하였다. (…) 하늘에 계시는 중종의 혼령이 어떻게 생각하셨을지 모르겠다. 아! 애통하다"고 하면서, 문정왕후에 의해 중종의 무덤이 옮겨진 상황을 강력하게 비판했다.

2024년 영화 「파묘」가 1200만 관객을 동원하며 흥행했는데, 조선 왕릉 중 상당수가 파묘 후에 천릉을 한 것이 흥미롭다. 조선 후기의 학자 이긍익의 저술 『연려실기술』에서도 이수광의 『지봉유설』을 인용해 중종의 천릉이 당대뿐만 아니라 후대에도 큰 문제가

서울 한복판에 있는 정릉.

되었음을 지적하고 있다.

> 명종 임술 17년에 정릉을 광주廣州로 옮겼는데, 지세가 낮아서 보토
> 補土하는 공비가 수만 냥에 이르렀다. 중종은 처음 고양에 장사하였
> 다가 희릉과 동영同塋에 모시었는데, 윤원형이 문정왕후를 힘써 도
> 와 한강가 습기 많은 곳으로 옮기게 하니, 사람들이 모두 놀라고 분
> 개하면서도 감히 말하지 못하였다. 세상에 전하는 말이, "능을 옮길
> 때에 광중으로부터 곡성이 났는데 일하는 사람 중에 안 들은 자가
> 없다"고 하더니, 이듬해에 순회세자順懷世子가 죽고, 2년 뒤에 문정
> 왕후가 승하하고, 또 2년 뒤에는 명종이 승하하니, 사람들이 능을
> 옮긴 탓이라고 말하였다. 임진년에 이르러 정릉이 왜적들에게 발굴
> 을 당하였으니 신민들의 통분을 어찌 모두 말할 수 있으랴.

기록에서 중종의 무덤을 옮긴 이듬해에(1563) 명종의 아들인
순회세자가 죽고, 2년 뒤에 문정왕후가 승하하고, 또 2년 뒤에는 명
종이 승하한 것과 임진왜란 때 정릉이 도굴당한 것 모두 중종의 능
을 파묘하고 옮긴 탓이라고 인식했던 상황을 볼 수 있다.

중종의 무덤을 일단 옮겨놓긴 했지만 문정왕후는 자신의 바람
대로 중종 곁에 묻히지 못했다. 정릉은 지대가 낮아 홍수 때 재실
까지 물이 차서 신하들이 이곳에 무덤을 쓰는 것을 강력하게 반대
했기 때문이다. 결국 명종은 지금의 노원구에 문정왕후의 무덤을
조성하고 태릉泰陵이라 했다. 우리에게 익숙한 '태릉선수촌' '태릉
갈비'의 명칭은 여기서 유래한 것이다.

중종에게는 세 명의 왕비가 있었으나, 문정왕후의 과욕으로 말미암아 결국 한 명의 왕비도 곁에 두지 못한 채 현재의 강남 빌딩 숲속에 홀로 묻혔다. 그나마 아버지 성종과 어머니 정현왕후의 무덤인 선릉이 곁에 있는 점이 다행이다.

태릉 곁에는 사후 명종이 이곳으로 왔다. 명종은 이례적으로 아버지 곁에 가지 않고 어머니 무덤 쪽에 와서 묻혔는데, 강릉康陵이 그것이다. 그런데 1966년 태릉과 강릉 사이에 태릉선수촌이 조성되면서 모자의 무덤마저 서로 볼 수 없는 상황이 왔다. 2016년 태릉선수촌이 충북 진천으로 이전했고, 이제 문정왕후와 명종 모자는 사후에나마 서로를 마주하게 되었다. 중종은 여전히 혼자 묻혀 있는 채로 부인과 아들을 기다리고 있지는 않을까?

12

유교 국가에 세운
봉은사와 문정왕후

현재 서울 강남의 중심지에 봉은사奉恩寺가 자리잡고 있다. 유교 이념이 국시國是였던 조선시대에 이처럼 대규모 사찰이 서울 한복판에 들어서는 데 가장 중요한 역할을 한 인물은 명종의 어머니 문정왕후文定王后(1501~1565)였다. 20여 년 전 「여인천하」라는 드라마에서 강력한 카리스마를 지닌 여걸의 모습을 보여주었던 문정왕후는 봉은사와 깊은 인연을 갖고 있다.

봉은사는 신라시대의 승려 연회緣會 국사가 794년(원성왕 10) 견성사見性寺라는 이름으로 창건한 것으로 보인다. 신라 진지왕眞智王의 추복을 위해 건립되었고, 혜공왕대에 본격적으로 사찰 조성을 시작해 원성왕대에 완성된 사실이 각종 자료에 의해 확인되고 있다.

조선시대 사료에 봉은사가 다시 등장하는 것은 세종의 다섯째 아들 광평대군의 부인과 관련해서다. 1444년 광평대군은 스무 살의 나이로 창진瘡疹에 걸려 요절했고, 그의 무덤은 현재 강남구 삼성동 인근에 처음 조성되었다. 광평대군과의 사이에 6개월 된 아들 영순군을 두었던 대군의 부인은 비구니 혜원慧圓이 되었다. 혜원은

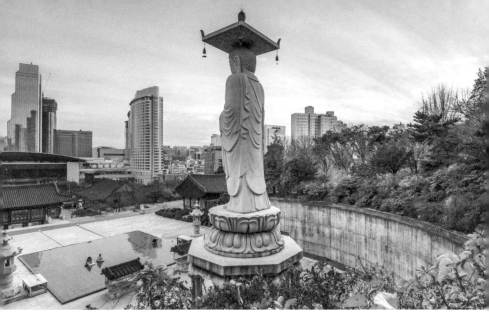

남편의 무덤 근처에 있던 견성암이라는 암자를 대대적으로 중창했는데, 이것이 봉은사의 모태가 되었다. 숭유억불을 기조로 하는 조선시대에도 왕실의 원찰願剎을 세우는 것은 허용했다. 세조의 광릉 옆에 세운 봉선사奉先寺가 대표적이다. 이후 광평대군의 무덤은 태조의 여섯째 아들 방번의 무덤이 있는 대모산 자락으로 옮겨졌다. 광평대군은 생전에 세종으로부터 방번의 양자가 되라는 명을 받았고, 이를 사후에 실천한 것이다. 현재 강남구 수서동 대모산 자락에 있는 광평대군 묘역에 무안대군 방번 부부와 광평대군 부부, 영순군 부부 묘를 비롯해 광평대군 후손의 묘가 조성되어 있는 것은 이러한 인연에서다.

광평대군의 묘역을 옮긴 이후에도 견성암은 그 자리에 남았고, 어느 시점에 견성사見性寺가 되었다. 정현왕후가 성종의 능인 선릉의 원찰로 견성사를 삼은 것도 힘을 실어주었다. 『연산군일기』에는 견성사에 대한 기록이 자주 나타난다. 1495년(연산군 1) 홍문관 부제학 박처륜朴處綸은 "신도神道는 고요함을 주로 한다고 하는데, 지금 견성사가 능 곁에 있어 중들이 불경 외는 소리와 새벽 종소리 저녁 북소리가 능침을 소란하게 하고 있으니, 하늘에 계신 성종대왕의 신령이 어찌 심한 근심이 없으시겠습니까"라면서 견성사의 폐지 또는 이전을 주장했다. 홍문관 전한 이수공李守恭은 견성사가 고찰이기는 하지만, 능침 안에 높다랗게 남아 있어서는 안 되며, 아침 종과 저녁 북이 원침園寢을 진동하는 것 역시 고요함을 숭상하는 도가 아닌데, 연산군이 대비인 정현왕후의 명으로 새 절을 창건하려는 것은 성종의 뜻을 위배

봉은사 법당 판전.

하여 불효하는 것이라고 비판했다.

이후에도 견성사의 중창 문제로 사간원과 사헌부가 공사 중지를 청하는 상고를 올렸지만, 연산군은 이를 받아들이지 않았다. 1498년(연산군 4) 홍문관 부제학 유빈 등은 "지금 강제로 불당을 짓는 것은 선왕의 뜻을 계승하고 선왕의 일을 기술하는 본의가 아니오니, 청컨대 빨리 정지하도록 할 것"을 청했으나 연산군은 듣지 않았다.

1499년(연산군 5) 12월 12일의 기록에는 연산군이 전교하여, "새로 창건한 봉은사에 전토田土가 없으니, 각도 사사寺社에서 세금을 거둔 것과 세납한 소금을 옮기라"고 한 기록도 있다. 1449년 어느 시점에 견성사를 크게 중창하면서 봉은사로 이름을 바꾼 듯하다. 연산군은 "봉은사에 봉선사의 전례를 따라 왕의 사패지를 준 것은 자순대비(정현왕후)의 명에 의한 것이요, 나의 본디 뜻은 아니다"라면서, 봉은사의 중창과 지원을 바란 왕후의 뜻을 언급했다. 『연산군일기』의 기록을 통해 신하들의 만류에도 불구하고, 연산군은 대비의 뜻이라며 봉은사를 중창하고 경제적 지원도 했음을 알 수 있다.

봉은사는 문정왕후의 불교 중흥 정책과 더불어 당시를 대표하는 사찰로 거듭난다. 문정왕후는 보우普雨를 봉은사의 주지로 삼으면서 이러한 의지를 본격화해나갔다. 승과의 부활, 선교 양종의 복설 및 양종도회소를 다시 설치했다. 봉은사는 선종도회소禪宗都會所로 지정되어 전국의 선종 사찰을 통솔하는 역할을 담당했다. 승려를 선발하는 시험인 승과가 시행된 곳도 봉은사였다.

1550년(명종 5) 12월 5일의 『명종실록』에는 문정왕후가 선종과 교종의 복립復立을 명한 기록이 보인다. 문정왕후는 비망기에서, "조종조의 『대전大典』에 선종과 교종을 설립해놓은 것은 불교를 숭상해서가 아니라 중이 되는 길을 막고자 함이었는데, 근래에 혁파했기 때문에 폐단을 막기가 어려워졌다. 봉은사와 봉선사를 선종과 교종의 본산으로 삼아서 『대전』에 따라 대선취재조大禪取才條 및 승려가 될 수 있는 조건을 밝히어 거행하도록 하라"고 지시했다.

명종은 1551년 4월 13일 전교를 내려, "승려 보우를 봉은사의 주지로 삼은 것은 봉은사가 성종의 능침인 선릉을 수호하는 사찰로 그 중요성이 크다"라고 하면서, 유생들이 왕이 보우를 높인다고 하는 것은 근거 없는 말이라고 일축하기도 했다. 봉은사는 원래 고양에 있던 중종의 정릉을 옮기기 전부터 문정왕후의 강력한 지원을 받는 사찰이었고, 1562년 정릉이 선릉 근처로 오면서 그 위상은 더욱 커졌다. "이번에 능을 옮기자는 의논은 성렬대비聖烈大妃(문정왕후)의 뜻이었으니 대개 장경왕후와 같은 경내에서 무덤을 함께하지 않으려 한 것이다. (…) 요승 보우가 은밀히 그 계획을 도와 지리를 아는 중을 시켜 봉은사 곁에 자리를 정하게 했으니, 이는 보우가 이 사찰에 주지로 있으면서 저들의 소굴을 튼튼히 하려고 한 짓이다"라는 『명종실록』의 기록은 보우를 비판적으로 인식하고 있지만, 정릉의 천릉이 봉은사의 위상 강화에 큰 힘이 되었음을 보여주고 있다.

13

전쟁과 정치적 다툼 속에 자리했던
정릉동 행궁

"새벽에 상이 인정전에 나오니 백관들과 인마人馬 등이 대궐 뜰을 가득 메웠다. 이날 온종일 비가 쏟아졌다. 상과 동궁은 말을 타고 중전 등은 뚜껑 있는 교자를 탔는데 홍제원洪濟院에 이르러 비가 심해지자 숙의淑儀 이하는 교자를 버리고 말을 탔다. 궁인들은 모두 통곡하며 걸어서 따라갔고 종친과 호종하는 문무관은 그 수가 100명도 되지 않았다"는 『선조실록』1592년 4월 30일의 기록은 선조가 한양의 창덕궁을 떠나 피란길을 서두르는 모습이다. 한양을 거쳐 이튿날 점심을 벽제관碧蹄館에서 먹은 선조 일행은 이해 6월 13일 평양을 지나 의주로까지 피란했다.

선조의 피란생활은 1년 6개월가량 지속되었고, 1593년 3월 권율 장군이 지휘한 행주산성 전투의 승리로 한양이 수복되자 마침내 이해 10월 돌아올 수 있었다. 왕이 귀환했지만 가장 큰 문제는 거처할 궁궐이 없었다는 것이다. 전란을 겪으면서 경복궁, 창덕궁, 창경궁까지 조선 전기의 궁궐 세 곳 모두 폐허가 되었기 때문이다.

고심 끝에 당시 황화방皇華坊에 위치한 월
산대군 후손의 집과 인근의 민가 여러 채를 합
하여 임시 행궁行宮으로 삼고 시어소時御所로 삼
았다. 월산대군은 성종의 형으로, 세조의 장자

경운궁(덕수궁)은 선조가 임진왜
란 때 피란 갔다 돌아온 후 임시
궁궐(정릉동 행궁)로 삼으면서 처
음 궁궐로 사용됐다.

인 의경세자와 소혜왕후(인수대비)의 아들로 태어났다. 예종 사후
왕위 계승에서 동생인 잘산군(성종)보다 유리한 위치에 있었으나,
정희왕후와 한명회의 밀약 때문에 왕이 되지 못한 불운한 인물이
었다. 이곳은 '정릉동貞陵洞 행궁'이라고도 불렸는데, 태조의 계비인
신덕왕후의 무덤인 정릉이 원래 이곳에 있었기 때문이다.

정릉은 태종 때 현재의 서울 성북동 쪽으로 옮겨졌지만, 이름
은 그대로 남았다. 현재 덕수궁 일대를 '정동'이라고 부르는 것도
정릉이 연원이 되었다. 1593년 10월 1일의 『선조실록』은 "상이 아

침에 벽제역을 출발하여 미륵원에서 잠시 쉬었다가 저녁에 정릉동의 행궁으로 들어갔다"고 하여, 선조가 한양에 돌아온 직후 정릉동 행궁에서 머물렀음을 기록하고 있다. 같은 날 "상이 10월 4일 경사京師로 돌아와서 정릉동에 있는 고故 월산대군의 집을 행궁으로 삼았다"고 하여, 이곳이 원래 월산대군의 집이었음을 강조하고 있다.

1593년 10월부터 정릉동 행궁에서 머물던 선조는 1608년 2월 이곳에서 승하했다.『선조수정실록』1608년 2월 1일자는 "이날 미시未時에 상의 병이 갑자기 위독해져 정릉동 행궁의 정전正殿에서 훙薨하니, 나이 57세였다"라고 기록하고 있다. 정릉동 행궁의 정전은 현재의 석어당으로 추정된다. 선조의 뒤를 이어 왕이 된 광해군은 행궁의 서청西廳(현재의 즉조당)에서 즉위식을 올렸고, 이후에도 계속 정릉동 행궁에 거처했다.『광해군일기』의 즉위년(1608) 4월까지의 기록에는 "왕이 정릉동 행궁 여차廬次에 있었다"고 하여 광해군이 이곳에서 선왕의 상을 치르고 있었음을 확인해준다.

1611년 10월 광해군은 정릉동 행궁의 명칭을 '경운궁慶運宮'으로 고쳤다. 1611년(광해군 3) 10월 11일의『광해군일기』에는 "정릉동 행궁의 이름을 고쳤다. 흥경궁興慶宮으로 하려고 했는데, 정원에 전교하기를, '이것은 전대의 궁호이니 적절하지 않은 것 같다. 합당한 궁호를 여러 개 써서 아뢰라'고 하였다. 드디어 고쳐서 경운궁이라고 하였다"라고 되어 있어, 경운궁이라는 명칭을 처음 쓴 왕은 광해군임을 알 수 있다.

경운궁에 거처하는 기간에 광해군은 전란 후 소실된 궁궐의 재건 작업에 힘을 기울였고, 창덕궁과 창경궁의 중건 사업을 완성

했다. 그러나 1609년(광해군 1) 창덕궁이 중건
된 후에도 광해군은 경운궁을 더 선호해 이곳

선조가 시어소로 사용했던 건물
즉조당.

에 머무르는 일이 많았다. 경운궁과 창덕궁에 번갈아가며 거처하던
광해군은 신하들의 권유로 1613년(광해군 5) 다시 창덕궁으로 완전
히 이어移御했다. 경운궁은 선조, 광해군과 인연을 가진 후에는 인조
가 즉위식을 올리게 되는 역사도 만들어갔다. 광해군과 계모 인목
대비의 악연 때문이었다.

　1613년 영창대군의 증살蒸殺을 계기로 광해군과 인목대비의
관계는 극도로 악화되었고, 광해군은 1618년 인목대비를 경운궁으
로 유폐했다. 당시 경운궁이 서쪽에 있어서 서궁 유폐라고도 한다.
1623년 인조반정으로 광해군이 있던 창덕궁을 접수한 반정군은 곧
바로 경운궁으로 발길을 돌렸다. 반정의 명분으로 제시했던 '폐모

살제廢母殺弟(어머니를 유폐하고 동생을 죽임)'의 대상인 인목대비에게 반정을 공식적으로 승인받기 위해서였다. 인조는 인목대비를 직접 찾아뵙고 이곳에서 즉위식을 올렸는데, 별당인 즉조당卽祚堂으로 추정된다. 이후에 인조는 선조가 머물던 즉조당과 석어당 두 건물만 남기고 경운궁을 떠났고, 경운궁의 가옥과 대지는 원래 주인에게 돌려주었다.

인조 이후 경운궁은 왕실의 관심에서 멀어졌다. 국왕이 직접 찾은 것도 1773년(영조 49) 영조가 선조의 환도還都 삼주갑三週甲(180)을 맞아 배례를 행하고, 영조가 선조의 기일을 맞이하여 세손인 정조와 함께 즉조당에서 기념식을 하는 정도에 그쳤다. 경운궁이 다시 궁궐로서의 면모를 갖추기 시작한 것은 1897년 고종이 이곳에 돌아오면서부터다. 고종이 경운궁에서 대한제국을 선포하면서 경운궁은 근대를 대표하는 궁궐로 자리잡게 되었다.

14
서울에서 느끼는 이순신의 생애 흔적

2023년 12월 영화 「노량: 죽음의 바다」가 개봉되었다. 2014년의 「명량」, 2022년의 「한산」에 이어 이순신 장군의 해전 3부작 대미를 장식하는 작품이다. 이순신의 모습은 해전에서 불패의 신화를 이룬 탁월한 업적으로 인해 주로 바다와 연관해 떠올리게 된다. 하지만 그는 서울과도 깊은 인연을 맺고 있다.

이순신李舜臣(1545~1598)은 1545년 음력 3월 8일 한성부 건천동(현재의 서울 중구 인현동 1가 31-2번지)에서 덕수德水 이씨 아버지 이정(1511~1583)과 어머니 초계草溪 변씨(1515~1597) 사이에서 셋째 아들로 출생했다.

위로는 희신, 요신의 두 형이 있고, 동생으로는 우신이 있다. 희신, 요신, 순신, 우신의 이름은 중국 역대의 성군인 복희伏羲, 요堯, 순舜, 우禹임금의 신하가 되리라는 뜻을 담고 있다. 탄생일은 양력으로 4월 28일로, 1967년 1월 6일 공보부가 4월 28일을 '이충무공 탄신기념일'로 고시했고 1973년 3월 30일 법정기념일로 지정했다. 2013년에는 '충무공 이순신 탄신일'로 명칭이 바뀌었다.

신도빌딩 앞에 '충무공 이순신 생가터'라는 안내판이 있다.

1970년에는 이은상 작사, 김동진 작곡의 '충무공의 노래'도 만들어져 기념일을 전후로 널리 애창되었다. 나는 초등학생 시절 TV에서 영상과 함께 울려 퍼지던 '보라! 우리 눈앞에 나타나는 그의 모습/ 거북선 거느리고 호령하는 그의 위풍'으로 시작되는 노래를 부르고 다녔다. 마지막 부분은 '충무공 오 충무공/ 민족의 태양이여/ 충무공 오 충무공/ 역사의 면류관이여/일생을 오직 한 길 정의에 살던/ 그이시다 나라를 구하려고/ 피를 뿌리신 그이시다'라고 하여 장군에 대한 찬양으로 맺고 있다.

현재 이순신의 탄생과 관련된 안내판은 두 군데에 있다. 1985년 사람들 눈에 잘 띄는 중구 초동 명보아트홀 앞에 '충무공 이순신 생가터' 표지석을 세웠고, 2017년에는 이곳에서 골목으로 들어간 곳, 생가의 위치와 가까운 인현동 31-2번지 신도빌딩 앞에 '충무공 이순신 생가터'라는 안내판을 설치했다. 서울시에서는 생가 주변에 이순신 장군 기념관 건립 사업을 추진하고 있는데, 이 일이 완료되면 이순신과 서울의 인연은 널리 기억될 것이다.

이순신 하면 항상 떠오르는 인물 류성룡도 이순신 생가와 가까운 현재의 남산 한옥마을 근처에 살았다. 충무로역 1번 출구 앞 인도에는 '류성룡 집터'라는 표지석이 있다. 그는 이순신을 전라좌수사로 추천하면서『징비록』에 "이순신은 어려서부터 담력이 있고, 말타기와 활쏘기에 유난히 능숙한 사람이다"라고 기록하고 있다. 어린 시절부터 이순신을 지켜봤음을 회고한 것이다.

1597년 1월 정유재란이 시작되고, 그해 2월 이순신은 선조의 왕명을 거역했다는 이유로 의금부에서 조사를 받고 전옥서典獄署에 투옥되었다. 다행히 4월 1일 감옥에서 풀려나 백의종군에 나선다. 이순신도 석방된 후 제일 먼저 찾은 사람이 류성룡이었다.

1597년 4월 2일의『난중일기』에는 "저물 무렵에 성안으로 들어가 류정승(류성룡)과 이야기를 하다가 닭이 울어서야 헤어져 나왔다"고 기록하고 있다. 이순신이 조사를 받던 의금부와 투옥된 전옥서는 현재 종각역 근처에 있다. 종각역 1번 출구 앞에는, '의금부 터', 5번 출구 앞에는 '전옥서 터' 표지석과 안내판을 세워놓았다. 종각역 1번 출구에는 이곳이 이순신의 백의종군로의 출발 지점임을 알리는 '충무공 이순신 백의종군로 출발지' 안내판을 2019년에 설치해두었다.

서울 한복판에서 단련한 무예 기술

이순신은 28세 되던 1572년(선조 5) 처음 무과에 응시했지만, 낙방하고 말았다. 훈련원에서 실시된 말타기 시험을 치르던 중 말에서 떨어졌기 때문이다. 1795년(정조 20)에 편찬된 『이충무공전서』의 행록行錄에는 "임신년(1572) 훈련원 별과시험에서 말을 달리다 떨어져 왼쪽 다리가 골절되었다. 보던 사람들은 공이 이미 죽었는가 했는데, 공이 한쪽 다리로 일어났다. 버드나무 가지를 잘라 껍질을 벗겨서 다리를 감쌌다. 과거시험장의 사람들이 장하게 여겼다"는 기록이 보인다.

큰 부상 속에서도 완주했지만 결국 낙제했다. 이순신은 재수 끝에 1576년 무과에 합격했는데, 병과 4등으로 전체 12등에 해당되는 성적이었다. 조선시대에는 식년 문과에서 33명을 선발하고, 갑과 3명, 을과 7명, 병과 23명으로 순위를 정했다. 갑과 1등이 수석인 장원이었다. 무과는 28명을 선발했는데, 갑과 3명, 을과 5명, 병과 20명을 뽑았다. 문과 합격자에게는 합격 증서로 홍패紅牌를, 무과 합격자에게는 백패白牌를 수여했다.

무과시험을 주관한 훈련원은 무예를 가르치고, 병서와 전진戰陣을 교습하는 일을 맡았던 기관이다. 조선 건국 후 태조가 내린 즉위 교서에는 "강무講武하는 법은 이를 관장하는 훈련관에서 『무경칠서武經七書』와 사어射御의 기술을 강습시켜, 그 통달한 경서의 많고 적은 것과 기술의 정하고 거친 것으로써 그 높고 낮은 등급을 정하여, 합격한 사람 33명에게 출신패出身牌를 주고, 명단을 병조로 보내

선발할 것이다"라고 하여, 훈련원은 훈련관이라는 이름으로 출범
했음을 알 수 있다.

훈련관은 처음에 동대문역사문화공원 근처에 자리했으며, 태
종 때 현재의 국립의료원(중구 을지로5가) 쪽으로 옮겨졌고, 세조 때
인 1466년(세조 12)에는 훈련원으로 이름이 바뀌면서 제도적 기틀
을 정비했다. 이순신은 무과 합격 직후에 임시직으로 훈련원 봉사
를 맡았다가, 함경도 삼수三水 인근에 있는 동구비보童仇非堡의 권관
權管으로 발령을 받고 서울을 떠난다.

조선시대 내내 주요 군사 시설 기능을 유지했던 훈련원은
1907년 대한제국 군대가 일제에 의해 강제로 해산되면서 역사 속
에서 사라졌다. 이후 훈련원 자리에는 경성사범학교, 서울대학교
사범대학, 농업협동조합중앙회, 헌법재판소 등이 들어섰으며, 현재
이곳은 훈련원공원으로 활용되고 있다.

이순신은 1604년(선조 37) 선무공신宣武功臣 1등에 책록되기는
했지만, 오랜 기간 제대로 된 평가를 받지 못했다. 이순신의 공적은
효종대 이후에 재평가되었다. 효종은 1659년(효종 10) 승지 이경억
에게 "아침에 이순신의 비문을 봤는데, 죽을힘을 다하여 싸우다가
순절한 일에 이르러서는 눈물이 줄줄 흘러내리는 것을 깨닫지 못
하였다. 하늘이 우리나라를 중흥하기 위하여 이런 훌륭한 장수를
탄생시킨 것이다"라고 했고, 숙종은 이순신을 모신 사당인 현충사
를 장군의 연고지가 있는 아산에 세우도록 했다.

1706년(숙종 3년)에 아산 지방 유생들이 이순신의 숭고한 호국
정신과 애민 정신을 기리자는 뜻에서 사당을 세울 것을 조정에 건

의했고, 이듬해인 1707년 왕명으로 아산에 있는 이순신의 생가에 현충사顯忠祠를 세웠다. 현판은 숙종이 직접 내렸는데, 장군 사후 110년 만이었다.

이순신을 특별히 존경했던 왕은 정조다. 정조는 이순신을 영의정에 추증했고, 신도비를 세우며, 신도비명을 직접 지었다. 정조는 이순신의 전집 편찬을 명하기도 했다. 장군의 일기와 장계, 서간첩, 『임진장초壬辰狀草』와 이순신의 조카 이분이 쓴 행록 등을 모아 완성한 것이 『이충무공전서』다.

이순신이 쓴 『임진일기』 『계사일기』 『갑오일기』 등 전쟁 중에 한 기록은 이때 '난중일기'로 명명되었다. 역대 대통령 중에는 박정희 대통령이 이순신 존숭 작업에 가장 큰 힘을 기울였다. 1968년 4월 27일 현재의 세종로 광화문광장에 세운 '충무공 이순신 동상'

이 대표적이다. 구국의 영웅 이순신을 널리 기억하게 하는 작업은 최근에도 활발하게 진행되고 있다.

광화문광장을 지키고 있는 충무공 이순신 동상.

　　2022년 8월 새롭게 개장한 광화문광장에는 장군의 동상 옆에 명량대첩의 승전을 떠올리게 하는 '명량분수'를 설치했으며, 분수 물줄기 양쪽에 승전비를 세웠다. 승전비에는 승전의 기록과 함께 장군의 어록을 적어놓았다. 이순신과 인연이 있는 서울의 역사 현장들을 찾아보면서, 임진왜란이라는 최대의 국난을 극복한 장군의 활약, 그리고 그 신념과 정신까지 떠올려볼 수 있을 것이다.

15
폐출의 원인이 된 광해군의
경희궁 건설

1617년(광해군 9) 광해군의 주도 아래 인왕산을 주산으로 하는
궁궐의 창건이 시작되었다. 1620년에 공사를 마친 이 궁궐은 바로
경희궁이다. 경복궁을 북궐, 창덕궁과 창경궁을 동궐이라 했고, 경
희궁은 서쪽에 있는 궁궐이라는 뜻으로 서궐이라고도 했다.

경희궁 창건이 공식적으로 발표된 것은 1617년 6월로, 이미
인왕산 아래 사직단 동쪽에 인경궁仁慶宮을 지으려던 참이었다. 이
보다 2년 앞선 1615년에는 창경궁을 중건했는데, 이때 남은 재물
을 인왕산 아래로 옮겨놓고 인경궁의 창건을 준비했다. 창경궁을
중건할 때 선수청繕修廳을 두고 일부만 수리할 예정이었으나 공사
도중 범위가 확대되면서 영건營建을 담당할 조직도 선수도감으로
확대 개편되었다. 선수도감은 영건도감으로 명칭이 바뀌어 본격적
인 궁궐 창건에 대비한 조직으로 규모가 커졌다. 이후 영건도감의
지휘 아래 인경궁과 경희궁 공사가 진행되었다.

인경궁과 경희궁을 동시에 건립한다는 것은 무리한 일로 공사
가 이뤄지는 동안 수십 차례나 반대 상소가 올라왔다. 광해군은 이

경희궁의 정문인 흥화문.

를 무시하고 일을 강행했다. 광해군이 밀어붙인 명분은 자신이 왜란 이후 머물던 경운궁에 요변妖變이 있다는 것이었다. 경운궁에서 다른 궁궐로 이어移御하기 위해 창덕궁을 중건했지만 그곳도 불길해 창경궁을 중건했다. 광해군은 창경궁에 들 것을 권하는 신하들의 요구에, 한양의 지기地氣가 쇠하였다는 지관의 말을 빌려 교하로 천도하겠다는 주장을 폈다. 교하 천도가 성사되지 못하자, 이번에는 인왕산 아래에 궁궐을 지어 거처하겠다면서 인경궁 건설에 착수했다. 그러나 공사 규모를 크게 벌여놓은 데다 사직社稷과의 경계 문제로 공사는 난항을 겪었다.

이에 광해군은 새문동에 왕기王氣가 서려 있다는 술사 김일용의 말을 핑계 삼아 또 다른 신궁新宮인 경희궁을 창건하고자 한 것이다. 1617년(광해군 9) 6월 11일의 『광해군일기』는 그날의 상황을, "새 궁궐을 새문동에다 건립하는 것에 대해 의논하였다. 술인術人 김일룡이 또 이궁離宮을 새문동에다 건립하기를 청하였는데, 바로 정원군定遠君의 옛집이다. 왕이 그곳에 왕기가 있음을 듣고 드디어 그 집을 빼앗아 관가로 들였는데, 김일룡이 왕의 뜻에 영합하여 이 의논이 있게 된 것이다"라고 기록하고 있다.

풍수지리설에 의한 왕기설은 선조의 다섯째 아들이자 광해군의 이복동생인 정원군을 제거하기 위한 술수로서 처음부터 정치적인 의도가 컸다. 조정의 대신들은 이미 창덕궁과 창경궁이 있는데 또다시 경희궁을 건립한다면 궁성 안은 궁궐로 가득 차므로 민폐가 커진다는 논리를 내세웠다. "한 도성 안에 궁궐이 지나치게 많은 듯합니다. 그런데 지금 또 서별궁에다 전우殿宇를 조성해서 궁궐 모양을 만든다면, 철거당한 무지한 백성이 어찌 국가의 사정상 그만둘 수 없다는 것을 다 알 수 있겠습니까. 하소연하면서 원망하는 소리가 없지 않을 것입니다"라며 공사의 문제점을 지적했다.

광해군은 이에 "세 궁궐이 모두 안전하고 깨끗지 못하여서 장차 거처하지 못하게 되었으므로 부득이 이 일을 하는 것이다"라며 확고한 뜻을 전했다.

1617년(광해군 9) 6월 인경궁과 경희궁의 창건을 결정한 이후, 광해군은 "인왕산 아래의 신궐[인경궁]은 시문용과 성지의 말에 따라 짓고, 서별궁[경희궁]은 김일룡이 말한 바에 따라 지으라고 도감에 말하라"고 했다. 인경궁과 경희궁의 공사를 병행케 한 것이다. 이때까지 경희궁은 '서별궁'으로 칭해졌다가 '경덕궁慶德宮'이

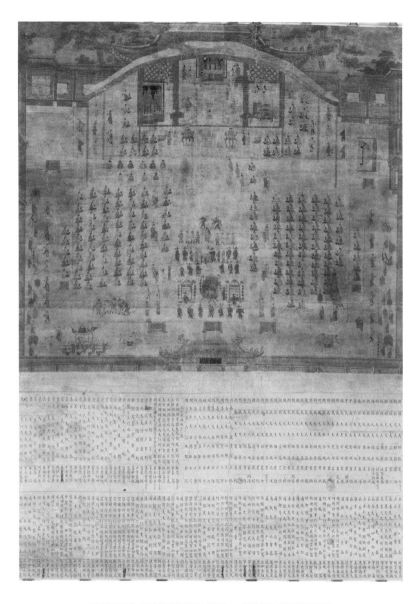

「숭정전연회」 종이에 채색, 162.1×123.6cm, 조선시대, 국립중앙박물관.

라는 새 이름을 얻었다(경덕궁은 '경덕'이 정원군[후에 원종으로 추존]의 시호에 포함되어 있다는 이유로 영조 때 '경희궁'으로 명칭이 바뀌었다).

광해군은 공사 진행에 관심을 갖고 상황을 세세하게 검토했다. 그러한 왕의 뜻에 부합하려는 것인지, 궁궐 역사에 동참하려는 인물들도 생겨났다. 김극효는 옛 집터의 섬돌과 주춧돌을 도감都監에 바쳤으며, 유대일과 이중기는 집터를 경희궁의 대내에 편입되게 했다. 요즈음으로 말하면 광해군의 뜻에 맞춰 기부한 것이다. 광해군은 이들에게 관직을 제수했으며, 그 대가에 상응하는 물품도 내려주었다. 『연려실기술』에서는 궁궐을 짓는 데 재료를 제공하는 등의 일로 관직을 제수받은 이들을 비꼬아 '오행당상五行堂上'(물·불·쇠·나무·흙 다섯 가지로 얻은 당상관)이라 불렀다며 기록하고 있다.

광해군이 관직을 임명할 때에 은이 많고 적은 것을 보아서 벼슬 품계를 올리고 낮추며 또 인경궁·자수궁慈壽宮·경덕궁을 건축할 때 민가를 모두 헐고 담장을 넓혔으며 산에 나무를 모두 베어서 큰 뗏목 배가 강에 이어져 있고 인부들을 징발하여 중들이 성안에 가득 찼다. 그때 집터·돌·은·나무 등을 바치고 혹은 내천을 막아 물을 가두고 혹은 숯을 태워 쇠를 다룬 자도 모두 옥관자의 반열에 올렸는데, 사람들이 오행당상이라 불렀다.

공사 반대 여론도 적지 않았다. 왜란 이후 재정의 궁핍함과 상황의 어려움을 들어 공사 중지를 상소했으나, 광해군은 일이 이미 절반 이상 끝났으니 그만둘 수 없다고 했다. 반대가 이어지는 가운데서도 경희궁 공사는 1620년까지 계속되었다. 그해 3월 광해군은 "내가 경덕궁을 보니, 거의 다 조성되었는데 다만 산정山후이 아직 조성되지 않았고 담장의 일도 끝나지 않았다. 다시 더 일을 독려하여 금년 안으로 아주 끝내는 것이 좋겠다"며 시일을 늦추지 않고 마무리 지을 것을 강조했다.

이에 대해 사관은 "이때에 흉년이 이미 극도의 상황에 이르러 굶주려 부황 난 사람이 잇달아 있으니, 마땅히 내탕고에 저장한 곡식을 풀어 우러러 바라보고 있는 백성을 구제해야 한다. 그런데 2000석의 쌀을 도리어 돌을 사들이는 비용으로 돌렸으니, 애석하다"며 경희궁 공사를 비판했다. 광해군의 강력한 의지 속에 완성된 경희궁은 한편으로는 광해군의 몰락을 재촉하는 부메랑이 되었다. 1623년 인조반정으로 광해군을 몰아낸 서인 세력이 광해군 폐출의 명분으로 대규모 토목공사를 꼽았던 것에서도 이를 확인할 수 있다.

16
이항복과 꽃구경의 명소 필운대

서울의 핫플레이스 가운데 한 곳인 서촌西村. 경복궁 서쪽과 인왕산 사이 지역을 일컫는 서촌은 북촌에 대응하여 생긴 명칭이다. 이 지역은 세종대왕이 출생한 곳이기도 해 '세종마을'로 불린다. 조선시대에 서촌 일대는 중인中人 문화의 중심 공간이었는데, 명문가 양반들도 이곳에서 배출되었다. 선조, 광해군 시대를 대표하는 관료이자 학자인 이항복李恒福(1556~1618)의 집터 필운대는 이항복과 서촌의 인연을 드러내고 있다.

현재 서울 배화여고 건물 바로 뒤편의 바위에는 세 글자가 또렷이 새겨져 있다. '필운대弼雲臺'라는 각자刻字다. '필운'은 이항복의 호로서, 이곳의 주인이 그임을 알려준다. 이항복은 어린 시절 이덕형李德馨(1561~1613)과의 우정을 드러내는 일화 '오성과 한음'으로 많이 알려져 있지만, 이 이야기는 후대에 만들어졌을 가능성이 크다. 실제 두 사람의 나이는 다섯 살이나 차이 나기 때문이다. 두 사람이 선조, 광해군대에 판서와 정승직을 서로 주고받으며 국방과 경제, 외교에 탁월한 공을 세운 모습을 이들의 어린 시절 우정으로 연결시킨 것으로 여겨진다.

　이항복이 필운대에 거처하게 된 것은 장인 권율權慄이 집을 물려주었기 때문이다. 조선 전기까지는 혼인 풍속에서 처가살이가 관행이었고, 딸에게 집을 물려주곤 했다. '필운'은 1537년 중국 사신으로 온 공용경과 오희맹이 인왕산을 필운산으로 칭한 데서 유래한다. 경복궁을 오른편에서 보필한다는 의미였다.

바위에 또렷이 새겨진 필운대.

　『신증동국여지승람』「동국여지비고」에서는 필운대에 대해, "인왕산 아래에 있다. 백사白沙 이항복이 소시에 대 아래 원수元帥 권율의 집에 처가살이하였음으로 인하여 필운이라 불렀는데, 석벽에 새긴 필운대 세 글자는 곧 이백사의 글씨다. 대 곁 인가에서 꽃나무를 많이 심었기 때문에 경성 사람들의 봄철 꽃구경은 반드시 먼저 이곳을 손꼽게 되었다"고 하여, 필운대의 바위에 새긴 글씨가 이항복의 친필이라는 것과 이곳이 서울에서도 봄날 꽃구경의 명소였음을 기록하고 있다.

　조선 후기의 문신 윤기尹愭의 『무명자집無名子集』「필운대에 올라」라는 시에도, "봄기운이 한양에 무르익음 문득 알고 / 필운대 위에 올라 고운 봄빛 구경하네 / 바람 잦아서 거리마다 버들가지 고요하고 / 따스하여 온갖 꽃들 아리따움 다투누나"라고 하여 필운대에서 꽃구경하던 풍광이 나타나 있다.

필운대 옆에는 1873년(고종 10) 경주 이씨로 이항복의 9대손인 이유원이 찾아와 이항복을 생각하며 지었던 한시가 새겨져 있다. "우리 할아버지 옛날 살던 집을 후손이 찾아왔네 / 푸른 석벽에는 흰구름이 깊이 잠겨 있고 / 남겨진 풍속이 백 년 동안 오래 전해졌으니 / 부로父老의 의관衣冠은 예나 지금이나 같구나." 필운이라는 호는 이항복이 자주 사용하지 않았지만, 그가 바위에 남긴 '필운대'라는 석 자 때문에 여전히 강하게 기억되고 있다.

옛사람들은 필운대 꽃구경을 한양의 명승 가운데 하나로 꼽고 풍류를 즐겼다고 한다. 또 이곳에서 바위를 타고 오르면 인왕산을 등지고 왼편으로 가까이 우뚝 솟은 북악이 보이고, 그 뒤로 북한산의 비봉, 문수봉, 보현봉과 백운대까지 훤히 보인다고 했다. 하지만 지금 필운대 앞쪽은 높은 건물로 인해 시야가 완전히 차단됐고 축대 바위만이 초라하게 남아 있다. 주변이 학교 건물에 막혀 현재의 필운대에서 제대로 서울의 풍경을 감상하기는 어렵다.

신분 차별이 결집시킨 문학 운동

조선시대 중인은 양반과 상민常民(농민, 상인, 수공업자) 사이에 위치했던 신분이다. 주로 기술직에 종사한 역관, 의관, 율관이나, 양반의 소생이지만 첩의 아들인 서얼, 중앙관청의 서리 및 지방의 향

「필운대 상춘도」 정선, 18세기, 개인. 중인 출신 문인과 예술가들은 인왕산을 자주 찾아 시취의 흥을 돋우었다.

리 등을 일컬었다. 역관이나 의관, 율관은 오늘날 외교관, 의사, 변호사에 해당돼, 요즘에 태어났다면 최고의 지위를 누릴 수 있었을 것이다. 그러나 신분 차별이 엄연했던 조선시대에 중인은 높은 관직에 오르지 못한 채 사회 주변부를 떠돌았다.

18세기 이후로 접어들면서 중인층을 중심으로 신분 상승 운동이 전개되었다. 이 운동의 모델은 양반이었다. 그래서 기획한 것이 지금의 문학 동호회와 유사한 시사詩社의 결성이었다. 중인들은 정기적으로 모여 자신들이 지은 시와 문장을 발표하면서 동류의식을 확인하고 결집해나갔다. 중인들의 문화 운동을 다른 말로 '위항委巷' 또는 '여항閭巷'문학 운동이라 한다. 위항이나 여항은 누추한 거리, 즉 중인층 이하 사람들이 사는 거리를 뜻했지만, 대체로 중인들의 문학 운동을 일컫는 용어로 널리 쓰였다.

중인 중에서 중앙관청의 하급 관리로 일했던 이들이 주로 거처한 데는 인왕산 아래 옥계천이 흐르는 곳이었다. 따라서 중인층의 시사활동은 인왕산과 옥류천을 중심으로 펼쳐졌고, '옥류천 계곡'에서 나온 '옥계'라는 말을 따서 '옥계시사玉溪詩社'라고 불렸다. 지금도 이 지역을 옥인동이라 하는데, 옥계와 인왕산에서 한 글자씩 따온 것이다.

필운대 근처에서도 시사활동이 활발했다. 유본예가 쓴 『한경지략』의 '명승 필운대' 항목에는 "여항인들이 술을 가지고 시부詩賦를 읊으려고 날마다 모여들었는데, 세상에서는 그 시를 필운대 풍월風月이라고 한다"고 기록되어 있다. 필운대는 정선의 그림으로도 남아 있다. 『장동팔경첩』(간송미술관 소장본)에 수록된 「필운대」에는 인왕산을 등지고 있는 필운대 바위의 웅장한 모습이 눈에 들어온다. 「필운대 상춘도」는 만발한 꽃 속에서 시회를 즐기는 선비들의 모습을 담고 있다.

인왕산은 대대로 경치가 좋은 명승지로 손꼽혀왔고, 그 자락에는 한양의 5대 명승지인 인왕동과 백운동이 있었다. 현재의 정부청사 건물이 일부 남아 있는 육조거리와 가까워서 양반과 중인들이 터를 물려가며 살았다. 청운초등학교 근처인 청풍계淸風溪 일대에는 양반들이, 인왕산에서 발원하는 옥계와 송석원, 필운대 주변에는 중인들이 모여 그들만의 문화를 만들어나갔다. 필운대, 청풍계, 송석원 등 중인 문화의 자취가 아직까지 남아 있는 서촌을 거닐어보자.

17
인조반정의 흔적이 남아 있는 공간

　조선에서는 왕을 몰아내는 반정反正이 두 번 일어났다. 바로 1506년의 중종반정과 1623년의 인조반정이다. 두 반정의 가장 큰 차이점은 왕이 된 인물이 반정에 참여했는가 여부다. 중종은 반정에 직접 참여하지 않았지만 추대 형식으로 왕이 되었다. 반면에 인조는 왕이 되기 전 능양군綾陽君의 신분으로 반정 세력과 교감하면서 직접 반정에 참여했다. 직접 참여한 인조와 반정 세력의 동선을 따라 인조반정의 역사적 공간들을 쫓아가보자.

　1623년 3월 13일 삼경(밤 12시) 무렵 일군의 군사들이 홍제원弘濟院 근처로 집결했다. 반정의 주도 세력은 이귀, 김류, 최명길, 이시백, 장유, 심기원, 김자점, 이괄 등이었다. 정치적으로는 서인이며, 광해군대 집권 세력인 대북大北에 의해 권력의 중심에서 밀려난 사람이 대부분이었다. 그날 인조는 연서역延曙驛(현재의 은평구 역촌동)에서 친위 부대를 이끌고 이서李曙의 부대를 맞으면서 반정에 가담했다.

　인조가 이렇게 한 데에는 광해군과의 악연이 컸다. 인조는 선

　조의 다섯째 아들인 정원군定遠君의 장남으로, 동생 능창군이 신경희의 역모 혐의에 연루되어 자진自盡했고, 정원군은 홧병으로 생을 마쳤다.

　　김류, 이귀 등 반정의 주체 세력은 세검정과 한양의 북소문인 창의문彰義門을 지나 바로 광해군이 있는 창덕궁을 공격했다. 대부분의 정치 세력이 광해군에게서 등을 돌렸던 터라 반정은 쉽게 성공했다.

　　반정의 가장 큰 명분은 광해군이 영창대군을 죽이고 계모인 인

洗劍亭

「세검정」유숙, 종이에 채색, 26.1×
58.2cm, 19세기, 국립중앙박물관.
광해군에 반대한 세력은 홍제원에
서 풍경이 아름다운 세검정으로
들어와 반정을 일으켰다.

목대비를 서궁에 유폐한 '폐모살제廢母殺弟'가
성리학의 윤리에 어긋났다는 것과, 명나라에
대한 의리를 지키지 못하고 명의 적대국 후금
과도 외교관계를 맺었다는 것이었다. 광해군이
인왕산 자락에 경덕궁과 더불어 인경궁을 조성하는 등 무리한 토목
사업을 추진한 것도 민심에서 멀어지는 중요한 원인이 되었다.

　　반정 세력이 홍제원에서 세검정으로 들어왔음은 『궁궐지宮闕
志』의 "세검정은 창의문 밖 탕춘대에 있다. 계해(1623)의 인조반정

때 창의문으로 들어왔기 때문에 세검정이라고 이름하였다"는 기록
에서도 확인할 수 있다. '홍제천弘濟川'이라는 지명은 근처에 있던 홍
제원에서 유래했다. 홍제원은 조선시대 빈민 구제 기구이자 중국
사신들이 묵어가던 곳이다. 홍제천은 '모래내' 또는 '사천沙川'으로
도 불렸는데, 홍제원에 이르면 모래가 많이 퇴적되어 있어 물이 늘
모래 밑으로 스며 내려갔기 때문이다. 이 일대는 경치가 빼어나, 연
산군은 이곳에 탕춘대를 세워 놀이 공간으로 활용했다.

이 지역은 아름다운 경관과 함께, 도성과 북한산성의 중간 지
대로서 도성의 북방 요충지이기도 했다. 숙종은 북한산성과 한양도
성을 연결하는 탕춘대성을 쌓았고, 영조대에는 총융청摠戎廳을 이곳
으로 옮겨왔다. 탕춘대는 총융청이 오면서 군사를 훈련시킨다는 뜻
의 '연융대'로 이름이 바뀌었다. 군사 요충지가 들어서면서 군사들
을 위한 휴식 장소도 필요했다. 이에 영조가 정자를 짓고 '세검정'
이라는 현판을 내렸다.

세검정에 대해서는 숙종 때 북한산성을 축조하면서 군사들의
휴식처로 세웠다고도 하고, 연산군 때 유흥을 위해 지은 정자라고도
하는데, 1748년(영조 24)에 고쳐 지은 것은 확실하다. 세검정의 모습
은 겸재 정선이 부채에 그린 「세검정도」 등에서 확인할 수 있으며,
이 그림은 1977년 세검정 복원에 있어 결정적인 근거가 되었다.

광해군에게 복수한 뒤 경운궁에서 즉위하다

반정군은 3월 13일 밤 12시경 창의문에 이르러 빗장을 부수고

들어갔고, 곧바로 창덕궁에 다다랐다. "선전관宣傳官으로서 성문을 감시하는 이를 만나자, 전군前軍이 그를 참수하고 드디어 북을 울리며 진입해 곧바로 창덕궁에 이르렀다"고『인조실록』은 기록하고 있다. 훈련대장 이흥립을 반정군에 포섭한 것도 반정 세력에게 큰 힘이 되었다. 이흥립은 궐문 입구에 포진해 군사를 단속하며 움직이지 못하게 했고, 창덕궁의 서문인 금호문金虎門은 수문장 박효립이 문을 열고 맞았다. 정문인 돈화문敦化門은 도끼로 찍어 열고 들어간 후, 쌓아둔 장작더미에 불을 질러 궁궐의 불빛이 성안을 환히 밝혔다. 반정군은 자기 집안 사람들에게 "궁중에 불이 일어나지 않거든 모두 자살하라"는 말을 미리 해두었다고 한다.

반정군의 공격에 놀란 광해군은 황급하게 내시의 등에 업혀 북문 담을 넘어서 궁궐을 빠져나왔다. 총애하던 안국신安國臣의 집에 피신한 후, 안국신이 상중에 입던 흰옷으로 바꿔 입고 짚신 차림으로 거처를 옮기려 했다. 그러나 의관 정남수의 고변으로 바로 체포되었고, 광해군은 도총부로 끌려왔다. 왕비 유씨는 궁녀들과 함께 후원의 어수당에 숨어 있다가 반정군들에게 체포되었다. 폐세자廢世子 역시 도망쳐 숨었다가 군인들에게 잡혔다.

광해군 정권을 타도하고 반정을 성공시킨 서인들은 서궁(경운궁)에 유폐되어 있던 왕실의 최고 어른 인목대비를 창덕궁으로 모셔와 인조의 즉위를 인정받고자 했다. 처음에 인목대비는 이를 허락하지 않았다. 무슨 일인지 알지 못한 상태에서 광해군이 병사를 보내 변란을 일으키는 것인가 의심해 문을 잠그고 받아들이지 않았던 것이다. 이에 이귀 등이 담장을 넘어 들어가 반정을 일으킨 사

유를 모두 아뢴 후 인목대비에게 창덕궁으로 행차하기를 청했다.

　이귀와 홍서봉의 끈질긴 설득을 받아들였지만 인목대비는 조건을 내걸었다. "죄인(광해)의 부자와 이이첨 부자와 여러 흉당의 목을 잘라 모두 달아맨 후에야 궁에서 나가겠다"고 한 것이다. 이귀는 "죄인의 부자는 임금으로 있었으니 쉽사리 처치할 수 없고, 이이첨의 무리는 방금 군사를 풀어 잡아오면 마땅히 여쭈어 명을 받들어서 처단하겠다"며 대비를 달랬다. 그래도 인목대비는 노여움을 풀지 않았고, 이귀는 아들 이시백을 보내 인조가 친히 와서 대비를 뵐 것을 청했다.

　반정 성공의 마지막 퍼즐을 맞추기 위해 인조는 친히 경운궁으로 나아갔다. 신료들이 가마를 탈 것을 청했으나 따르지 않고 말을 타고 갔다. 도성의 백성 가운데 환호성을 울리면서 "오늘날 다시 성세를 볼 줄 생각지 못하였다"며 눈물을 흘리는 이들도 있었다. 인조는 경운궁에 도착한 후 말에서 내려 인목대비 앞에 엎드려 대죄하였다. 신하들은 속히 어보御寶(옥새)를 전해줄 것을 청했고, 인목대비는 마침내 인조에게 어보를 전했다. 조선 역사상 두 번째 반정이 성공하는 순간이었다.

인목대비는 인조에게 어보를 전달한 뒤에도, 광해군에게 당한 원한을 갚아주기를 간절히 청했다. "한 하늘 아래 같이 살 수 없는 원수다. 참아온 지 이미 오랜 터라 내가 친히 그의 목을 잘라 망령에게 제사하고 싶다. 10여 년 동안 유폐되어 살면서 지금까지 죽지 않은 것은 오직 오늘을 기다렸기 때문이다. 쾌히 원수를 갚고 싶다." 인목대비는 광해군에게 복수해주는 것이 인조가 자신에게 효를 행하는 일이라 본 것이다. 반정 세력은 어보를 전달받은 직후 즉위식도 바로 거행하고자 했다. 이에 인목대비는 "별당(경운궁 즉조당)은 선왕께서 일을 보시던 곳이라 이미 궁인으로 하여금 청소하게 하였다" 하고, 인조가 별당에서 즉위식을 올리도록 했다. 인목대비는 즉위 교서를 내려 반정의 정당성을 안팎으로 공표했다. 경운궁은 광해군에 이어 인조가 즉위식을 올린 공간이 되었다.

18
이괄의 난의 승부처, 안산

서울의 서쪽을 대표하는 산 인왕산 바로 옆에는 안산鞍山이 있
다. 산 모양이 마치 말의 안장 같다고 해서 붙여진 이름이다. 안산
은 무악毋岳이라고도 하는데, 이것은 북한산 인수봉이 아이를 업고
밖을 바라보는 형세여서 아이를 달래기 위한 어머니 산이라는 뜻
의 모악母岳을 무악으로 읽은 데서 비롯되었다고 한다.

1394년 태조 이성계가 한양 천도를 단행하는 과정에서 무악
으로 천도하자고 강력히 주장한 인물이 있었다. 하륜河崙은 "무악의
국세局勢가 비록 낮고 좁다 하더라도, 계림과 평양에 비하여 궁궐의
터가 실로 넓고, 더구나 나라의 중앙에 있어 조운이 통하며, 안팎
으로 둘러싸인 산과 물이 또한 증빙할 만하여, 우리나라 전현前賢의
비기祕記에 대부분 서로 부합되는 것입니다"라고 하여 무악 천도를
주장했으나 좌절되었다. 하륜은 태종 때 다시 개성에서 한양으로
천도하는 논의가 진행되자 무악 천도를 또 주장한, 그야말로 '무악
맨'이었다.

한때 수도로 적합한 곳으로 입에 올랐던 무악, 즉 안산은 조

안산에서 내려다본 서울 시내 풍경.

선시대 역사에 획을 그은 공간이기도 했다.

1624년(인조 2) 이괄의 반군이 한때 한양을 점령하고 인조 정권을 거의 무너뜨리려 할 때 관군이 반격의 물꼬를 튼 곳은 안산이었다. 인조반정이 일어난 지 채 1년이 되지 않은 1624년 2월, 평안병사 이괄이 지휘하는 반군이 서울로 진격하고 있다는 다급한 소식이 들려왔다.

인조는 서울을 포기하고 남쪽으로 피란을 서둘러 공주 공산성으로 향했다. '인절미'의 이름이 이때 유래했다는 견해도 있다. 피난 중에 있던 인조에게 임씨 성의 백성이 찰떡을 올렸는데 그 맛이 몹시 좋았다. 인조가 떡을 올린 사람의 이름을 물었지만 아는 이가 없자 인조가 친히 '임씨 서방이 올린 절미'라고 하여 '임절미'가 되었다가, 후에 인절미로 불렸다고 한다. 인조는 1627년 정묘호란 때

는 강화도로, 1636년 병자호란 때는 남한산성
으로 피란을 가면서 피란 3관왕의 불명예 기
록을 세우게 된다.

이괄李适(1587~1624)의 본관은 경상도 고성이다. 무과로 관직
에 진출했지만, 문장과 글씨에도 뛰어났다. 김류와 이귀 등 인조반
정의 주도 세력은 당시 북병사로 있던 이괄의 능력을 보고 반정 참
여를 적극 권유했다. 운명의 날인 3월 13일 밤 홍제원에 모인 지휘
부는 대장으로 반정군을 이끌어야 할 김류가 시간에 맞춰 도착하
지 않자 크게 당황했다. 일단 무장 출신인 이괄을 잠시 대장으로 추
대하기로 했다. 김류는 반정 계획이 누설되었다는 소문을 듣고 잡
혀갈 각오로 집에 있다가, 뒤늦게 거사 현장으로 달려왔다. 김류가
다시 대장이 되었지만, 이괄은 "김류가 뒤에 왔기에 내가 그를 목

베려 했지만, 이귀가 이를 막는 바람에 뜻대로 되지 않았다"고 말할 정도로 김류에게 깊은 반감을 보였다.

인조반정은 성공했지만, 반정 성공 후 논공행상 과정에서 이괄은 철저히 권력의 중심에서 멀어졌다. 김류, 이귀, 김자점 등의 문신과 무신 가운데 신경진, 구인후 등 왕실의 인척은 일등공신이 된 반면, 이괄은 이등공신으로 밀려났다. "반정에 성공한 뒤에 공로의 등급을 의논하여 정할 때, 이괄이 중간에 들어왔다 하여 그를 일등이 아닌 이등공신으로 삼아 이괄이 크게 불평했다"는 기록이『하담록荷潭錄』에 보인다.

또 "그해 여름 조정에서 관서 지방에 후금이 침입할 염려가 많으므로 이괄로 하여금 평안 병사 겸 부원수로 나아가 지키게 했다. 이에 이괄이 크게 노하여 마침내 다른 마음을 품게 되었다"라고 하여 이괄 반란의 주원인이 논공행상에 대한 불만에 있었음을 언급하고 있다. 반정에 가담했던 아들 이전李栴과 이괄의 아우 이수李遂 역시 제대로 공을 인정받지 못했다. 이에 더하여 이괄은 평안 병사를 제수받아 지방으로 밀려나면서 인조 정권에 대해 서운함을 가질 수밖에 없었다.

이괄은 영변에 부임하는 날부터 정예 장졸 1만2000여 명과 임진왜란 때 항복하고 조선에 남은 항왜 및 검사 130명을 부하로 거느리고 추운 계절에도 훈련을 거듭했다. 조정에서는 이괄의 동태를 계속 살폈고, 1624년 1월 이괄이 아들 전과 기자헌, 한명련 등과 더불어 반역을 꾀하고 있다는 고변서가 올라왔다. 1월 15일 인조는 우선 이전과 기자헌을 체포해오도록 했는데, 아들의 체포가 이괄을 완전히 자극했다. 1월 17일 이전과 한명련 체포의 명을 받은 조정의 관리들이 이괄의 군영에 오자, 이괄은 이들의 목을 베고 군사 동원을 지시했다. 아들을 체포한 일이 곧 자신에 대한 체포로 이어질 것이라 보고, 앉아서 죽음을 기다리기보다는 병사를 일으키는 반란을 택한 것이다.

순변사 한명련이 합류한 이괄의 반군은 1월 22일 영변을 출발했다. 장만이 진영을 구축하고 있는 평양을 피해 개천 쪽으로 방향을 돌려 자산, 강동, 황주, 개성을 거쳐 2월 8일 한양 근교의 홍제원에까지 이르렀다. 인조는 이괄의 선봉군이 한양 입성 하루 전인 2월 8일 가마를 타고 창경궁 명정문을 빠져나갔다. 9일 오후 이괄 반군의 선봉 기병 30여 명이 한양에 입성했고 이괄은 이튿날 한양으로 들어왔는데, 백성의 지지를 받았던 사실이 『연려실기술』에서 확인된다.

초9일 적병 30여 기가 먼저 서울에 도착하여 사람들을 선동하기를 "성안의 사람들은 조금도 놀라지 마라, 새 임금이 즉위할 것이다"라고 했다. 10일에 이괄과 한명련이 말을 타고 나란히 입성했다. 이괄의 아우 수와 이충길과 이시언의 아들 욱 등이 수천 명의 군졸을 거느리고 무악 북쪽까지 나아가 적군을 맞아 인도했고 또 관공서의 아전과 관속들이 관복을 갖추어 입고 그들을 맞이했으며, 서울의 방민坊民들도 길에 황토를 깔며 환영했다. 이괄이 서울에 들어오자 적군은 경복궁 옛터에 주둔했다. 이때 왕자 흥안군興安君 제瑅가 임금 일행을 따라 한강을 건넜다가 도중에 도망하여 이괄에게 항복했다. 이괄은 마음속으로 됨됨이를 탐탁지 않게 여겼으나 그를 임금으로 삼겠다 하고 경기방어사 이흥립을 대장으로 삼아 제를 호위하게 했다.

흥안군은 선조와 후궁인 온빈溫嬪 한씨 소생의 왕자로, 백성 사이에서 "제를 임금으로 삼다니 오래가지 못하겠다"는 말이 떠돌 정도로 평판이 좋지 않았다. 이괄이 흥안군을 왕으로 추대하면서 일시적으로 인조와 흥안군이라는 두 왕이 공존하는 상태가 되었다. 한양 백성의 환대에 고무된 이괄은 성안에 남아 있는 친척들을 불러들여 문무백관에 배치하고 정부를 구성했다. 무뢰배들까지 투항하여 한 자리씩 얻는 상황도 벌어졌다.

이괄의 한양 진격을 저지하지 못한 도원수 장만은 파주까지 와 있다가, 인조가 공주로 피난 갔다는 소식을 듣고 10일 이른 새벽에 벽제관 북쪽 혜음령에서 장수들과 전략을 논의했다. 이때 안주목사 정충신이 나서서 반군보다 먼저 안산鞍山을 점거한 다음 진을 치고 한양도성을 내려다보며 적을 공격할 것을 주장했다. 고지를 점령하면 지리적 이점을 이용해 이길 수 있다는 판단이었다. 남이흥 등 여러 장수가 지지했고, 장만도 이를 받아들였다. 안산 전투의 서막은 그렇게 오르고 있었다.

무악 꼭대기로 향하는 바람이 전투의 향방을 가르다

반군 진압의 선봉장 정충신은 김양언으로 하여금 기병 30명을 이끌고 연서역을 지나 안산 정상에 숨어들어 봉수대부터 점령했다. 당시 평안도나 황해도에서 변고를 올리는 봉화가 올라오면 무악에서 이를 받아 남산 봉수대로 이어졌다. 정충신은 봉수대 탈취 후에도 평상시의 봉화 모양인 일거一炬만 올리도록 해 반군의 경계를 피했다. 『한경지략』에도 "무악은 인조 갑자년 이괄의 난 때 정충신이 싸워 이긴 전승지다. 저녁에 올리는 봉화를 일찍 올리니 남산에서도 이에 따랐다"고 하여 봉화 작전의 중요성을 언급했다. 정충신은 부대를 통솔하여 무악산 정상에 진영을 구축했다.

관군의 치밀한 작전에 비해 이괄과 한명련은 관군의 전력을 과소평가한 채 정면 공격을 감행했다. 전투 초반에 이괄은 한양의 백성에게 인왕산 성벽 위에 올라 그들이 관군을 물리치는 모습을 구경하라고 할 정도로 기세등등했다. 인왕산 곡성曲城에서 남산으로 이어지는 성벽을 따라 도성민들이 지켜보는 가운데 본격적인 전투가 개시되었다. 2월 11일 아침 돈의문을 나온 반군은 한명련이 항왜降倭를 선봉으로 앞에서 진격했고, 이괄은 중간에서 반군을 독려했다. 안산 전투에서는 바람의 방향도 전투의 향방을 가르는 데 주요 역할을 했다.

처음에 바람은 동쪽에서 불어와 무악 꼭대기로 향하는 방향이어서 반군에게 절대적으로 유리했다. 총탄과 화살이 바람을 타고 안산의 정상부를 맹공한 것이다. 장만 휘하의 관군은 후퇴하지 않을 수 없었다. 그러다 갑자기 동풍이 서북풍으로 바뀌었다. 항왜의 조총은 적중률이 떨어졌고, 탄환 연기와 모래바람 때문에 반군의 전열이 흐트러졌다. 관군의 반격 속에 반군의 후퇴가 이어졌다.

이괄과 한명련이 후퇴하여 서대문까지 왔을 때는 이미 성안 백성에 의해 문이 잠겨 있었다. 이에 반란군은 성벽을 끼고 서소문과 숭례문을 거쳐 도성 안으로 들어가 몸을 숨겼다. 정충신이 추격을 주장했으나 남이흥은 매복을 우려해 추격을 멈추자고 했다. 이괄은 도성 안에 숨어 있다가 야음을 틈타 광희문으로 빠져나와, 12일 새벽에 삼밭나루를 건너 광주廣州에 이르렀다. 이곳에서 관군의 추격을 받고 경안역慶安驛까지 탈출했으며 이날 밤 이천의 민가로 피신했다.

이때 반군 내부에서 분열이 일어났다. 기익헌과 이수백이 잠자는 틈을 이용해 이괄과 그의 아들 전, 아우 수, 그리고 한명련 등의 목을 베어 관군에 투항한 것이다. 광주 소천강에서 심기원과 신경진 등에 의해 체포된 흥안군은 창덕궁 돈화문 앞에서 처형되었다. 잠시 동안의 왕 노릇이 끝나는 순간이었다. 반란 진압 후 한양에 돌아온 인조는 파괴가 심했던 창덕궁 대신 경덕궁(경희궁)에 거처했다.

이괄의 난은 진압으로 막을 내렸지만 사건의 파장은 컸다. 한양의 치안이 불안해진 상황에서 궁궐의 방화와 약탈도 이어졌다. 궁궐 안에 보관되었던 『승정원일기』도 사라졌다. 반군에 가담했거나 내응한 사람의 상당수는 부역자로 몰려 효시梟示되었다. 이괄과 함께 반군의 중심으로 활약했던 한명련의 아들 한윤은 후금 진영으로 투항했다. 그는 1627년 1월 정묘호란이 일어났을 때 후금군의 선봉장이 되어 조선 침략에 앞장서게 된다.

19

조선 중기의 문화 사랑방을 이끈
시인 유희경과 침류대

선조에서 인조대에 이르는 조선 중기에는 영의정을 지낸 이원익을 비롯해 장유, 김상헌, 이수광, 신흠 등 당대의 손꼽히는 학자와 관료들이 찾아와 시를 나누고 풍류를 즐기던 공간이 있었다. 바로 창덕궁 서쪽 계곡에 위치한 '침류대枕流臺'로, 그곳 주인은 천민 출신의 시인 유희경劉希慶(1545~1636)이었다. 유희경은 이곳에서 시 쓰기를 즐겼는데, 임진왜란 이후 내로라하는 문인과 고위 관료들이 드나들면서 이곳은 문화 사랑방 역할을 했다.

『지봉유설』의 작자 이수광은 침류대에 관해 말하기를 무릉도원이 따로 없다고 했다. "넓은 바위 주위에는 복숭아나무 여러 그루가 둘러 있고 시냇물 양쪽으로는 꽃비가 흩뿌리니 비단 물결이 춤추는 것 같다. 옛날의 무릉도원이 이보다 더 좋지는 못했을 것이다."(이수광, 「침류대기」)

침류대의 위치는 유희경의 문집 『촌은집村隱集』 「행록」에 "정업원淨業院 아래쪽의 하류, 속칭 원동院洞이라고 하는 곳에 있다"고 기록돼 있다. 정업원이 현재의 창덕궁 서편 원동 부근에 있었으니 침류대 역시 이 주변이었다. 침류대의 위치를 추정하는 또 하나의 단서는 이수광의 기록이다. 그는 「침류대기」에서 '내가(유희경) 거처하는 곳은 금천의 상류'라고 했다. 금천교를 따라 상류로 올라간 곳에 침류대가 있었다는 사실을 확인해주는 기록이다. 금천교는 창덕궁 입구 쪽에 위치한 다리로서, 금천의 물줄기를 따라 올라오면 침류대에 이르는 것이다.

두 기록을 종합하면 침류대는 정업원 아래쪽 계곡에 있었다. 계곡을 따라 내려오면 물길은 금천교와 만난다. 이곳에서 다시 상류 쪽으로 100여 보를 올라간 지점이 침류대의 위치임을 알 수 있다. 그런데 이에 따르면 침류대가 현재의 창덕궁 안에 위치했다는 모순이 생긴다. 이는 사실 효종 때의 궁궐 확장 공사 때문이다. 효종 때 왕대비인 인조의 계비 장렬왕후를 위한 만수전萬壽展을 지으면서 침류대는 이원익의 집과 함께 궁궐 안으로 편입됐다고 한다. 창덕궁의 돌담에서 이를 확인할 단서를 찾을 수 있는데, 창덕궁 서편 담장에는 기역자로 꺾인 확장 흔적이 있다. 유희경이 침류대의 주인을 자처하던 시절의 침류대는 현재의 창덕궁 서편, 담장 안쪽에 있었고, 궁궐의 경계는 지금과 달리 금천 동쪽에 있었을 것이다.

당시의 침류대는 상류사회에서 널리 알려진 곳이었는데, 인목대비가 궁궐 너머로 침류대를 거니는 유희경을 봤다는 기록이 전해지기도 한다. 침류대가 있던 곳은 계곡이 깊어 맑은 물이 흘러내리고 경치도 좋았다. 침류대는 당시의 명사들이 모여 학문을 논하고 교우관계를 맺었던, 17세기의 문화 사랑방 역할을 했다고 볼 수 있다. 침류대를 드나들던 문인들은 이곳을 무릉도원에 빗대며 그

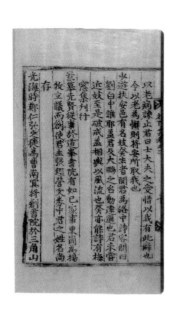

『촌은집』. 유희경, 1707, 규장각한
국학연구원.

아름다움을 시로 남겼는데, 임숙영은
"도원 속으로 걸어 들어가니 / 봄바람
속에 꽃도 많은 것이 / 친한 친구 술
권하는데 / 석양이 기우는 줄 몰랐소"
라고 표현했다.

유희경은 천민 출신임에도 당대
의 정치가이자 사대부였던 이들과 친
분을 맺고 시를 나누었다. 그가 신분
이 높은 이들과 관계를 맺을 수 있었
던 것은 상장례喪葬禮 전문가였기 때문
이다. 그의 문집인 『촌은집』에 따르면
유희경은 열세 살 되던 해에 아버지
를 여의었다. 어린 그는 혼자 삼년상
을 치렀는데, 이것이 당대의 이름 난
학자이자 서경덕의 문인인 남언경의 귀에까지 들어간다.

남언경에게 정통 예법을 배운 유희경은 당대에 손꼽히는 상장
례 전문가로 성장한다. 오래지 않아 그의 명성은 널리 알려졌고, 사
대부들은 초상은 물론이고 국상國喪 때도 그에게 자문을 구했다고
한다. 당시 항간에는 유희경의 명성을 짐작할 만한 소문이 돌았다.
"허준의 스승이었던 어의御醫 양예수는 뒷문으로 나가고 유희경은
앞문으로 들어온다"는 것이었다. 이 말은 사람이 죽었기 때문에 의
사인 양예수는 뒷문으로 나가고 유희경은 장례를 치르기 위해 대
접을 받으며 앞문으로 들어온다는 뜻이다.

유희경은 부안 기생 매창梅窓(1573~1610)이 사랑한 남자이기도 했다. 현대의 시인 신석정은 "개성에 송도삼절松都三絶이 있듯이 부안에도 부안삼절扶安三絶이 있다"고 했다. 박연폭포와 황진이, 서경덕이 송도삼절이라면 부안의 명물인 직소폭포, 그리고 매창과 유희경을 부안삼절이라 한 것이다.

두 사람이 처음 만난 것은 1591년 봄날이었다. 남도를 여행하던 유희경이 그녀를 찾아온 것이다. 이때 매창은 '유, 백' 중 누구냐고 묻는데, 유와 백이란 당시 천민 시인으로 유명했던 유희경과 백대붕白大鵬을 뜻한다. 매창은 유희경의 이름을 이미 알고 있었던 것이다. "남쪽 지방 계랑의 이름을 일찍이 들었는데 / 시와 노래 솜씨가 서울에까지 울리더군 / 오늘 그 진면목을 보고 나니 / 선녀가 하늘에서 내려온 듯하구나."(유희경, 『촌은집』 권1, 「증계랑贈癸娘」)

이 시에도 나타나듯이, 매창은 시를 짓고 노래하는 데 천부적인 재능을 가졌던 듯하다. 지방 기생의 재주가 서울까지 알려질 정도였으니 그 자질이 얼마나 뛰어났는지 짐작되고도 남는다.

유희경은 부안으로 내려와 직접 매창을 보고 나서 떠도는 소문만이 아님을 알게 되었다. 그는 매창에게 흠뻑 빠져, 마치 선녀가 하늘에서 내려온 것 같다고 표현했다. 시에 능통했던 유희경과 매창. 둘은 서로를 사랑하는 감정을 시를 통해 주고받았다. 유희경의 문집에 실려 있는 시 가운데 매창을 생각하며 지은 것은 일곱 편으로 확인된다. 유희경은 28세라는 나이 차이를 극복하고 매창을 연인처럼 사랑했던 듯하다. 매창과 유희경이 서로에게 강하게 끌린 것은 천민과 기생이라는 신분의 한계에 대한 공감대 때문이기도

「송석원시사아회도」
이인문, 종이에 엷은색, 25.5×32.0cm,
1791, 아라재. 송석원시사는 위항문학의
중심이었다.

坐久眉翁

須臾以從不
見山水筆畫
在矣今覽此
帖則揆水館
山居各不虛
古柏流水鐵道
人李寅又之都
寫於槒園所

했다. 여기에 더하여 문학이라는 공통의 언어가 있었기에 두 사람의 운명적 교유가 가능했던 듯하다.

유희경이 천민의 신분을 벗어난 것은 임진왜란의 의병활동을 인정받아서였다. 이후에 많은 학자가 침류대를 찾으면서 유희경과 친분을 맺었다. 양반이 된 후에도 유희경은 겸손을 잃지 않았다. 바로 이 때문에 많은 사대부가 그의 집을 찾아와 함께 즐기기를 마다하지 않은 것이다. 침류대를 드나들던 사대부들은 차천로, 이수광, 신흠, 임숙영, 조우인 등 당대의 내로라하는 학자이자 관료였다.

젊은 시절 유희경과 친하게 지낸 시인으로는 백대붕이 있었다. 백대붕은 배를 만들고 수리하는 전함사典艦司의 노비로, 그 역시 한문에 조예가 깊었다고 한다. 유희경은 백대붕과 더불어 시 짓기를 즐겼는데, 두 사람의 명성은 양반들 사이에서도 널리 알려진 것이었다. 사대부들은 두 사람을 가리켜 '풍월향도風月香徒'라고 불렀다. 풍월향도는 임진왜란 전에 백대붕과 유희경을 중심으로 천민과 평민들이 모여서 만든 문학 모임이다. 풍월향도는 임진왜란 이전까지 전성기를 누렸다.

전쟁 중에 백대붕이 사망하고 유희경의 신분이 상승한 뒤 서민 출신들의 시 모임인 풍월향도는 '삼청시사三淸詩社'로 그 전통이 이어졌다. 삼청시사는 주로 삼청동에 모여 활동했다고 해서 붙여진 이름이다. 유희경의 제자 최기남을 중심으로 아전, 서리, 역관 등 중인 이하의 신분들이 모여 시와 문장을 지으며 자신들의 문학세계를 만들어갔다. 이들은 서로 주고받은 시를 모아서 1658년『육가잡영六歌雜詠』으로 펴냈다.『육가잡영』은 위항문학 최초의 시집이다.

위항委巷이란 대저택이 있는 부촌이 아니라 꼬불꼬불 길이 나 있는 달동네를 뜻하는 것으로, 위항문학은 중인 이하 계층 사람들의 문학을 일컫는다. 풍월향도에서 시작된 위항문학인의 모임은 인왕산을 중심으로 점차 확대되었다. 인왕산이 그 중심지가 된 까닭은 양반들이 많이 살던 안국동이나 종로 등의 중심가와 가까우면서도 비교적 땅값이 싸고 경치가 좋았기 때문이다.

가장 왕성하게 활동한 것은 옥계시사玉溪詩社와 천수경이 중심이 된 송석원시사松石園詩社로, 이들 시사는 조선 후기 위항문학 운동의 중심을 이룬다. 현재의 창덕궁 옆 침류대는 그의 문학적 재능이 태동하고, 17세기를 대표하는 조선의 문인, 관료들이 어우러져 실력을 한껏 발휘하던 문화 공간이었다.

20
물속에 잠겼다 다시 떠오른
치욕의 삼전도비

서울시 송파구 삼전동. 잠실 롯데백화점에서 성남 방면으로 가는 대로에 고풍스러운 비석이 하나 서 있다. 원래 이름은 '대청황제공덕비大淸皇帝功德碑'였지만, 이곳에 삼전 나루가 있었기 때문에 '삼전도비三田渡碑'라 불린다. 삼전도비의 역사는 1636년 12월 청나라가 조선에 쳐들어왔던 병자호란 때로 거슬러 올라간다.

국력이 뒷받침되지 않은 상태에서 치른 전쟁의 후유증은 너무나 깊고 비참했다. 국체의 상징인 왕 인조가 친히 타국의 황제 앞에서 항복 의식을 치를 수밖에 없을 정도로 혹독했다. 그것도 이전까지 오랑캐라 멸시하던 대상에게 했던 것이니 조선의 자존심은 여지없이 무너졌다.

후폭풍도 컸다. 군신관계를 골자로 하는 정축화약丁丑和約이 맺어졌고, 두 왕자는 인질로 청에 가는 운명을 맞았다. 여기에 더해 청나라 황제의 공적을 칭송하는 비문을 작성하라는 청의 요구가 이어졌다.

굴욕은 끝이 없었다. 1637년 1월의 그날은 왕과 신하, 백성할 것 없이 조선의 강토에 살았던 모든 사람이 치욕에 떨면서 눈물을 흘린 날이었다. 정축화약이 맺어지면서 청군은 1월 28일부터 포격을 중지하고, 소수의 복병만을 산성 주변에 잔류시킨 다음 주력군들을 외곽으로 철수시켰다. 화의의 방침이 정해진 뒤에도 김상헌, 정온, 윤집, 오달제 등 척화파는 인조의 출성出城을 반대했지만, 1월 30일 인조는 묘시(오전 5시~7시) 무렵 세자 및 대신들과 호위군을 동반하고 서문을 빠져나와 청 태종의 지휘 본부가 있던 삼전도로 향했다. 그날의 비참했던 현장의 모습이 1637년 실록의 기록으로 전해지고 있다.

송파구 삼전동에 있는 삼전도비.

용골대龍骨大와 마부대馬夫大가 성 밖에 와서 상의 출성을 재촉하였다. 상이 남염의藍染衣 차림으로 백마를 타고 의장儀仗은 모두 제거한 채 시종 50여 명을 거느리고 서문을 통해 성을 나갔는데, 왕세자가 따랐다. 백관으로 뒤처진 자는 서문 안에 서서 가슴을 치고 뛰면서 통곡하였다. (…) 멀리 바라보니 한汗이 황옥黃屋을 펼치고 앉아 있고

비석 뒷면에 공식 명칭인 '대청황제공덕비'라는 한자어와 비문이 쓰여 있다.

갑옷과 투구 차림에 활과 칼을 휴대한 자가 방진方陣을 치고 좌우에 옹립하였으며, 악기를 진열하여 연주했는데, 대략 중국 제도를 모방한 것이었다. 상이 걸어서 진陣 앞에 이르고, 용골대 등이 상을 진문陣門 동쪽에 머물게 하였다. 용골대가 들어가 보고하고 나와 한의 말을 전하기를, "지난날의 일을 말하려 하면 길다. 이제 용단을 내려 왔으니 매우 다행스럽고 기쁘다"고 하자, 상이 대답하기를, "천은이 망극합니다" 하였다. 용골대 등이 인도하여 들어가 단壇 아래에 북쪽을 향해 자리를 마련하고 상에게 자리로 나가기를 청하였는데, 청나라 사람을 시켜 함께 창喝하게 하였다. 상이 세 번 절하고 아홉 번 머리를 조아리는 예를 행하였다. 용골대 등이 상을 인도하여 진의 동문을 통해 나왔다가 다시 동쪽에 앉게 하였다. 대군 이하가 강화도에서 잡혀왔는데, 단 아래 조금 서쪽에 늘어섰다.

　인조는 남한산성의 정문인 남문 대신 서문으로 나갔고, 왕의 복장이 아닌 남색 군복 차림이었다. 더욱이 세 번 절하고 아홉 번 머리를 조아리는 '삼배구고두三拜九叩頭'의 예를 행해야 했으니, 그야말로 삼전도의 굴욕이었다.

인조는 땅에 엎드려 대국에 항거한 죄를 용서해달라고 청했고, 청 태종은 신하들로 하여금 조선 국왕의 죄를 용서한다는 칙서를 내렸다. 그리고 청 태종은 조선의 항복을 받은 이 사건을 영원히 기념하려는 뜻에서 비석을 세우게 한 것이었다. 승전을 돌에 새겨 영원히 기억하도록 한 방식은 당나라 장군 소정방이 백제를 멸망시킨 후 부여 정림사지 5층 석탑 비면에 '대당평백제비명人唐平百濟碑銘'을 새기게 한 것과도 유사하다.

삼전도비의 건립은 청의 일방적인 요구였지만 당시의 정세상 거절할 수 없었다. 청은 비문 작성을 통해 조선에 대한 확실한 군신 관계를 대외적으로 공표하려 했다. 인조는 특명을 내려 공사를 지시했고, 국가적인 사업으로 비단碑壇(비석의 평평한 단) 조성이 강행되어 1637년 11월 3일 완공되었다. 11월 25일에는 청나라 사신이 비단을 조사하고 만족감을 드러냈다.

삼전도비의 정식 명칭은 '대청황제공덕비'로서 전서篆書로 쓰여 있다. 높이 395센티미터, 너비 140센티미터이며, 이수와 귀부를 갖춘 대형 비석이다. 비의 앞면 오른쪽에는 만주(여진) 문자로 20행, 왼쪽에는 몽골 문자로 20행이 새겨져 있다. 뒷면은 한문으로 글자 굵기 7푼의 해서楷書로 새겼다.

삼전도비 비문의 내용을 누가 쓸 것인지를 두고도 많은 논란이 뒤따랐다. 오랑캐라고 멸시했던 청의 황제를 찬양하는 굴욕적인 글귀를 쓰고 싶은 신하는 없었기 때문이다. 다급해진 인조는 이경석, 장유, 이희일에게 비문의 찬술을 명했고, 비문을 검토한 인조는 장유와 이경석의 글을 청나라에 보냈다. 청나라는 그 내용을 두고 거듭 트집을 잡았지만, 그나마 이경석이 비문 맨 앞에 "대청 숭덕 원년"이라고 하여 청의 연호를 먼저 쓰고, "삼한에는 만세토록 황제의 덕이 남으리라"고 한 표현을 보고 비로소 만족했다. 인조의 간곡한 요청을 받은 이경석은 국가의 안위를 생각하여 청의 비위에 맞춰 비문을 찬술했지만, 그 치욕감을 이기지 못해 자신의 손을 후벼 팠다는 이야기도 전한다.

이경석은 훗날 삼전도비문을 썼다는 이유로 두고두고 거친 비판을 받아야만 했다. 특히 서인의 영수 송시열은 이경석에 대한 반감을 노골적으로 드러냈다. 이경석의 삼전도비문을 둘러싼 논쟁은 이후 서인 정파가 노론과 소론으로 분립되는 데에도 중요한 원인을 제공하게 된다. 즉 이경석의 행위가 의리상 문제점이 많았다는 노론과, 현실 여건상 어쩔 수 없었다는 소론으로 나뉜다.

삼전도비는 청일전쟁 후인 1895년 고종의 명으로 강물 속에 쓰러뜨렸으나, 일제강점기인 1917년 조선총독부에서 주관해 다시 그 자리에 세워졌다. 일제는 우리 민족이 역사적으로 이민족에게 지배받았다는 사실을 강조해 식민 지배를 정당화하려 한 것이다. 1945년 광복 후 삼전도비를 없애자는 논의 속에 1956년 문교부에서 다시금 땅속에 묻도록 했다.

그러나 1963년의 홍수로 비석의 모습이 드러나자, 정부에서는 역사의 반성으로 삼자는 의미에서 원래 위치했던 곳에서 조금 동남쪽인 석촌동으로 옮겼고, 다시 송파대로의 확장으로 삼전동의 어린이 놀이터 안으로 옮겨놓았다. 이후 원래 위치(석촌호수 서호)와 가장 가까운 곳에 설치해야 한다는 의견이 대두되면서, 2010년 현재의 위치로 옮겼다.

삼전도비는 우리 역사상 가장 치욕스러운 항복 의식을 새겨놓은 비석이라는 점에서 민족의 자존심에 상처를 내고 있다. 그러나 한편으로 삼전도비는 명분만을 내걸고 수행하는 잘못된 전쟁을 되풀이하지 말아야 한다는 역사적 교훈을 전해주고 있기도 하다.

21
효종의 잠저와 홍덕이 밭

　　조선의 17대 왕 효종孝宗(1619~1659, 재위 1649~1659) 하면 가
장 먼저 떠오르는 이미지는 북벌北伐이다. 적장자 형인 소현세자가
의문의 죽임을 당한 후 세자로 책봉되고, 인조의 승하 후에 왕이 된
효종은 북벌을 국시로 삼았다. 아버지가 당한 삼전도의 굴욕을 극
복하겠다는 의지가 담긴 시대 이념이었다. 서울 곳곳에는 효종을
되새기는 공간들이 있다.

　　효종은 1619년 5월 22일 인조와 인열왕후의 둘째 아들로, 향
교동 인조의 잠저에서 태어났다. 인조의 잠저는 상어의궁上於義宮이
라고 불렸는데, 19세기 서울의 연혁과 관청, 풍속 등을 기록한『한
경지략漢京識略』에는 '어의궁'에 대하여, "상어의궁이라 한다. 인조의
잠저인데 잠룡潛龍이라는 이름의 연못이 있고, 용흥궁龍興宮은 동부
숭교방崇敎坊에 있는데 보통 하어의궁下於義宮이라고 한다. 이 안에
있는 조양루朝陽樓는 효종의 잠저다"라고 기록하고 있다.

　　조선 후기에는 어의궁이라 하면 대개 효종의 잠저인 하어의궁
을 가리켰다. 어의궁은 '어의동본궁'으로도 칭해졌다. 어의궁은 조

선 후기 이후 별궁으로 활용되었다. 별궁은 왕비로 간택된 신부가 미리 왕비 수업을 받던 곳이다. 오늘날의 결혼식에 해당되는 친영親迎(왕이 친히 왕비를 맞이하러 감) 의식이 행해지는 날 신부는 별궁에서 궁궐로 이동했다. 친영 의식으로 처음 왕비가 된 인물은 중종의 계비 문정왕후이다. 1517년(중종 12)에 거행된 친영 의식은 중국 사신을 맞이하던 장소인 태평관太平館에서 이뤄졌다. 문정왕후와 인목왕후는 태평관에서 친영을 하고 왕비가 되었으며, 조선 후기부터는 어의궁이 본격적으로 별궁으로 활용되었다.

어의궁이 처음 별궁으로 활용된 것은 1638년 12월 인조와 계비 장렬왕후의 친영 때부터였다. 이것은 『숙종실록』1680년(숙종 7) 3월 11일의 "가례嘉禮(혼례) 친영 때의 처소는 어의동의 별궁에서 정하여 행하도록 하였다. 대개 고례古例에서는 반드시 태평관에서 행하였는데, 무인년(1638) 이후부터 수리하는 데 폐단이 있을 것을 염려하여 모두 (어의동) 별궁에서 거행하였다"는 기록에서 확인된다. 이후 어의동 별궁에서의 친영을 하는 것은 관례가 되었다. 1681년 5월 숙종과 계비 인현왕후, 1759년 6월 영조와 계비 정순왕후, 1851년 9월 철종과 철인왕후의 혼례식이 어의궁에서 거행되었다. 1759년(영조 35) 6월 22일『영조실록』의 "임금이 어의궁에 나아가 친영례를 거행하였다"는 기록이 있을 뿐 아니라, 영조와 정순왕후의 혼례식을 기록한 의궤인 『영조정순왕후가례도감의궤』등에는 어의궁에서 친영 의식을 행한 모습이 구체적으로 나타나 있다.

세자빈의 친영 의식도 어의궁에서 행해졌다. 1651년 12월 세

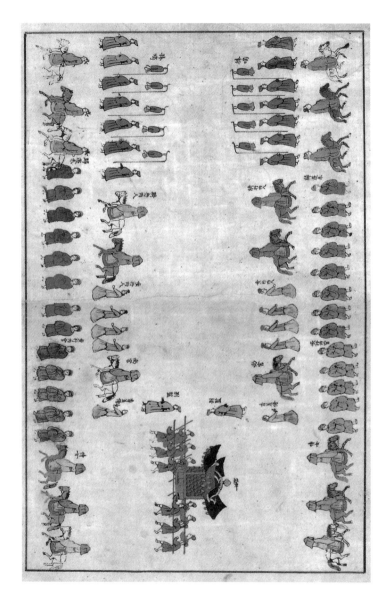

「반차도」『영조정순왕후가례도감의궤』 47.3×33.6cm, 1759, 규장각한국학연구원.
어의동 별궁에서 정순왕후의 친영 의식이 행해지는 모습.

자 현종과 세자빈(후의 명성왕후), 1671년 4월 세자 숙종과 세자빈(후의 인경왕후), 1696년 5월 세자 경종과 세자빈(후의 단의왕후), 1744년 1월 사도세자와 혜경궁 홍씨(후의 헌경왕후)의 친영도 어의궁에서 이뤄졌다. 효종의 잠저인 어의궁이 별궁으로 활용된 것은 이곳이 창덕궁, 창경궁 등과 가까웠기 때문이다. 1863년 고종과 명성황후의 혼례식이 흥선대원군의 사저였던 운현궁에서 거행되면서, 어의궁 별궁 시대는 막을 내린다. 어의궁이 위치했던 곳은 현재의 서울 종로구 대학로의 효제초등학교 인근으로 추정된다. 서울 지하철 4호선 혜화역 3번 출구 쪽에는 '어의궁 터'라는 표지석이 설치되어 있다.

효종은 서울의 동쪽을 상징하는 낙산駱山과 특히 인연이 깊다. 잠저인 어의궁이 현재의 대학로 인근 낙산 자락이었고, 효종이 총애한 궁녀 홍덕弘德은 낙산 자락에 밭을 일구어 효종에게 김치를 올렸다. 『신증동국여지승람』의 「동국여지비고」 한성부에는 '홍덕이 밭'이라는 흥미로운 기록이 전한다. "나인內人 홍덕이 병자란에 포로가 되어 심양瀋陽(봉천奉川)에 들어갔는데, 김치를 잘 담가서 때때로 효종이 인질로 있는 집에 드렸다. 효종이 왕위에 오른 다음 홍덕도 이어서 돌아왔는데, 다시 김치를 담가서 나인을 통하여 드렸다. 임금이 맛을 보고 이상히 여겨 그 출처를 물으니 나인이 사실대로 아뢰었다. 임금이 놀라고 신기하게 여겨 곧 홍덕을 불러들여서 후하게 상을 주려고 하니, 홍덕이 굳이 사양하면서 감히 받을 수 없다고 하였다. 임금이 이에 명하여 낙산 아래 밭 몇 경頃을 하사하여 그 수고를 갚아주었다. 지금도 그 밭을 홍덕이 밭이라고 한다."

효종은 봉림대군의 신분으로 형 소현세자와 함께 1637년 2월 청나라에 인질로 갔다. 삼전도에서 맺은 정축화약의 조건 중 왕자를 인질로 심양에 데려간다는 내용이 포함되어 있었기 때문이다. 효종이 인질로 갔을 때 홍덕이라는 나인이 김치를 담가 효종에게 올렸고, 이 맛을 잊지 못한 효종이 왕이 된 후에도 홍덕이를 찾아 그 김치를 먹었다는 이야기다. 홍덕이가 배추를 재배한 밭이 낙산 공원 인근에 지금도 남아 있다는 사실 역시 흥미롭다.

홍덕이가 배추를 재배한 밭이 남아 있는 낙산공원.

22
혜화동, 송시열과 대명의리론의 공간

조선의 18대 왕 현종顯宗(1641~1674, 재위 1659~1674) 하면 별로 떠오르는 기억이 없다. 조선의 왕 중에서 존재감이 없는 이들은 대개 재위 기간이 매우 짧았다. 2대 정종, 8대 예종, 12대 왕 인종 등은 1~2년밖에 왕위에 있지 않아 큰 업적을 낼 형편이 안 되었다. 그러나 현종은 재위 기간이 짧은 것도 아니었다. 15년이나 임금의 자리에 있어 세조나 연산군, 효종보다 그 기간이 길었다.

그럼에도 현종이 별다른 업적을 남기지 못한 것은 건강이 좋지 않았던 점, 유례없는 자연재해와 대기근으로 제대로 정사를 펼칠 수 없었다는 점, 그리고 당쟁이 치열하게 일어 이를 수습하는데 급급했다는 점 등을 들 수 있다. 현종 시대에 활약한 인물로 왕보다 지명도가 훨씬 더 높은 이는 우암尤庵 송시열宋時烈(1607~1689)이다.

현종 즉위년에 전개된 1659년의 기해예송과 재위 마지막 해에 있었던 갑인예송에서 서인과 남인은 치열하게 맞섰다. 두 차례의 예송에서 송시열은 서인의 핵심 세력으로 활약했다. 서인이 승리한 기해예송 이후에는 승승장구했지만, 남인이 승리한 갑인예송 이후에는 위기에 몰렸다.

송시열은 충청도 옥천 구룡촌九龍村 외가에서 태어나 26세(1632) 때까지 그곳에서 살았다. 뒤에 회덕懷德의 송촌宋村·비래동飛來洞·소제蘇堤 등지로 옮겨 살면서, 세상에서는 송시열을 회덕 사람이라고 했다.

숙종 때 송시열이 제자인 윤증尹拯과 대립하면서 서인이 노론과 소론으로 나뉘었을 때를 '회니논쟁懷尼論爭'이라 한 것도, 송시열의 거처인 회덕과 윤증의 거처인 니산尼山(논산)을 대표하여 부른 것이다. 송시열은 청주 화양동 계곡에서 만년을 보냈고, 그를 배향한 화양서원도 이곳에 있을 정도로 충청도와 인연이 깊은 인물이다. 그러나 정치인, 학자로서 서울에서 오랫동안 활동한 만큼 서울에도 그를 기억하는 공간이 여러 군데 남아 있다.

먼저 서울에서 그가 살았던 동네인 '송동宋洞'이 있다. 송시열이 서울에 머물 때 살았던 곳은 동부 숭교방 흥덕동으로, 당시의 성균관 근처이며, 현재의 종로구 명륜동, 혜화동 일대였다. 19세기 학자 유본예柳本藝가 쓴 『한경지략』 명승조名勝條에는 "송동이 성균관 동쪽에 있는데 우암 송시열이 살던 동네다"라고 기록하고 있다. 송동 자체가 송시열의 성을 따서 붙인 이름인 만큼 조선 후기까지 지속된 그의 영향력을 잘 보여준다.

현재 혜화동의 올림픽기념국민생활관 정문에는 우암구기尤菴舊基라는 글자가 쓰여 있어 이곳이 송시열의 옛 집터임을 알게 한다. 이곳에서 조금 위로 올라가면 '증주벽립曾朱壁立'이라는 글씨가

「송시열 초상」 한시각, 비단에 채색, 174.0×79.0cm, 1683, 우암종택.

나타나는데, '증자와 주자의 뜻을 계승하고 받
들겠다'는 송시열의 의지가 압축되어 있다.

도봉산 올라가는 길에 '도봉동문道
峯洞門'이라고 쓰여 있는 바위.

　송시열은 1689년 기사환국으로 제주도에
유배를 가게 되는데, 이런 인연으로 제주도에서는 송시열을 모신
서원인 귤림서원을 건립했다. 귤림서원에도 바위에 '증주벽립'을
새겨놓았는데, 이것은 송동에 있는 것을 탁본한 것이다.

　송시열은 네 글자의 바위 글씨와 특히 인연이 깊다. 서울의 도
봉산으로 올라가는 관리사무소 아래쪽 바위에는 '도봉동문道峯洞門'
이라고 적혀 있는데, 송시열의 친필로 알려져 있다. 도봉동문은 선
조 때 조광조를 배향한 도봉서원으로 가는 관문이기도 했다. 숙종
때에는 도봉서원에 송시열을 추가로 배향했으니, '도봉동문' 네 글
자는 송시열 자신이 있는 곳으로 안내하는 듯한 느낌을 준다.

　송시열은 임진왜란 때 조선을 도운 명나라에 대한 의리를 잊
지 말자는 취지의 '대명의리론大明義理論'을 가장 적극적으로 주장했

다. 안동 김씨 김상용의 별서인 청풍계에는 명에 대한 영원한 충성을 다짐하는 '대명일월 백세청풍大明日月 百世淸風' 여덟 글자가 바위에 새겨져 있다. 『동국여지비고東國輿地備攷』에는 "청풍계가 인왕산 기슭에 있는데 그 골 안이 깊고 그윽하며 천석泉石이 아늑하고 아름다워서 놀며 즐길 만하다. 김상용의 집 안에 태고정太古亭이 있고, 늠연당凜然堂이 있어 선원仙源(김상용의 호)의 초상화를 모시었다. 후손들이 근처에 살고 있어서 세상 사람들이 창의동 김씨라 한다. 시냇물 위 바위에 '대명일월 백세청풍' 여덟 자가 새겨져 있다"라고 기록하고 있다. 여덟 자 모두 송시열의 글씨라는 견해와, '백세청풍'은 주희의 글씨, '대명일월'은 송시열의 글씨라는 견해가 함께 전한다. 바위에 새긴 글씨는 명나라에 대한 조선의 영원한 충성을 다짐하는 대표적인 상징물이었다.

조선 후기의 대저택 청풍계의 모습은 겸재 정선의 그림 「청풍계淸風溪」에 잘 묘사되어 있다. 청풍계는 '맑은 바람이 부는 계곡'이란 뜻으로 인왕산 기슭의 골짜기인 현재 종로구 청운동 일대를 말한다. 안동 김씨 김상용의 후손인 김창협과 김창흡이 영조대에 정선을 적극 후원한 만큼 그들의 저택을 그린 「청풍계」는 정선의 그림 중에서도 최고의 수작으로 꼽힌다.

청풍계 바로 위쪽에는 현대그룹 정주영 회장의 집이 들어서기도 했다. 이곳이 명당임을 진작에 알았을까? 현재 청운초등학교를 지나 왼쪽으로 조금 올라가서 어느 주택 바위에 새겨져 있는 '백세청풍'의 글씨에서 청풍계의 흔적을 만날 수 있다. 원래 여덟 글자였는데, 이곳에 주택을 지으면서 '대명일월' 네 글자는 훼손된 것으로

「청풍계」 정선, 비단에 채색, 50.0×62.4cm, 조선 후기, 국립중앙박물관.
청풍계에는 명에 대한 영원한 충성을 다짐하는 송시열의 글씨가 새겨진 바위가 있다.

보인다.

송시열이 강조한 대명의리론은 숙종 때 창덕궁 후원에 대보단大報壇을 건립하는 것으로 이어졌다. 이 일은 1704년(숙종 30) 1월 숙종이 제의했고 이어서 관학 유생 160명이 명나라 신종神宗(만력제)의 사당 건립을 청원했다. 숙종은 그해 3월, 후원의 정결한 곳에서 먼저 의종毅宗에게 제사를 올렸다. 대보단 건립 공사는 10월에 시작되어 11월에 단의 이름을 짓고, 12월 21일에 끝마쳤다.『숙종실록』은 "대보단이 준공되었는데, 단壇은 창덕궁 금원禁苑의 서쪽 요금문曜金門 밖 옛날 별대영別隊營 터에 있었다"고 기록하고 있다.

대보단이 설립된 후 숙종은 임진왜란 때 조선에 군사를 보내준 신종을 위한 제사를 지냈는데, 1749년(영조 25) 3월에는 명나라 태조太祖와 마지막 황제 의종을 추가로 배향했다. "태조는 황조皇朝의 시작이고 의종은 황조의 마지막이며, 신종은 중간으로 우리나라에 큰 은혜가 있으니 세 황제를 함께 제향한다면 존주尊周의 의리에 더욱 광채가 있을 것입니다"라는 논리였다. 이어서 "선정신先正臣 송시열이 이 소식을 들었다면 반드시 힘껏 찬동하기에 겨를이 없었을 것입니다"라면서, 송시열의 대명의리론을 다시금 불러내는 것도 주목된다.

1820년대에 창덕궁과 창경궁의 모습을 그린「동궐도東闕圖」서쪽 윗부분에는 대보단이 그려져 있는데, 실제 모습보다 더 크게 표현되어 있다. 당시까지도 대명의리론이 조선사회에 강하게 구현되어 있었음을 볼 수 있는 지표다.

23
숙종과 북한산성 수축

숙종肅宗(1661~1720, 재위 1674~1720)은 14세의 나이로 왕위에 올라 46년간 재위했다. 52년간 임금의 자리에 있었던 영조에 이어 두 번째로 재위 기간이 길었고, 정치·경제·사회·문화 각 분야에서 이룩한 업적도 많다. 아직까지 숙종은 조선 후기를 대표하는 왕 영조나 정조에 비해 상대적으로 존재감이 약하지만, 숙종의 업적을 살펴보면 충분히 이들과 견줄 만하다.

병자호란 때 왕이 직접 오랑캐 황제에게 삼배구고두의 예를 행한 치욕을 씻어야 한다는 것은 인조 이후 조선의 왕 누구에게나 절실하게 다가온 과제였다. 숙종 역시 이러한 시대 분위기 속에서 왕위에 올랐다. 어린 나이에 왕이 되었지만, 당시 최고의 정객 송시열의 예송에 있는 잘못을 지적하는 등 예사롭지 않은 카리스마를 보였다.

병자호란의 치욕을 되풀이하지 않기 위해서라도 숙종은 도성의 방어를 강화해야 한다고 판단했다. 숙종은 재위 기간에 기존의 한양도성을 개축하고 새롭게 북한산성을 수축하는 사업에 착수했다. 한양도성은 태조 때 정도전의 주도로 처음 건설된 이래, 세종 때 개축되었다가 이후 200여 년간 대대적인 정비가 이루어지지 않았다. 한양도성의 개축에는 선대와는 다르게 규격화된 돌이 사용되었는데, 한양도성을 직접 찾아보면 태조와 세종, 그리고 숙종 때 쌓은 돌의 차이를 확인할 수 있다.

북한산성 수축 논의는 숙종 즉위 직후인 1674년(숙종 즉위) 11월 13일 유혁연柳赫然이 제기했다. 유혁연은 "만일 사변事變이 있으면 왕이 머무실 만한 곳이 없습니다. 북한산은 산세가 험하고 견고하며 사면이 막혀 있는데 유독 동 어귀의 한길만 있어서 쌓는 공사도 많을 것이 없습니다. 또 이는 도성과 지적에 있어서 비록 창졸 간의 변이 있더라도 군병과 기계, 그리고 백성과 비축한 식량 등은 남김없이 모두 피하여 들어갈 수 있기 때문에 형세의 편리함이 이와 같은 곳이 없사오니, 속히 수축할 계책을 강구하여 결정짓는 것이 합당하겠습니다"라고 건의했고, 숙종은 이를 검토해볼 것을 지시했다. 11월 26일에는 형조판서 오정위가 차자箚子를 올려 이덕형李德馨의 문집에 있는 말을 인용해 중흥산성中興山城을 수축하기를 청했는데, 중흥산성은 곧 북한산성을 뜻한다. 숙종은 이 일을 비변사에서 검토하라고 지시했다. 그런데 그사이에 개성의 대흥산성이 수도 방어의 대안으로 제시되는 바람에 북한산성 축성 작업은 유보된다.

2차 북한산성 수축 논의는 한양도성을 새로 쌓는 사안과 함께 제기되었고, 북한산과 도성을 연결하는 탕춘대성의 수축 작업도 추진되었다. 1702년(숙종 28) 8월 11일 우의정 신완은 8조의 계책을 올리면서 일곱 번째로 성지城池의 수축을 건의했다. "우리나라 산천이 험한 것은 천하에 으뜸인데, 병자년에 청나라가 승리를 거둔 이유는 모두 서쪽 변방을 지키지 못하고, 도성을 포기한 데 있다"라고 하면서, 위급한 변란이 벌어졌을 때 의지할 만한 곳은 남한산성과 강화도가 아니라 한양도성임을 강조했다.

신완은 "창의문 밖에 있는 탕춘대의 옛터는 사면이 험준하고 절벽이 깎아지른 듯 서 있으니, 산세를 따라 돌을 포개어 치성雉城을 덧붙여 쌓되, 창고의 곡식을 예치하고 먼저 무기를 쌓아두어 경성京城과 안팎이 되어 서로 응원하게 하고 힘을 합쳐서 굳게 지킨다면, 나라에는 파천할 근심이 없고 백성에게는 견고한 뜻이 있게 될 텐데, 가까운 거리에 있는 천연의 험준한 곳을 오히려 지금까지 비운 채 버려두었으니, 그 애석함을 견딜 수 있겠습니까?"라고 했다.

숙종은 신완이 제기한 도성 방어책을 받아들였지만, 도성 수축과 북한산성 수축 가운데 무엇이 우선인가의 논의는 계속되었다. 그러다가 1704년(숙종 30) 8월부터 도성 수축 공사가 본격적으로 시작되었다. 도성의 군영이었던 훈련도감, 어영청, 금위영에서 구역을 나누어 분담했다. 3월 25일에는 도성 수축에 앞서 북한산에 고유제를 지냈다. 오군문五軍門에서 각각 장교將校를 보내 노원蘆原과 주암舟巖 등지에서 돌을 뜨게 했으며, 밥을 짓고 기계機械에 소용되는 나무는 사산四山의 벌레 먹은 것들을 베어다 쓰게 했다. 도성은 석성을 위주로 한 기존의 돌이 작아서 쉽게 무너지는 것을 보완하기 위해 사방 2척 정도의 장방형 석재를 사용했다. 또한 각 군영의 감독관과 석공의 이름 및 날짜를 돌에 새김으로써 책임 소재를 분

탕춘대성의 성문인 홍지문.

명히 했다.

　　그러나 "경기 백성으로 군문軍門에 예속된 사람들은 이 공사 때문에 농사를 폐하였고, 돌을 운반하는 공사에서는 사상자가 상당히 많아 사람들이 모두 원망하였다"는 기록에서도 보듯 도성 수축에는 커다란 후유증이 뒤따랐다. 우여곡절 끝에 1712년 무렵 완성된 한양도성은 둘레 9975보, 성첩 7081개에 달하는 규모였다.

　　3차 북한산성 수축 작업은 1710년(숙종 36)에 다시 논의되었다. 중국에 등장하는 해적에 대비하여 조선 연해 지방을 잘 방어하라는 청나라 강희제의 유시諭示가 산성 수축의 주요 동기가 되었다. 숙종은 조선에 국방 시설 구축을 허락한 강희제의 유시를 명분으로 다시 북한산성의 축성 작업을 지휘했다.

3차 축성 사업은 더 신중하게 추진되었
다. 북한산에 물이 부족하다는 것, 내부가 좁아

1959년에 찍은 북한산성 대서문.

도민을 수용하기 힘들다는 것, 북한산이 험해 군량을 들이기 어렵
다는 것 등의 반대 논리에 대해, 숙종은 대안을 제시하고 북한산의
가치와 축성의 당위성을 피력해나갔다. 숙종의 적극적인 의지 속에
1711년 4월 3일 북한산성 수축이 시작되었고, 10월 18일 마침내
완성되었다. 도성과 마찬가지로 훈련도감, 금위영, 총융청의 삼군
문 군사들이 나누어 수비했다. 훈련도감은 수문水文 북쪽에서 용암
龍巖까지, 금위영은 용암의 남쪽에서 보현봉까지, 어영청은 수문 남
쪽에서 보현봉까지의 구역을 담당했다. 성곽과 군량의 관리를 전담
하는 경리청經理廳도 별도로 설치했다.

1712년 10월 3일 『숙종실록』에는 "북한산성의 청사廳舍 이름을 품의하니, 임금이 경리청으로 정하라 명하고, 주관하는 대신은 도제조, 당상은 제조라 하고, 삼군문의 대장은 또한 제조를 겸임하도록 하였다"는 기록이 보인다. 정부 재정과 군정 내역을 모은 『만기요람萬機要覽』에는 산성의 전체 둘레가 7620보였으며 성랑城廊이 121개, 장대將臺 3개, 연못 26개, 우물 99개, 대문 4개, 암문暗門 10개, 창고 7개, 큰 절 11개, 작은 절 3개가 있었다고 기록돼 있다. 대서문大西門, 동북문, 북문 등 13개의 성문이 있었으며, 군사 지휘 시설로는 동장대, 남장대, 북장대 등이 있었다. 성안의 사찰 중 중흥사重興寺는 승군을 배치한 136칸의 대사찰이었다.

1713년부터는 북한산성과 군량 창고인 평창平倉을 방어하기 위한 축성 논의가 진행되다가 1718년 한양도성과 북한산성을 연결하는 탕춘대성蕩春臺城의 축조가 시작되었다. 탕춘대성은 전체 길이가 약 4킬로미터로, 성내에 군사 훈련장으로 연융대鍊戎臺를 설치하고, 군량 보급을 위해 평창平倉을 설치했다. 평창동이라는 이름은 조선시대 총융청總戎廳의 군량 창고였던 평창에서 유래한다. 그러나 이후에 지어진 선혜청의 대동미를 보관하던 곳도 '평창'이었기에 전자를 상창上倉, 후자를 하창下倉이라 부르기도 했다. 탕춘대성은 북한산 향로봉에서 남쪽으로 인왕산 북쪽에 연결된 능선을 따라 남북으로 축조되었다.

탕춘대성은 북한산성의 외성으로, 한양도성과 북한산성을 이어주는 역할을 했다. 현재의 상명대학교와 세검정 앞에 있는 홍지문弘智門과 오간수문은 탕춘대성의 일부다. 홍지문은 1921년 홍수로 오간수문과 함께 허물어진 것을 1977년에 복원한 것으로, 한북문漢北門이라고도 한다. 북한산성은 백운대, 보현봉, 문수봉, 나월봉, 의상봉, 원효봉 등을 연결하고 있으며, 현재 경기도 고양시 덕양구 북한동, 서울시 강북구 수유동, 우이동, 종로구 구기동, 성북구 정릉동에 걸쳐 있다. 남쪽과 동쪽 성벽이 경기도와 서울을 나누는 기준점이 된다.

24
북한산성에도 행궁이 있었다

행궁行宮은 왕이 임시로 거처하는 궁궐이다. 행궁 하면 왕실의 휴식 공간으로 활용된 온양 행궁, 병자호란 때 인조가 피란처로 삼았던 남한산성 행궁, 정조가 화성을 건설하고 행차하면 머물렀던 화성 행궁이 떠오른다.

이외에도 왕의 행차 길에 행궁이 설치되었다. 화성 행차 때는 시흥과 사근참 등지에 설치했고, 여주 영릉 행차 때는 이천부에 설치하기도 했다. 그런데 북한산성 안에도 행궁이 있었다는 사실은 모르는 사람이 많다. 북한산성을 새롭게 수축한 숙종은 산성 내에 행궁을 설치했다. 그만큼 북한산성이 방어처로서 지니는 가치를 높게 인식했던 것이다.

현대인들도 즐겨 찾는 온천은 조선시대 왕실의 최고 휴식처였다. 조선 초기에는 황해도 평산과 경기도 이천의 온천도 자주 이용되었지만, 평산 온천은 너무 뜨겁고 이천은 길이 험해 온양 온천이 널리 사랑받았다.

실록의 기록에 따르면 온양 행궁을 즐겨 찾았던 왕은 세종, 세조, 현종, 숙종, 영조 등이고, 사도세자도 온양 온천을 찾았다고 기록되어 있다. 왕들이 이곳에 자주 행차하면서 임시 궁궐인 행궁이 설치되었다. 온양 행궁은 1432년 세종대에 건립을 명받았고 이듬해 1월 6일에 완성되었다. 세조대에는 온양 행궁에 관리인을 두었다. 기록에는 세조가 "무릇 온양 온천에서 목욕하고자 하는 자는 어정御井과 어실御室 외에는 금하지 마라"라고 하여, 백성도 이곳을 이용할 수 있도록 배려한 모습이 드러나 있다.

　　온양 행궁은 1597년(선조 30) 정유재란 때 불타 폐허가 되었다. 이를 재건한 왕이 바로 현종이다. 현종은 지병을 다스리기 위해 온양 행차를 결심하고 행궁의 복구를 명했다. 이로써 어실과 탕실, 각종 부속 건물 등 100여 칸

북한산성 북문, 국립중앙박물관.

규모의 건물이 복구되었다. 현종은 온양 행궁을 가장 많이 찾은 왕이기도 하다. 재임 기간 내내 종기와 피부병에 시달렸기 때문이다. 1665년(현종 6)부터 1669년(현종 10) 사이 실록 기록에서는 왕이 온천에 머문 기사가 매년 50건이나 발견된다.

현종은 백성에게 폐가 될 것을 걱정하면서도 온천욕의 뛰어난 효능 때문에 계속 온양으로 갔다. 1662년(현종 3) 8월 13일의 "내 몸의 습창이 날이 갈수록 더 심해지고 있으니 온정에 가서 목욕하는 일을 그만둘 수 없을 듯하다"라는 『현종실록』의 기록은 온천 마니아 현종의 모습을 드러낸다.

남한산성 행궁은 1625년 이서의 제안에 따라 왕이 유사시에 머물기 위해 설치한 임시 궁궐이었다. 행궁 정문의 누각은 한남루漢南樓이며, 왕의 생활 공간인 상궐上闕 73칸과 집무 공간인 하궐下闕 154칸, 즉 총 227칸으로 이루어졌다. 상궐에는 왕의 거처였던 내행전內行殿과 시중을 받드는 나인들과 호위하는 무사들의 거처인 남행각과 북행각이 있었다. 하궐에는 왕이 신하와 함께 업무를 보는 외행전外行殿이 있고, 남·북 행각이 있었다. 병자호란 때는 행궁을 향해 청나라 군대가 홍이포紅夷砲를 쏘는 아찔한 일도 벌어졌다.

궁궐의 종묘에 해당되는 좌전左殿과 사직단에 해당되는 우실右室을 남한산성 행궁에 둔 것도 이목을 끈다. 유사시에 이곳에서 종묘와 사직을 지키려는 뜻이 담긴 것이다. 남한산성 행궁은 2002년 복원을 시작해 2012년 5월 마무리됐다. 남한산성은 2014년 유네스코 세계유산으로 지정되었는데, 행궁의 원형 복원이 큰 힘이 되었다. 남한산성의 역사와 문화를 담은 『남한지南漢志』에는 인조 이후

에도 숙종, 영조, 정조 등이 이곳을 찾은 사실 │ 남한산성 행궁.
이 기록되어 있다. 이들 왕은 여기 머물면서 병
자호란의 치욕을 반드시 씻으리라 다짐했을 것이다.

　북한산성을 수축한 숙종은 산성 안에 행궁을 설치하는 작업에
착수했다. 행궁이 완성된 사실은 1712년(숙종 38) 6월 9일 "북한산
성의 행궁의 영건당상營建堂上 이하를 모두 써서 들이라고 명하고 상
을 내렸는데 차등이 있었다"는『숙종실록』의 기록에서 확인할 수
있다. 이에 앞서 1710년 10월 민진후가 "대개 북한산에 성을 쌓는
계책은 드는 비용이 비록 많다 하더라도, 행궁과 창고를 반드시 아
울러 설치해야 합니다"라고 한 논의에서 본격적으로 시작되었다.

　행궁은 동장대 맞은편 북한산 상원봉 아래에 위치했다. 숙종은
행궁 영건청을 설치해 호조판서와 공조판서로 하여금 물력을 마련

하라고 지시했으며, 남한산성의 행궁 형태를 따르되 바람이 세차므로 약간 낮게 짓도록 했다. 1711년(숙종 37) 7월 13일에는 숙종의 명을 받은 조태구趙泰耉, 김우항金宇杭 등이 지사地師(지관)를 거느리고 행궁의 터를 살펴보게 했다. 지사들이 모두 상원암上元菴의 새로 정한 곳이 완전하며 좋다고 하므로 조태구 등이 돌아와 숙종에게 행궁을 축조할 장소로 보고했다. 숙종의 적극적인 의지에 따라 추진된 행궁 건설은 내전 28칸, 내전 행각 15칸, 수라간 6칸, 변소 3칸, 내문 3칸, 외전 28칸, 외전 행각 18칸, 중문 3칸, 월랑 20칸, 외문 4칸, 산정문山亭門 1칸의 규모로 완성되었다.

숙종에 이어 북한산성 행궁을 찾은 왕은 영조였다. "임금이 북한산성의 행궁에 나아가 시단봉柴丹峰에 올랐다가, 날이 저물어 환궁했다. 북한산성은 도성 북쪽에 있는데 산이 높고 험준하고 가팔라서 성궁城宮을 쌓아 위급한 상황에 대비하게 했다. 옛날 임진년(1712) 4월에 우리 숙묘肅廟(숙종)께서 어가를 타고 임어하여 친히 살펴보신 적이 있는데, 이날 거둥한 것은 추모하는 뜻에서 나온 것이었다"라는 1772년(영조 48) 4월 10일의 『영조실록』 기록에서는 영조가 북한산성 행궁을 찾아 부친 숙종을 추모한 사실이 나타난다.

정약용은 「망행궁望行宮」(행궁을 바라보며)이라는 시에서 "묘당에서 짜낸 지혜 치밀하였고 / 백성 불평 없이 부역 응했네 / 올라보니 가슴에 감개무량해 / 저녁 종 울릴 때까지 홀로 서 있네"라고 하여 북한산성 행궁을 바라보는 감회를 드러냈다.

북한산성 행궁은 일제강점기 이후 쇠락의 길을 걷다가 본격적

인 지표 조사가 이루어진 1999년 전까지 거의
폐허로 방치되어 있었다. 지표 조사 결과 내전
지역에 기단석과 계단, 주춧돌 등이 뚜렷이 남
아 있는 게 확인되었다. 2007년에는 사적 제
479호로 지정되었다. 1900년대에 행궁을 촬영한 사진도 전해오고
있어, 행궁의 원형 복원에 활용될 것으로 기대된다.

북한산성 안에 있는 임금 행차 시
의 처소 또는 유사시 임금의 피
난처 및 지휘소로 이용할 수 있
는 임시 궁궐, 즉 행궁의 옛 터다.
1712년(숙종 38)에 완공되었다.

25
인현왕후와 북촌의 감고당

　　역사와 문화 공간이 많이 남아 있어 사람들이 자주 찾는 서울 북촌. 인사동 쪽에서 서울공예박물관(옛 풍문여고 자리)을 거쳐 정독 도서관 쪽으로 가는 길에는 '감고당길'이라는 표지석이 있다.

　　감고당感古堂은 숙종의 계비인 인현왕후의 사저로, 지금은 덕성여고 건물이 자리해 있다. 감고당은 이곳에 인현왕후의 거처가 있었음을 영조가 회고하며 그 감회를 당호로 정한 것이다.

　　인현왕후仁顯王后 민씨(1667~1701)는 여흥 민씨 민유중과 은진 송씨 송준길의 딸인 어머니 사이에서 1667년(현종 8)에 태어났다. 출생지는 한양의 서부 반송방盤松坊이었다. 반송방의 이름은 서대문 밖 천연동 서지西池에 반송정이라는 정자가 있던 데서 유래하는데, 현재의 서대문구 충정로 일대와 현저동, 중림동 등이 반송방에 포함된다.

　　민유중은 송시열과 함께 서인에서 노론으로 이어지는 정치 세력의 핵심이었고, 왕비의 외할아버지 송준길은 송시열과 함께 양송兩宋으로 불리며, 서인·노론의 대표적인 학자이자 정치가로 활약했다.

인현왕후가 숙종의 계비가 된 배경에는
가문의 후광과 함께 숙종의 정비 인경왕후(仁敬

오른쪽의 덕성여고와 왼쪽의 덕성
여중 사이로 난 감고당길.

王后(1661~1680)의 갑작스러운 승하가 있었다. 인경왕후는 1670년
10세의 나이에 세자빈으로 간택된 후, 1674년 숙종이 왕이 되자 왕
비로 책봉되었다. 그러나 왕비로서 산 생애는 그리 길지 않았다. 당
시 유행한 천연두 때문이었다. 인경왕후는 1680년 10월 26일 천연
두에 걸린 지 8일 만에 경덕궁 회상전에서 20세의 나이로 승하했
다. 대개 왕비가 승하하면 삼년상을 지낸 후 혼인하는 것이 관례였
지만, 왕비의 자리를 잠시라도 비워둘 수 없다는 대비 명성왕후(현
종의 왕비, 숙종의 어머니)의 하교로 계비 간택에 들어갔다.

1681년 삼간택에서 뽑힌 인현왕후는 어의동 별궁에 들어가 왕
비 수업을 받았으며, 1681년 5월 2일 창덕궁 인정전에서 왕비로 책

봉되었다. 오늘날 혼례식에 행사하는 친영 의식은 5월 13일에 거행되었다. 숙종은 인현왕후를 창덕궁으로 모셔온 후 함께 술과 음식을 나누는 잔치 의식인 동뇌연同牢宴을 거행했다. 혼례식을 경축하여 "14일 새벽 이전부터 잡범의 사죄死罪 이하는 모두 용서하라"고 지시했다. 요즈음으로 치면 사면령을 내린 것이다. 숙종과 인현왕후의 혼례식 과정은『숙종인현왕후가례도감의궤』로 정리되어 있다.

명문가 출신으로 숙종의 계비가 되었지만, 인현왕후의 왕비 생활은 오래가지 못했다. 왕자를 출산하지 못한 것이 가장 큰 이유였다. 20대 후반이 되도록 후사가 없어 초조해하던 숙종의 고민은 마침내 해결되었다. 후궁으로 들어온 장희빈이 1688년 아들을 출산한 것이다. 장희빈은 처음 궁녀로 들어왔으나, 그녀의 행실을 미리

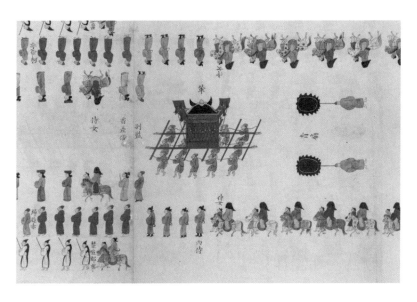

『숙종인현왕후가례도감의궤』, 48.9×36.2cm, 1681, 외규장각의궤, 국립중앙박물관.

간파한 대비 명성왕후에 의해 쫓겨났다. 인현왕후는 숙종이 장희빈을 총애한다면서 그대로 궁궐에 둘 것을 청했지만 대비는 고집을 꺾지 않았다.

당시 『숙종실록』의 기록을 보자. "장씨는 곧 장현의 종질녀다. 나인으로 뽑혀 궁중에 들어왔는데 자못 얼굴이 아름다웠다. 1680년 인경왕후가 승하한 후 비로소 은총을 받았다. 명성왕후가 곧 명을 내려 그 집으로 쫓아냈다. (…) 1681년 인현왕후가 중전이 되자 그 일을 듣고서 조용히 명성왕후에게 아뢰기를, '임금의 은총을 입은 궁인이 오랫동안 민간에 머물러 있는 것은 사체事體가 지극히 미안하니 다시 불러들이는 것이 마땅할 듯합니다' 하니, 명성왕후가 말하기를, '내전內殿(왕비)이 그 사람을 아직 보지 못하였기 때문이오. 그 사람이 매우 간사하고 악독하고, 주상이 평일에도 희로喜怒의 감정이 느닷없이 일어나시는데, 만약 꾐을 받으면 국가의 화가 됨은 말로 다할 수 없을 것이니, 내전은 후일에도 마땅히 나의 말을 생각해야 할 것이오' 하였다." 인현왕후는 "어찌 아직 일어나지도 않은 일을 미리 헤아려 국가의 사체事體를 돌아보지 않으십니까?"라면서 장희빈을 변호했지만, 명성왕후는 끝내 허락하지 않았다.

1683년 명성왕후가 갑자기 승하했고, 이것은 장희빈에게 엄청난 기회가 되었다. 1686년 12월 10일 숙종은 장희빈을 다시 궁궐로 불러 숙원淑媛으로 삼았다. 정식 후궁이 된 데 이어, 1688년에는 숙종이 그토록 고대하던 왕자 윤昀(후의 경종)을 낳으면서 장희빈의 위상은 더 높아졌다. 숙종은 윤을 원자로 책봉하려 했다. 원자는 세자로 가는 전 단계로서, 장희빈의 아들이 원자로 책봉되면, 인현왕후는 허울뿐인 왕비로 전락할 터였다. 인현왕후의 지원 세력인 서인들은 왕비의 나이가 이제 22세밖에 안 됐으니 출산 가능성이 충분하다면서, 장희빈의 아들을 원자로 삼는 것을 강력히 반대했다.

그러나 숙종은 원자 정호를 관철시켰고, 반대하는 서인 세력을 강하게 탄압했다. 서인 송시열은 제주도에 유배된 후 서울 압송 중 정읍에서 숙종이 내린 사약을 받고 사망했다. 이 사건을 계기로 정국은 완전히 바뀌었다. 서인들은 대거 숙청되었고, 장희빈을 지지한 남인 세력이 그 빈자리를 채웠다. 1689년(숙종 15)이 기사년이고 정치적 국면이 바뀌었다고 하여, 그해에 생긴 이 사건을 '기사환국己巳換局'이라 한다. 기사환국 이후 장희빈이 왕비의 자리에 오르면서 인현왕후는 폐위된 후 서인庶人의 신분으로 전락했다. 왕비 자리에서 쫓겨난 그녀가 옮긴 거처는 사가가 있는 안국동이었다.

훗날 이 집에 이름을 붙인 사람은 영조다. 영조의 어머니 숙빈 최씨는 인현왕후의 시중을 들던 궁녀 출신이었으니, 인현왕후와 영조 모자의 인연은 계속된 셈이다. 1761년(영조 37) 인현왕후의 사가를 찾은 영조는 인현왕후가 머물던 침실을 '보면, 옛일을 느껴본다感古'는 뜻에서 감고당이라 이름 짓고 어필로 편액을 써서 걸도록 했다. 영조는 "내가 태어난 것이 마침 갑술년이었는데, 바로 왕비께서 복위되던 해"였다며 인현왕후와의 인연을 강조했다.

1799년 8월 14일 정조는 인현왕후의 기일을 기억하며, "오늘은 곧 인현 성모仁顯聖母께서 돌아가신 날이다. 회상하면 지난날 선대왕이 안동의 옛집에 거둥하셨을 때 내가 함께 모시고 성모께서 잠깐 거처하신 곳을 삼가 우러러봤는데, 임금이 쓰신 감고당 세 글자가 난간 위에 걸려 있어 탄생의 사적을 기록한 추모동追慕洞의 비석과 민간의 마을 속에서 빛나고 있었다"라고 하여 감고당이 당시에 성지처럼 인식되었음을 회고하고 있다.

인현왕후의 감고당 생활은 5년 만에 막을 내렸다. 1694년 숙종이 장희빈을 후원하던 남인을 숙청하고 서인을 정계에 복귀시키는 갑술환국을 단행했기 때문이다. 그해 4월 12일, 숙종은 왕비로 있던 장희빈을 다시 희빈으로 강등시키고, 장씨에게 내려준 왕비의 옥보玉寶를 부수게 했다. 6월 1일에는 인현왕후를 다시 왕비로 책봉하는 의식을 거행했다. 1681년 처음 왕비로 간택된 이후 두 번째로 경험한 왕비 책봉이었다.

인현왕후를 복위시킨 후 숙종은 향후 후궁 출신이 절대 왕비가 될 수 없도록 하는 조처를 내렸다. 요즈음으로 보면 '장희빈 법'으로 해석할 수 있는 이 조처 이후 후궁 출신 왕비는 더 이상 나타나지 않았다.

감고당은 인현왕후 다음에 여흥 민씨 출신으로 고종의 왕비가 되는 명성황후와도 그 인연을 이어간다. 1851년 경기도 여주에서 출생한 명성황후는 부친 민치록이 사망하자 8세 때 한양으로 왔다. 한양에서 그녀가 머문 곳은 감고당으로, 인현왕후와 집안 간에 깊은 인연이 있었기 때문이다. 명성황후의 부친 민치록은 여주에 조성된 인현왕후의 부친 민유중의 묘를 지키던 관리인이었기 때문에, 가문의 배려로 명성황후도 이곳에 머물게 된 것으로 보인다.

명성황후는 1866년 고종의 왕비로 간택되기 전까지 어머니 한산 이씨와 감고당에 거주했다. 흥선대원군의 사저인 운현궁과

감고당 안채.

감고당이 거리가 가까워 직접 왕비 후보를 볼 수 있었던 것도 간택에 영향을 미쳤을 것이다.

감고당 건물은 한때 도봉구 쌍문동 덕성여자대학교 학원장 공관으로 이전되었다가, 2006년에 명성황후 생가 근처로 자리를 잡았다. 여주시에서 명성황후 관련 유적지를 본격적으로 조성하는 사업을 진행하면서 이곳으로 감고당 건물을 옮겨놓은 것이다. 감고당 사랑채에는 인현왕후와 명성황후가 이곳에 거처했음을 기억하는 주련柱聯이 붙어 있어 눈길을 끈다.

26

고려부터 현대까지 집권자가
영욕의 시간을 보낸 청와대

    현재의 서울은 고려시대에 남경이라 불렸다. 고려는 고대 삼국의 전통을 이어받고자 수도인 개경 외에 고구려와 신라의 수도였던 평양과 경주를 각각 서경西京과 동경東京으로 삼았다. 고려 문종文宗(1019~1083, 재위 1046~1083) 때인 1067년(문종 21)에 양주를 남경으로 승격시키고, 주변의 백성이 옮겨와 살도록 조처했다. 당시 남경은 백제의 고도이자 중심지였을 뿐만 아니라, 풍수지리설에서 최고의 명당 가운데 하나로 꼽는 곳이었기 때문이다. 1068년(문종 22) 문종은 남경에 새로운 궁궐을 창건했는데, 수도인 개경과 더불어 경기와 그 주변 지역의 지배를 공고히 하기 위한 의도도 있었다.

    문종에 이어 남경의 위상을 높인 고려 왕은 숙종肅宗(1054~1105, 재위 1095~1105)이다. 숙종은 아예 남경을 수도로 삼을 생각까지 했다. 남경 천도 논의는 1095년(숙종 1)에 김위제와 같은 술사들에 의해 본격적으로 제기되었다. 김위제는 도선道詵의 비기설秘記說을 근거로 남경으로의 천도를 건의했다.

    1099년(숙종 4) 9월 숙종은 친히 남경에 행차해 일대를 둘러보

청와대 전경. 고려 숙종대에 건설된 남경의 궁궐은 현재의 청와대 터에 있었다.

고, 최사추와 윤관 등으로 하여금 공사를 감독하게 했다. 1101년(숙종 6)에는 남경개창도감 南京開創都監을 설치하고 본격적으로 남경 건설을 진행했는데, 이때 조성된 궁궐이 바로 현재의 청와대 터에 있었다. 남경의 궁궐 공사는 1104년(숙종 9) 5월 완성되었고, 8월 숙종이 이곳에 행차하여 연흥전延興殿에서 백관의 조하를 받았던 사실이 『고려사』에 보인다. 그러나 숙종대에도 천도는 단행되지 않았다. 개경 세력이 여전히 강했기 때문으로 풀이된다.

숙종 승하 후 즉위한 예종睿宗과 인종仁宗도 수시로 남경에 행차했다. 연흥전에서 군신의 조회를 받고 연회와 불사佛事를 진행하면서 남경의 위상을 높였다. 그러나 1128년(인종 6)에 이곳에 화재가 일어나고, 이듬해 서경에 대화궁을 크게 지으면서 남경의 면모는 이전만 못해졌다.

특히 의종毅宗대인 1170년 무신정권이 수립되고, 13세기 초부터 시작된 몽골의 침략으로 인해 남경의 도시 기능은 점차 소멸되었다. 몽골 간섭 시기에는 지방 행정 단위로서의 '경京'이 천자국에서만 사용할 수 있는 단위라고 하여 1308년(충렬왕 34) 한양부漢陽府로 개편되었다. 특히 이 시기에 천도라는 사안은 몽골 황제의 허락을 받아야 했기 때문에 남경 천도론은 자연스레 사라졌다.

현재의 청와대 지역이 다시 역사에 등장한 것은 1392년 조선이 건국되고 2년 뒤인 1394년 10월 한양 천도가 단행되면서다. 1395년 9월에는 백악白岳을 주산主山으로 하는 법궁 경복궁이 완성되었다. 경복궁은 현재의 청와대 터에서 남쪽으로 좀더 내려간 평지에 조성되었고, 청와대 자리는 왕실의 휴식 공간인 후원으로 활용되었다. 후원에는 각종 정자가 조성되었고, 과거시험이 이곳에서 실시되기도 했다. 역대의 공신들이 모두 모여 회맹會盟 의식을 행한 북단北壇도 이곳에 위치했다. 1456년(세조 2) 11월 14일 『세조실록』의 기록을 보면 "왕세자가 개국 공신, 정사 공신, 좌명 공신의 친자親子와 적장자손嫡長子孫, 정난 공신, 좌익 공신의 친자 등과 더불어 북단에서 함께 맹세하였다"는 내용이 보인다.

역대 공신들이 북단에서 회맹하는 의식은 세조대 이후에도 계속되었다. 중종이 1507년 9월 25일 축시丑時에 모든 공신과 백관을 거느리고 북단에서 회맹제를 거행하고 삽혈歃血 의식을 행한 사실이 『중종실록』에 기록되어 있다. 사각형의 북단은 회맹단 또는 맹단으로 불렸다. 영조대인 1770년경 제작된「한양도성도漢陽都城圖」

에는 경복궁의 북문인 신무문神武門의 북쪽, 정 빈 이씨(영조의 장자인 효장세자 생모)의 사당인 연호궁延祜宮의 동쪽에 회맹단이 표시되어 있 다. 영조대의 화가 정선이 그린 「북단송음도北壇松陰圖」에도 소나무 가 무성한 사이에 사각형의 회맹단이 보인다.

1592년의 임진왜란으로 경복궁과 후원 영역은 완전히 폐허가 되었다. 270년간 궁궐의 기능을 하지 못했던 경복궁이 다시 역사에 등장한 것은 1865년(고종 2)이었다. 흥선대원군이 주도한 중건 사 업으로 경복궁은 다시 역사의 중심에 서게 되었다. 경복궁 중건과 함께 후원 영역도 대거 정비되었다. 고종은 현재의 청와대 영역을 북원北苑이라 하고, 이곳에 중일각中日閣, 오운각五雲閣, 융문당隆文堂, 융무당隆武堂, 춘안당春安堂, 경무대景武臺 등의 건물을 세웠다.

경무대는 경복궁의 '경'과 신무문의 '무'에서 글자를 취한 것으 로, 경복궁 북쪽에 있는 대라는 의미다. 북원에서는 주로 망배례望拜

禮를 행했으며, 경무대와 중일각 등은 과거시 험을 치르는 장소로 활용되었다. "이번에 친제 親祭 때 반열에 참가했던 선파璿派 유생과 무사 들은 7일 경무대의 친림응제親臨應製에서 시험

상춘재는 원래 조선총독 관사의 별 관이었고 그때 이름은 매화실이었 다. 상춘실은 이승만 대통령이 고 친 이름이며, 박정희 정권 시절 목 조 건물을 신축해 상춘재라 했다.

을 치러 뽑을 것이다. 무사들은 중일각에서 병조판서가 활쏘기 시 험을 주관하라"는 『고종실록』의 기록에서 이러한 상황들을 알 수 있다. 경복궁은 1896년 2월 고종이 러시아 공사관으로 피신하면서 법궁으로서의 위상을 잃었고 현재의 청와대 영역인 후원 역시 제 대로 활용되지 못했다.

1910년 8월 29일 일제에 의한 강제병합 이후 경복궁과 후원 영역은 조선총독부가 차지했다. 일제는 남산 왜성대倭城臺의 총독부 청사가 협소하다는 이유로 신축 장소를 물색했고, 경복궁 부지로 결정했다. 1926년 10월 조선총독부 청사가 경복궁 자리에 들어섰고, 1939년 7월에는 경무대 자리에 총독 관저를 세웠다.

1945년 8월 해방 이후에는 미군정 사령관 존 하지가 거주했고, 1948년 8월 15일 정부 수립 이후에는 이승만 대통령이 이곳을 집무실로 썼다. 명칭은 고종대 후원 지역에 세웠던 경무대라는 이름을 다시 사용했다. 1960년 4·19 혁명으로 집권한 윤보선 대통령은 이승만 대통령과 차별화하여 경무대의 이름을 '청와대'로 고쳤다. 미국의 대통령 집무실이 백악관白堊館이라는 점과 경무대의 지붕이 청기와인 것에 착안한 명칭이었다. 이후 청와대는 역대 대통령 집무실로 사용되다가, 1990년 노태우 대통령 재임 시절 청와대 본관 건물의 신축을 결정하면서 그 역사를 일단 마감하게 된다.

1990년 2월 20일 신축 공사장 뒤 바위에서 '천하제일복지天下第一福地'라는 표석이 발견되어 이곳이 예로부터 명당임을 증명하기도 했다. 청와대 본관 건물, 즉 대통령 관저는 1990년 10월 25일에 완공됐다. 본관 신축 이후인 1993년 김영삼 대통령은 옛 조선총독부 관저에서 시작한 옛 청와대 건물의 철거를 지시했다. 현재 옛 지형대로 복원된 이곳은 원래 이곳에 있던 건물의 명칭을 따서 '수궁守宮 터'라고 부른다. 1995년 8월 15일 해방 50주년을 맞이해 김영삼 대통령은 경복궁을 가리고 있던 조선총독부 청사 건물까지 철거하도록 했다. 당시 철거 장면은 TV 방송으로 생중계되어 많은 사람의 기억 속에 남아 있다.

경무대 시기까지 포함하면 1948년부터 2022년 5월 9일까지 74년 동안 청와대는 대통령 집무실로 역사적 기능을 한 공간이었다. 고려와 조선의 왕이 거처하는 궁궐을 거쳐 가장 가까운 시기까지 최고 집권자가 영욕의 시간을 보낸 곳, 청와대. 지금은 우리 시대에 새로운 역사를 만드는 공간으로 바뀌고 있다.

27

궁궐 깊숙이 퍼진 전염병

코로나19가 유행한 지도 벌써 몇 년이 지났다. 그 영향으로 사회 각 분야에서 많은 변화가 일어났다. 조선시대에도 시기별로 갖은 전염병이 유행했다. 15세기에는 악병惡病, 16세기에는 온역溫疫, 조선 후기에는 천연두, 19세기에는 콜레라가 대표적인 전염병이었다. 『조선왕조실록』에서는 천연두를 두창痘瘡, 두진痘疹, 창진瘡疹, 완두창剜豆瘡 등으로 표기하고 있다.

조선 왕실 역시 천연두의 유행을 피해갈 수 없었다. 조선 후기에 접어들어 천연두는 더욱 기승을 부렸는데, 가장 악연을 맺은 왕이 숙종이다. 1678년(숙종 4) 9월 8일 『숙종실록』은 "그때 도성 아래에서 두창이 크게 번지니, 대신들이 아뢰기를 '조사朝士들로 하여금 궁궐 중에 출입하는 자는 모두 피하게 하며, 정시庭試(궁궐에서 치르는 시험)도 창덕궁 인정전으로 옮겨 설치하게 하소서' 하니, 임금이 두창을 앓은 적이 없기 때문이다"라고 기록한다. 조정의 대신들이 천연두 유행에 대비해 왕이 거처하는 궁궐의 출입 금지, 과거시험 장소의 변경 등을 요청하고 있는 것이다. 천연두는 한번 앓으면

김준근의 「기산풍속도」 중 「무녀신축巫女神祝」 천연두나 홍역이 극성을 부릴 때 조선시대에는 흔히 마마배송굿을 벌였다. 천연두를 앓은 지 13일 전후로 환부에 딱지가 생기면서 병이 낫는데, 이때 마마신을 공손히 돌려보내는 굿이다.

면역이 생겨 다시 걸리지 않는데, 숙종이 아직까지 천연두를 앓지 않아 왕에게 병이 옮을 것을 특히 우려했다.

다행히 숙종 자신은 천연두를 피했지만, 한 달 후인 1680년 10월 18일 왕비인 인경왕후가 두창에 걸렸다. "중궁中宮이 편찮은 징후가 있었는데, 증세가 두창 병환이었다. 그때 임금 또한 아직 두창을 앓은 적이 없었으므로, 약방 도제조 김수항이 청대하여 임금이 다른 궁궐로 옮길 것을 청하니, 임금이 이것을 허락하였다"고 하여, 숙종이 다시 거처를 옮긴 일이 나타난다. 이튿날 숙종은 창경궁으로 갔다. 코로나19 확진자가 발생하면 가족을 먼저 격리했던 것과 유사한 모습이 조선 왕실에서도 보인다.

두창 발병 후 8일 만인 10월 26일 인경왕후는 경덕궁에서 20세의 어린 나이에 승하했다. 숙종과의 사이에 자식은 없었다. 『숙종실록』은 "2경二更(밤 10시)에 중궁이 경덕궁(현재의 경희궁)에서 승하하였다. 그때 두 대궐이 서로 통할 수가 없어서 영의정 김수항이 경덕궁의 흥화문 밖에 있었다. 비변사에서 글로 승정원에 보고하기를, '내전內殿의 증후가 어젯밤부터 기침으로 숨이 차서 헐떡거리고 힘이 없으니, 증세가 십분 위중합니다. 모름지기 이러한 뜻을 아뢰야 할 것입니다' 하니, 승정원에서 즉시 승전색承傳色을 불러서 장차 왕에게 아뢰려고 하였으나, 왕의 건강이 며칠 전부터 편치 못하고, 야간에 또 구토하는 증세가 있었기 때문에 즉시 고하여 알리지 못하고, 먼저 자전慈殿(명성대비)에게 고하였다"고 하여, 인경왕후의 승하가 숙종에게 바로 알려지지 못한 상황을 기록하고 있다.

1680년 인경왕후의 승하로 인해 이듬해인 1681년 숙종은

21세의 나이로, 15세의 신부 인현왕후를 계비로 맞았다. 사극에서 장희빈의 라이벌로 기억되는 그 인현왕후다.

1680년 두창으로 왕비를 잃은 숙종 자신도 두창의 저주를 비켜갈 수 없었다. 1683년(숙종 9) 10월 18일『숙종실록』은 "임금이 몸이 좋지 않았으니, 곧 두질痘疾이었다"라고 기록하고 있다. 병세는 점점 더 심해졌다. 10월 27일 숙종의 환후가 더 심해지자, 여러 신하가 상의하여 김석주로 하여금 다시 나아가 진찰하게 했다. 김석주가 평소 의술에 밝았기 때문이다. 김석주는 맥도脈度를 진찰해보고, 잇달아 소리를 내 안부를 여쭈었고, 숙종은 베개에 기대어 혼미한 상태로 단지 턱만 끄덕일 뿐이었다. 10월 28일 시약청에서 입진入診했는데, 비로소 환후가 낮아졌고, 11월 1일에는 크게 회복되어 비로소 딱지가 떨어졌다.

천연두는 처음 걸리면 열이 몹시 높고 사흘 만에 반점이 생긴다. 기창起瘡(부스럼이 일어남), 관농貫膿(고름이 흐름), 수두收痘를 지나, 낙가落痂(딱지가 떨어짐)가 시작되기까지 대체로 12일 정도 걸리는데, 숙종도 이런 과정을 거치고 있다. 저절로 낙가되기 전에 가려워 긁어서 떼면 곰보 자국이 생긴다.

조선시대 관리들의 초상화 화첩인『진신화상첩縉紳畫像帖』에는 22명의 관리 초상화 중 5명의 인물에게서 마맛자국이 선명하게 보인다. 세계사의 인물 중에서는 괴테, 모차르트, 조지 워싱턴 등도 천연두를 앓았다고 한다. 천연두의 후유증으로 마맛자국이 난 사람에 대해 '얼굴이 얽었다'는 뜻으로 '박색縛色'이 실록의 기록에도 보인다.『영조실록』에는, "대개 '박색'이란 우리 동방東方 풍속이 천연두 자국을 가리켜 얽었다고 하기 때문입니다"라고 기록하고 있다.

숙종은 천연두에서 회복되었지만, 그 여파는 어머니 명성대비의 승하로 이어졌다. 1683년 12월 5일 대비가 저승전儲承殿에서 승하했는데, "임금이 두질을 앓았을 때, 무녀 막례가 술법術法을 가지고 궁중에 들어와 재앙을 물리치는 법을 행하였는데, 대비가 매일 차가운 샘물로 목욕할 것을 청하고, 궁인들을 꾀어 재화와 보물을 많이 취하였다"고 『숙종실록』은 기록하고 있다. 숙종의 두질을 치료하기 위해 명성대비가 무당의 말을 믿고 찬물에 목욕한 것이 승하의 주된 원인이 된 것이다.

숙종은 왕비와 자신뿐만 아니라, 아들인 경종과 영조도 천연두에 걸리는 아픔을 보았다. 1699년(숙종 25) 1월 14일의 『숙종실록』

『진신화상첩』에 실린 문인 김상적과 남태제의 초상화. 마맛자국이 얼굴에 선명히 드러나 있다.

은 "왕세자가 두진을 앓았으므로 의약청을 사옹원에 설치했는데, 제조 등이 아울러 숙직하였다"라고 하여, 당시 왕세자로 있던 경종이 12세 때 천연두에 걸렸음을 기록하고 있다.

다행히 12일 만인 1월 26일에 저절로 딱지가 떨어졌고, 의약청은 해산되었다. 숙종은 세자가 천연두를 무사히 극복한 것에 감격하면서 다음과 같은 하교를 내렸다. "공자께서도 '부모는 오직 아들이 병들까 걱정한다'고 하였는데, 부모가 자식에 대해 우연히 더위를 먹거나 감기에 걸려도 이를 걱정하면서 하지 않는 것 없이 다한다. 더구나 이제 세자가 치른 두창이란 어떠한 환후인가? 주야로 애태우느라 침식도 달갑지 못했다. 다행히 신명神明이 은밀히 도와줌에 힘입어 이미 평온한 상태에 이르렀으니, 부자간의 정의에 있어 그 기쁨 어찌 끝이 있겠는가?"라고 하고, 왕실의 경사를 맞아 사면령을 내렸다.

의금부와 형조의 죄수 가운데 강상綱常·장오贓汚·살인·강도·저주를 제외하고, 잡범으로서 사죄 이하는 담당 승지가 즉시 달려가 일일이 석방하도록 지시한 것이다. 이어서 숙종은 세자의 두창 치료에 공을 세운 의관 유상柳瑺의 품계를 올리라고 지시했다. 천연두와 같은 전염병의 극복은 조선 왕실의 안정에도 매우 중요한 과제였음을 실감할 수 있다.

28
귀한 얼음의 공급처, 한강

　한파 하면 늘 떠오르는 이미지가 있다. 바로 얼음이다. 특히 한
강에 얼음이 언다는 것은 강추위를 그대로 대변해준다. 한강의 결
빙은 1906년부터 노량진 앞의 한강대교 남단에서 둘째와 넷째 교
각 상류 100미터 부근에 얼음이 어는 것을 기준으로 삼고 있다. 즉
이 지점에 얼음이 생겨 물속을 완전히 볼 수 없는 상태를 한강의 결
빙이라고 판단하는 것이다.

　한강에 다리가 없던 시절, 결빙을 관측하기에 가장 좋은 지점
은 노들섬이었는데, 현재 이곳에는 기상청에서 세운 '한강 결빙 관
측 지점'이라는 표지석이 있다.

　조선시대에는 한강의 결빙을 누구보다 기다리는 사람들이 있
었다. 바로 한강에서 얼음을 채취하는 사람들이었다. 얼음을 떠서
보관하는 빙고는 동빙고와 서빙고를 비롯해 궁궐 내의 내빙고內氷庫
두 곳으로, 총 네 곳이 있었다.

　서울의 동빙고와 서빙고 설립 연대는 정확히 기록되어 있지
않으나, 건국 초부터 있었던 것으로 보인다. 1414년 11월 25일 『태

종실록』에는 "각사各司의 노奴에게 명하여 장빙藏氷하게 하여 경기 백성의 역을 대신 시켰다"는 기록이 보인다. 또한 『태종실록』에는 "신상申商이 예조 판서가 되었을 때 내빙고를 세워서 여름철 무더위에 어육이 썩지 않도록 대비하자고 청하였다"는 기록이 있어 내빙고 설치의 주목적이 어육의 부패를 방지하는 것이었음을 알 수 있다.

1420년(세종 2) 12월 27일 『세종실록』에는 "술 200병을 장빙군에게 내려주었다. 얼음이 단단하게 얼지 못하였다 하여, 군정軍丁을 모아서 얼음을 저장하게 한 것이다. 상왕(태종)이 빙고가 풍양豊壤(경기도 남양주 지역에 있었던 태종의 이궁)에서 거리가 매우 멀어 운반하기가 괴롭다 하여, 바로 이궁離宮(창덕궁)의 동쪽에다가 별도로 빙고를 만들게 하여 그 폐단을 개혁하게 하였다"라고 하여, 서울로 내빙고를 이전한 내력을 기록하고 있다.

동빙고는 처음에 한강변 두모포(두뭇개), 현재의 성동구 옥수동 인근에 있었는데, 연산군 때 용산구 동빙고동으로 옮겨진 사실이 『연산군일기』에 나온다. "'동빙고는 오로지 제향祭享을 위한 것인데, 지금 금표 안에 들었으니, 청컨대 군사를 주어 얼음이 얼기 전에 서빙고 왼쪽으로 옮기도록 하소서' 하니, 전교하기를 '그리하라' 하였다." 서빙고는 지금의 서빙고동 둔지산屯智山 기슭에 있었는데, 대략 서빙고 초등학교에서 서빙고 파출소가 위치한 일대로 보인다.

19세기 서울의 관청, 궁궐 풍속 등을 정리한 『한경지략』의 궐외각사闕外各司 조항에서는 '빙고'에 대한 내용을 자세히 기록하고 있는데, "동빙고가 두뭇개에 있다. 제향에 쓰는 얼음을 공급한다. 서빙고는 둔지산(현재 용산 미군 부대 내에 위치함, 정상 높이 65미터)에 있다. 수라간과 신하들에게 내려주는 얼음을 공급한다. 개국 초부터 설치되어 얼음을 보관하고 공급하는 일을 맡았다. 동빙고에 옥호루玉壺樓가 있는데, 명승으로 칭해졌다. 매해 섣달에 낭관郎官이 가서 사한제司寒祭를 지낸다"고 하여 동빙고의 얼음은 주로 제사용으로 쓰고, 서빙고 얼음은 관리들에게 공급했음을 알 수 있다.

서빙고의 얼음은 한여름인 음력 5월 보름부터 7월 보름까지 종친과 고위 관료, 퇴직 관리, 활인서의 병자, 의금부 죄수들에게도 나누어주기도 했다. 내빙고에 대해서는 "왕께 얼음을 올리는 일을 전담하였다. 궐내에 설치하였으며, 각 전殿에는 '남염빙藍染氷丁'(쪽빛을 물들일 때 쓰는 얼음) 덤딩자를 두었다"고 기록하고 있다.

얼음 채취 과정과 기한제

얼음을 뜨는 것은 한양 5부의 백성에게 부과된 국역國役으로, 이를 장빙역藏氷役이라 했다. 얼음 채취는 동빙고 및 서빙고와 가까운 저자도楮子島 근처에서 음력 12월이나 1월 중 새벽 2시경에서 해가 뜨기 전 사이에 실시했다. 얼음은 네 치 두께로 언 후에야 뜨기 시작했다.

이에 앞서 난지도 등에서 갈대를 가져다가 빙고의 사방을 덮고 둘러쳐 냉장 기능을 강화했다. 얼음을 뜰 때는 칡으로 꼰 새끼줄을 얼음 위에 깔아놓고 사람이 미끄러지는 것을 방지했다. 채빙하는 공정과 저장하는 공정, 채빙된 얼음을 빙고까지 운반하는 공정은 분리되어 있었다.

서빙고 터.

성종대의 학자 성현이 쓴 『용재총화』에서는 얼음 채취 과정에 대해 "얼음이 네 치 정도의 두께로 얼면 비로소 채취 작업을 하는데 그럴 때면 각 관청의 관원들이 서로 다투어 잘하려고 애썼다. 군인들도 많이 참여하였지만 일을 잘하지 못해 촌민들이 얼음을 채취하여 군인들에게 팔았다. 또 얼음에 칡끈을 묶어 미끄러지는 것을 방지하고, 강변에는 땔나무로 불을 피워서 몸이 언 사람을 보호

경주 석빙고. 신라시대 이래 얼음
을 저장하던 창고 또는 얼음을 지
급하던 일을 맡은 관서.

하였다. 또 의원을 두고 약을 비치해 다친 사람을 보살폈으니, 사고에 대비함이 철저했다"고 기록하고 있다.

또한 "8월 초가 되면 군인을 빙고에 많이 보냈는데, 빙고의 관원이 군인을 인솔해 빙고의 천장을 수리하고 썩은 서까래와 대들보를 교체하며 무너진 담장을 고쳤다"고 적어둬 얼음 보관에 앞서 빙고를 미리 수리했던 상황도 알 수 있다.

빙고는 주로 목재로 만들었는데, 영조대에는 내빙고를 돌로 만들기도 했다. "빙고에 들어가는 재목材木은 허비되는 것이 매우 많은데, 만약 석빙고를 만든다면 오랫동안 비용을 줄이는 계책이 될 것입니다. 청컨대 내빙고부터 시작하게 하소서"라는 영의정 홍봉한의 의견을 받아들였다.

한겨울 추위 속에 얼음을 뜨고 빙고까지 이것을 운반하는 일
은 쉽지 않았다. 그 과정에서 동상에 걸리거나 얼어 죽는 사람도 있
었다. 힘든 작업이었던 만큼 일이 끝나면 포상이 따랐다. 『세종실
록』에는 장빙군에게 술 830병, 어물 1650마리를 하사했다는 기록
이 있어 이들을 세심하게 배려했음이 드러난다. 얼음을 빙고에서
처음 꺼내는 음력 2월 춘분에는 개빙제開氷祭를 열었다. 얼음은 3월
초부터 출하하기 시작해 10월 상강霜降 때 그해의 공급을 마감했다.
겨울에 얼음이 얼지 않으면 사한단司寒壇에서 추위를 기원하는 기한
제祈寒祭를 올렸는데, 영조는 기한제 이후 얼음이 꽁꽁 얼자 제관祭官
들에게 상을 내리기도 했다.

숙종대 이후 서울에 인구가 집중되면서

얼음 낀 한강.

얼음의 수요도 급속히 증가했다. 조선 후기의 학자 김창흡의 문집인 『삼연집三淵集』에 수록된 시 가운데 「벌빙가伐氷歌」는 당시 한강에 얼음이 산처럼 쌓였던 풍경을 다음과 같이 묘사하고 있다.

그대 나라의 큰일 얼음 저장하는 일을 보지 않았는가?
나라의 제사에 쓰이고 관리들에게 나누어준다오……
많은 인부가 나타나 얼음을 깨어 강 위에 산같이 쌓으니
강 위에 놓인 두 빙고의 십여 리에서 서로 바라보네.

이 시에서 얼음이 쌓인 동빙고, 서빙고의 모습이 한눈에 들어온다. 인구가 집중되면서 개인의 얼음 수요도 증가했다. 특히 어물전이나 정육점, 빙어선氷漁船 등에서 크게 활용하면서 얼음의 공급이 부족해졌다. 18세기에 이르면 사적으로 얼음을 공급하는 사람들이 나타나 한강 근처에만 30여 개소의 사빙고私氷庫가 설치될 정도였다.

민간에서의 장빙업은 많은 이익을 남겨, 상업을 천시하는 양반층에서도 이 일에 참여하는 사례가 늘었다. 얼어붙은 한강에서 얼음을 채취하고, 썰매와 스케이트를 타던 풍경은 이제 흑백사진으로만 남아 있는데, 서울시에서는 요즘 겨울 동안 스케이트장을 개방해 이러한 아쉬움을 달래주고 있다.

29

경종의 자취가 남아 있는 곳들

조선의 20대 왕 경종景宗(1688~1724, 재위 1720~1724) 하면 가장 먼저 생각나는 이미지는 장희빈의 아들, 그리고 숙종과 영조 사이에 끼어 있는 별 존재감 없는 왕의 모습일 것이다. 경종이 왕위에 오르는 과정에서 사약을 받고 죽은 장희빈의 굴레는 매우 컸고, 실제로 위기도 많았다.

1720년 어려움 속에서 숙종의 뒤를 이어 왕위에 오른 경종에게는 왕으로서의 위상과 권위 회복이 큰 과제였다. 특히나 숙종 말년부터 본격화된 노론과 소론의 당쟁에서 경종은 왕의 존재감을 드러내야 했다. 이러한 과정에서 경종은 생모인 장희빈의 추숭 작업에 착수했다.

경종 이전에도 왕비로 인정받지 못한 생모를 추숭하는 일은 종종 있었다. 연산군은 재위 중에 생모 폐비 윤씨를 제헌왕후齊獻王后로 추숭했고, 광해군은 생모 공빈 김씨를 공성왕후恭聖王后로 추숭했다. 그러나 제헌왕후나 공성왕후가 왕비의 지위에 있던 시간은 극히 짧았다. 연산군과 광해군이 반정으로 인해 왕의 자리에서

경종의 어머니이자 숙종의 후궁인
희빈 장씨의 사당인 '대빈궁'.

쫓겨났기 때문이다. 당연히 쫓겨난 왕의 생모
는 왕비의 지위를 바로 박탈당했다. 제헌왕후
는 폐비 윤씨로, 무덤은 회릉懷陵에서 회묘懷墓로 강등되었다. 현재
경희대 일대를 회기동이라 부르는 것은 원래 이곳에 회묘가 있었
기 때문이다. 공성왕후 역시 공빈 김씨로 강등되었다. 인조의 경우
에는 생모인 구씨를 인헌왕후仁獻王后로 높였다. 인헌왕후는 왕비의
자리에 있지 않았지만 지금도 인헌왕후로 불리면서 종묘에 모셔져
있다.

경종은 재위 3년 만인 1722년 10월 10일 어머니를 추존해 옥
산부대빈玉山府大嬪으로 높이고 그 신주를 사우祠宇에 모시도록 했다.
경종의 의시 속에 조성된 사우가 바로 대빈궁大嬪宮이다. '궁'이라는
명칭은 경복궁, 창덕궁 등의 궁궐 말고도 왕이 되기 전에 머물렀던

잠저潛邸나 후궁들의 사당에도 사용했다. 대빈궁은 처음에 중부 경행방慶幸坊(현재의 종로구 낙원동)에 있었는데, 고종대에 현재 위치인 칠궁 경역 내로 옮겨졌다. 경종처럼 후궁 소생이었던 영조는 경종이 대빈궁을 세운 것처럼 생모인 숙빈 최씨의 사당을 조성했는데, 육상궁毓祥宮이 그곳이다.

경종과 영조가 생모를 추숭한 것이 선례가 되어 이후에도 왕을 낳은 후궁의 신주를 모신 사당이 곳곳에 세워졌다. 원종(인조의 생부), 진종(효장세자), 장조(사도세자)처럼 살아서는 왕이 아니었지만 후대에 왕으로 추숭된 이들의 어머니를 모신 사당들이다. 선조의 후궁인 인빈 김씨(원종의 생모)를 모신 저경궁儲慶宮, 영조의 후궁 정빈 이씨(효장세자의 생모)의 연호궁延祜宮, 영조의 또 다른 후궁 영빈 이씨(사도세자의 생모)의 선희궁宣禧宮, 정조의 후궁 수빈 박씨(순

칠궁은 조선시대에 왕을 낳은 일곱 비빈들의 신위를 모신 사당인 저경궁, 대빈궁, 육상궁, 연호궁, 선희궁, 경우궁, 덕안궁이 있는 곳이다. 칠궁 자리에는 원래 육상궁만 있었다. 여기서 매년 10월 넷째 주 월요일에 '칠궁제'를 지낸다.

조의 생모)의 경우궁景祐宮과 함께, 고종의 후궁 귀비 엄씨(영친왕의 생모)의 덕안궁德安宮이 조성되었다.

왕을 낳은 후궁의 신주는 여러 지역에 흩어져 있다가, 고종대에 이르러 육상궁이 있는 공간으로 옮겨졌다. 1870년 정빈 이씨의 연호궁을 옮긴 것을 시작으로, 1908년 대빈궁과 경우궁, 선희궁, 저경궁이 옮겨졌다. 1908년(순종 1) 7월 23일『순종실록』에는 "저경궁, 대빈궁, 연호궁, 선희궁, 경우궁에 봉안한 신위는 육상궁 안에 각별히 신주의 방을 만들어 합사하고, 폐궁廢宮의 경우 연호궁을 제외하고 모두 국유로 이속시킨다"는 내용이 기록되어 있다. 1929년에는 귀비 엄씨를 모신 덕안궁까지 옮겨오면서 총 일곱 개의 사당이 모였다. 칠궁이라는 명칭은 사당이 일곱 개이기 때문이다.

칠궁은 오늘날 청와대와 담장을 마주하고 있었기 때문에 한동안 출입이 제한되었다. 2001년 11월 일반인에게 개방되었으나, 청와대 관람 코스의 하나로 제한적 관람만 허용되었다. 최근 청와대가 개방되면서 칠궁의 관람도 자유로워졌고, 그 역사와 문화에 대한 관심도 커지고 있다.

칠궁은 왕을 낳은 후궁 일곱 명을 모신 사당이라고 하지만 실제로 아들이 왕으로 재위한 경우는 장희빈(경종), 숙빈 최씨(영조), 수빈 박씨(순조) 세 명뿐이다. 나머지는 추존된 왕의 어머니 또는 황태자의 어머니다. 장희빈은 후궁 출신으로 한때 왕비 자리에까지 올랐으니, 숙빈이나 수빈에 비해서도 그 위치가 높다. 물론 칠궁의 중심에는 육상궁과 연호궁이 합사되어 있고 서쪽부터 서열대로 저경궁, 대빈궁, 선희궁, 경우궁, 덕안궁이 배치되어 있지만, 대빈궁은

기둥도 둥글고 사당 건물 앞의 계단도 다른 곳
보다 하나 더 많다. 장희빈이 한때 왕비의 자리

에 있었기 때문에 이러한 차이를 보인다는 견해도 있다.

　　경종의 무덤이 현재 서울 성북구 석관동 한국예술종합학교 안
에 있다는 사실을 아는 사람은 많지 않다. 왕으로서의 존재감이 무
덤의 존재에도 영향을 미치는 느낌이다. 경종은 1724년 8월 25일
창경궁 환취정에서 승하했다. 이에 바로 장례를 담당할 관리들이
임명되었다. 29일 환취정으로부터 경종의 어상御床을 받들어 선정
전으로 옮기고, 대렴入斂을 하여 재궁梓宮에 내렸다. 이때 왕세제로
있던 영조와 우의정 이광좌가 상사喪事를 주관했다. 9월 3일에 묘호
를 '경종景宗'으로 정했다. 사려思慮를 부지런하고 원대하게 하는 것
을 '경景'이라고 하여 정해진 묘호였다. 능호는 '의릉懿陵'으로 했다.

산릉도감에서는 먼저 세자빈 시절에 승하한 경종의 원비元妃 단의왕후의 혜릉惠陵이 있는 언덕에 능을 쓸 만한 자리가 있는지를 살펴보았다. 혜릉은 건원릉 근처에 조성되어 있었다. 그러나 세자 빈으로 사망한 부인 옆에 경종의 무덤을 조성하기에는 부담이 컸 다. 계비인 선의왕후도 의식해야 했다. 총호사 이광좌는 도감 당상 과 풍수지리 전문가인 감여사堪輿師 11명을 거느리고 산릉의 길지 를 계속 찾았고, 최종적으로 효종의 왕릉이 처음 조성된 구영릉舊寧 陵(현재의 건원릉 서쪽)을 비롯해 중량포中粱浦, 용인, 교하, 왕십리까 지 다섯 곳을 선정했다. 영조는 길지로 선정된 이곳들에 대한 의견 을 물었다. 지관과 지리에 해박한 사인士人들이 중량포보다 더 나은 곳은 없다는 의견을 내 일단 경종의 산릉 자리는 중량포로 결정되 었다.

12월 16일 경종을 의릉에 장사 지내던 날, 비가 물동이를 뒤집 은 것처럼 쏟아졌다고 실록은 전한다. 백관들은 비를 맞으며 겨우 일을 진행했다. 의릉의 석물은 숙종 명령의 석물과 제도를 따라 검 소하게 진행했다. 1724년(영조 즉위년) 경종의 의릉을 조성하는 과 정과 절차는 『[경종의릉]산릉도감의궤』에 상세히 기록되어 있다. 의궤 앞부분에는 간략하게 그린 능의 모형과 채색으로 된 사신도四 神圖가 있으며 이어 문서 목록이 나온다.

경종의 왕릉을 조성한 지 6년 만에 경종의 계비인 선의왕후宣懿 王后(1705~1730) 어씨가 1730년 6월 29일 경덕궁 어조당魚藻堂에서 26세의 나이로 승하했다. 빈전殯殿은 광명전光明殿에 설치되었으며, 이조에서 빈전, 국장, 산릉의 삼도감三都監에 당상堂上 및 낭청郎廳 각

여덟 명을 배치했다. 선의왕후의 국장을 준비하는 데 가장 문제가 되는 것은 무더운 날씨였다. 영조는 염습하기도 전에 시신에 부기浮氣가 있음을 걱정하며, 소렴小殮을 앞당겨 행하라고 지시했다.

7월 4일에 총호사 이집 등이 여러 지사를 거느리고 산을 보기 위해 나갔고, 산릉을 경종의 의릉 하혈下穴에 정했다. 왕의 무덤 옆에 왕비의 능을 조성하는 것이 일반적이었으나, 아마도 옆자리에 조성하기가 어려워 그 아래쪽으로 한 듯하다. 효종과 인선왕후를 모신 영릉寧陵도 왕과 왕비의 능을 한 언덕의 위아래에 조성하는 동원상하릉同原上下陵 형식을 취하고 있다. 조선 왕릉 중 이런 사례는 효종의 영릉과 경종의 의릉 2기가 있다.

선의왕후 왕릉 조성에서 특별한 점이 있다면, 무덤에 『예기禮記』와 『시경詩經』을 넣었다는 것이다. 이 책들은 왕비의 친정집에서 보낸 것이었다. 선의왕후는 『예기』 「내칙편內則篇」과 『시경』 「후비편后妃篇」을 늘 책상에 올려놓고 봤으며, 본인이 세상을 떠나면 무덤에 묻어달라고 부탁해 이를 따른 것이었다. 남편 경종에게 받았던 연갑硯匣도 함께 묻은 사실이 『영조실록』의 기록에 보인다.

10월 19일에 선의왕후를 의릉에 장사 지냈으며, 공역을 마무리한 뒤에는 도감에 상을 내렸다. 11월 10일에는 영조가 친히 의릉에 나아가 경종과 선의왕후의 능을 차례로 살펴보았다. 이때 영조는 양주 백성이 새 능역陵役을 전적으로 담당하고 있으니, 그것을 위로할 방안이 있는지 신하들에게 물었다. 그리고 이전에도 결역結役(토지에 대한 부가세의 일종)을 면제해준 일을 근거로 들어 양주 백성의 결역을 면제하도록 했다. 선의왕후의 능 자리를 경종 의릉의 동원同原 아래에 조성했던 과정을 기록한 자료로는 『[선의왕후]산릉도감의궤』가 있다.

1962년 의릉 경역 안에 국가 기관이 들어섰다. 바로 당시에 나는 새도 떨어뜨린다는 소문이 돌 만큼 막강한 권력을 휘둘렀던 중앙정보부다. 남산에 있는 중앙정보부 청사 외에 추가 청사를 의릉 안에 조성했던 것이다. 왕릉 영역이어서 비밀스럽다는 장점 또한 청사 선정 과정에서 고려되었을 것이다.

중앙정보부는 의릉의 홍살문과 정자각 사이에 연못을 만드는 등 의릉 지역을 심하게 훼손했다. 1996년 중앙정보부가 강남구 내곡동으로 이전한 후에는 연못을 없애고 금천교를 복원하는 등의 조치를 취하고 일반인들에게 공개했다. 중앙정보부 청사 자리는 한국예술종합학교 건물에 포함되어 있는데, 1972년 이후락 중앙정보부장이 7·4 남북공동성명을 발표한 역사적 장소이기도 하다.

선정릉이라는 지하철 이름 때문에, 태릉 선수촌의 명성 때문에, 성북구 정릉동이라는 동네 이름 때문에라도 서울 도심 속 조선 왕릉은 그 주인공들이 많이 알려지고 있다. 이제는 주인공 경종과 함께 여전히 그 이름이 잘 알려져 있지 않은 의릉에도 눈길이 머물길 바란다.

30

영조의 탕평책과 균역법이
구현된 공간들

조선의 왕 중에서 83세로 가장 장수하고, 52년이라는 가장 긴 재위 기간 기록을 보유한 왕은 영조英祖(1694~1776, 재위 1724~1776)다. 영조는 「사도」라는 영화에서도 언급되듯 아들 사도세자를 죽인 비정한 아버지의 이미지가 강하지만, 탕평책이나 균역법과 같이 조선을 대표하는 정책을 수립한 왕으로도 기억되고 있다. 그리고 탕평책과 균역법을 구현한 공간들도 서울 곳곳에 남아 있다.

1724년 경종의 뒤를 이어 왕이 된 영조는 노론-소론 당쟁의 격렬함을 보여주는 경종대 신임옥사辛壬獄事의 소용돌이를 직접 체험했다. 왕이 된 영조는 당쟁의 폐해를 뼈저리게 인식하고, 국정의 최우선으로 모든 당파가 고르게 정치에 참여하는 탕평책蕩平策을 실시할 것을 천명했다. 탕평에 대한 영조의 강한 의지는 붕당의 폐단을 타파하고 인재를 고르게 등용할 것을 선언한 1727년(영조 3) 7월 4일의 하교에도 잘 나타나 있다.

아! 모든 신민은 내 가르침을 들으라. 『가례원류』가 나온 뒤부터 붕당朋黨의 폐해가 점점 더하여 각각 원수를 이루어서 죽이려는 것으로 한계를 삼아왔다. 아! 마음 아프다. 지난 신축년(1721)과 임인년(1722)의 일은 그 가운데 반역할 마음을 품은 자가 있기는 하나 다만 그 사람을 죽여야 할 뿐이지, 어찌하여 반드시 한편 사람을 다 죽인 뒤에야 왕법을 펼 수 있겠는가? 옥석을 가리지 않고 경중을 가리지 않아서 한편 사람들이 점점 불평하게 하는 것은 이 또한 당습黨習이다. (…) 당습의 폐단이 어찌하여 이미 뼈가 된 세 신하에게까지 미치는가? 무변武弁·음관蔭官이 색목色目에 어찌 관계되며 이서吏胥까지도 붕당에 어찌 관계되기에 조정의 진퇴가 이들에게까지 미치는가? 이미 반포하고 알렸어도 전만 못하면 조정의 명령을 따르지 않은 죄로 다스릴 것이다.

영조는 당쟁의 폐단을 강력히 지적한 뒤, "나는 다만 마땅히 인재를 취하여 쓸 것이니, 당습에 관계된 자를 내 앞에 천거하면 내치고 귀양을 보내어 국도國都에 함께 있게 하지 않을 것이다"라면서 공평하게 인재를 쓸 것을 거듭 강조했다. 이어서 "나의 마음이 이러한데도 따르지 않는다면, 나의 신하가 아니다"라고 하면서 모든 신하가 탕평책을 적극 수용할 것과, 이를 따르지 않는다면 엄한 처벌을 내릴 것을 알렸다.

탕평이라는 말은 유교 경전인 『서경』의 홍범洪範 황극설皇極說에 나오는 '무편무당 왕도탕탕無偏無黨 王道蕩蕩 무편무당 왕도평평無偏無黨 王道平平'에서 비롯된 것이다. 1575년 선조대 최초의 분당인 동서분당이 이루어지고, 이후 동인 내의 남인과 북인, 서인 내의 노론

성균관대학 앞에 위치한 탕평비.

과 소론의 당쟁이 격화되었지만, 이를 억제하는 정책은 나오지 않았다.

영조는 탕평책을 국시로 내세우고 이를 효과적으로 실시하기 위해 당파를 가리지 않고 온건하며 타협적인 인물, 즉 온건파 인사, 당시 용어로는 완론緩論을 등용했다. 노론 강경파 준로峻老와 소론 강경파 준소峻少를 권력에서 배제하고, 온건파인 완론緩老과 완소緩少를 중용하는 방식이었다. 한편으로는 자신과 호흡을 맞출 수 있는 신하, 즉 탕평파 대신들을 양성해 정국의 중심에 나서게 했다. 송인명, 조문명, 조현명 등이 대표적인 탕평파 대신들로서 이들은 영조가 추진하는 탕평책의 든든한 후원군이 되었다.

영조의 탕평책이 구현된 대표적인 공간은 현재 성균관대학 입구에 설치되어 있는 탕평비蕩平碑다. 조선시대 최고의 교육 기관인 성균관에 탕평비를 건립한 것은 앞으로 관료가 될 성균관 유생부터 당습黨習에 물들지 않기를 바라는 왕의 뜻이 반영된 것이었다. 성균관은 오늘날 대학교로 인식되지만, 조선시대에는 과거의 1차 시험인 소과에 합격한 생원이나 진사가 최종 시험인 문과(대과)를 준비하는 기관이었다.

탕평비에는 '주이불비 군자지공심周而不比 君子之公心 비이불주 소인지사의比而不周 小人之私意'라고 하여 '편당을 짓지 아니하고 두루 화합함은 군자의 공평한 마음이요, 두루 화합하지 아니하고 편당을 지음은 소인의 사심이다'라는 내용이 새겨져 있다. 군자와 소인의 구분을 탕평과 편당에 두면서 '탕평'이 공公이자 바른 것임을 선언한 영조의 의지가 엿보인다.

청포묵(백)에 소고기볶음(적)과 미나리(청), 김(흑) 등을 섞어 만든 '탕평채'는 영조 때 탕평책을 논하는 자리의 음식상에 처음 등장했다는 설이 있다. 황필수(1842~1914)가 각종 사물의 명칭을 고증해 1870년에 펴낸 『명물기략名物紀略』에는 "여러 채소와 함께 섞어 만든 음식이 탕평채인데, 이는 사색당파의 치우침 없는 탕평에서 음식명이 유래되었다"고 기록하고 있다.

영조가 1년에 두 필을 내는 군포의 부담을 절반으로 줄이는 균역법을 시행한 데에는 백성과 자주 소통하며 민원民怨을 정확히 파악해나간 안목이 있었다. 영조 스스로가 서민의 삶을 산 것 또한 어느 왕보다 백성의 어려움을 더 잘 파악할 수 있는 근간이 되었다.

"내가 일생토록 얇은 옷과 거친 음식을 먹기 때문에 자전慈殿(왕의 어머니)께서는 늘 염려하셨고, 영빈寧嬪(숙종의 후궁)도 매양 경계하기를 '스스로 먹는 것이 너무 박하니 늙으면 반드시 병이 생길 것'이라고 하였지만, 나는 지금도 병이 없으니 옷과 먹는 것이 후하지 않았던 보람이다"라고 한 『영조실록』의 기록은 서민 군주의 면모를 잘 보여준다.

영조의 검소한 식단은 보양식으로 고추장을 선택한 사실에서 도 나타난다. 영조가 의관들에게 원기를 보충할 수 있는 음식을 묻자, 방태여가 "고추장이 비위를 도우는 데 마땅할 듯합니다"라고 답한 기록이 『승정원일기』에 보인다. 영조 때의 고추장은 고초장苦椒醬, 枯椒醬, 초장椒醬, 호초장胡椒醬으로 다양하게 불렸다. 순창 사람 조종부의 초장과 호초장에 대한 기록으로 미루어 순창 고추장은 영조대에도 선호되었음을 알 수 있다.

영조는 어머니 숙빈 최씨가 숙종의 후궁이었기 때문에 18세 부터 28세까지 궁궐이 아닌 사가私家에서 살았다. 백성의 삶을 직접 체험했기 때문일까? 영조는 왕이 된 이후에도 철저하게 사치를 방지했고, 탕평책과 함께 추진한 대표적인 정책인 균역법에도 이런 경험이 작용했다. 조선시대 백성이 국가에 납부하는 것으로는 토지에 대한 세금인 전세田稅와 특산물을 납부하는 공납貢納, 군역을 직접 지는 대신 옷감을 바치는 군포軍布가 있었다. 양인良人들은 16세에서 60세까지 군역의 의무를 졌지만, 양반은 군역을 부담하지 않기 때문에 일부 사람이 관직을 사거나 족보와 호적을 위조함으로써 군역의 법망에서 벗어났다.

양인 중에는 군역을 피하기 위해 자진해서 노비가 되는 이도 있었다. 군역을 피한 양반과 노비의 숫자가 늘어나는 만큼 군역을 지는 백성의 부담도 늘어났다. 당시 군역이 50만 호에 해당된다고 추정되는데 실제로 군역의 부담을 지는 곳은 10만 호에 불과했다.

부족분을 채우기 위해 정부에서는 죽은 사람(백골징포)이나 어린아이(황구첨정)에게까지 군역을 부과했다. 군역 부담으로 도망간

다면 그 이웃(인징)이나 친척(족징)에게 군역
을 부담시켰다. 18세기 들어 군역은 일반 백성
을 가장 힘들게 하는 세금이 되었고, 현실을 간
파한 영조는 백성에게 직접 의견을 물으면서 군역 문제 해결에 나
섰다.

　　1750년(영조 26) 5월 19일 영조는 창경궁의 홍화문 앞에 나갔
다. 군역 부담에 대한 백성의 생생한 목소리를 현장에서 듣기 위함
이었다. 영조는 "아, 이번에 궐문에 임한 것은 실로 백성을 위한 연
유에서다. 우리 사서士庶들은 모두 이 하유下諭를 들으라. 생각해보
면, 지금의 민폐는 양역 같음이 없으니, 지금에 이르러 고치지 않는
다면 앞으로 어느 지경에 이를지 모르는 일이다"라고 하면서, 백성
이 자유롭게 의견을 발표하게 했다. 1750년 7월 3일 영조는 다시

홍화문 앞에 나타났다. 양역의 편리 여부를 묻고 신하들과 사서上庶
및 백성에게 자신의 입장을 표했다.

　이어서 성균관 유생들에게도 의견을 펼치도록 했는데, 이봉령
은 "호포와 결포가 모두 폐단이 있습니다. 더구나 지금은 역질이 요
임금 때의 홍수와 탕임금 때의 가뭄 같으니 성상께서는 의당 애처
로운 마음으로 더 돌보아야 하는데, 도리어 나라의 백성을 전에 없
던 새로운 역役으로 바로 몰아넣고 계십니다"라고 하면서 강하게
반대 의견을 제시했다. 홍화문 앞에서 영조가 백성과 유생들의 의
견을 청취하는 모습은 오늘날의 민주정치에 비춰봐도 손색이 없다.

　균역법 추진에는 경제 분야에 해박한 관료인 박문수, 조현명,
홍계희, 신만 등의 도움도 컸다. 암행어사로 널리 알려진 박문수는
호조판서로서 균역법의 기본인 감필減匹 정책을 제안했다. 영조는
여론조사와 관료들의 아이디어를 바탕으로 1751년 9월 균역청을
설치하고 본격적으로 균역법을 실시했다. 핵심 내용은 1년에 백성
이 부담하는 군포 두 필을 한 필로 납부하는 것이었다.

　한집에 장정이 서너 명 있을 경우 군포 한 필의 값을 돈으로 환
산하면 스무 냥 정도 되었다. 당시 한 냥으로 쌀 20킬로그램(현재
5만 원)쯤을 구매할 수 있었던 것으로 보아 현재 가치로 환산하면
스무 냥은 100만 원 정도로 만만치 않은 액수였다. 균역법은 이것
을 반으로 줄이는 획기적인 조치였기에 백성의 지지를 받을 수 있
었다. 검소와 절약을 바탕으로 스스로 서민적인 삶을 실천했던 영
조. 영조의 균역법은 충분한 여론조사를 바탕으로 실시했다는 점
과, 서민 위주의 정책 이념이 구체적인 성과로 이어졌다는 점에서

오늘날에도 시사하는 바가 크다.

창경궁에서 주로 거처했던 영조는 정문인 홍화문을 백성의 여론을 듣는 창구로 활용했다. 그리고 창경궁 인근의 성균관에는 탕평비를 세워 탕평책을 실천해나갔다. 영조의 정책이 구현된 공간들을 찾아보면서, 정파의 분열을 막고 백성과 소통하는 리더십의 중요성을 강조했던 영조를 기억해보기를 바란다.

31

성균관 유생들의 삶과 꿈

서울시 종로구 명륜동에 자리잡은 성균관대학 구내에는 특별히 눈에 띄는 건물이 있다. 바로 1998년에 건립된 600주년 기념관이다. 100년의 역사를 가진 대학교도 거의 없는 상황에서 성균관대학교는 왜 600주년을 강조하는 것일까? 조선시대 한양으로 성균관을 옮긴 것이 1398년이고, 이때부터를 성균관대학의 역사로 본 것이다.

우리 역사에서 최고 교육 기관의 명칭으로 '성균成均'이라는 말이 처음 사용된 것은 1298년(충렬왕 24) 국자감을 개칭한 국학을 성균감成均監이라 한 데서 비롯된다. 그 뒤 1308년 충선왕이 즉위하면서 성균감을 성균관이라 고쳐 불렀다. 공민왕 때인 1356년(공민왕 5)에 관제의 복구로 국자감으로 환원시켰다가, 1362년 다시 성균관이라는 명칭을 사용해 현재에 이른다. 공민왕 때는 신진사대부를 양성하는 기관으로 성균관의 기능이 강화되었는데, 이색, 정몽주, 정도전, 이숭인 등이 이곳 출신이었다.

성균관이라는 명칭을 처음 사용한 것이 고려 후기였으므로 성균관도 당연히 고려의 수도인 개경에 있었다. 1392년 조선이 건국되고, 1394년 한양 천도가 단행되면서 성균관도 자연스레 새 수도로 옮겨졌다. 1395년부터 3년여의 공사 끝에 1398년 현재의 종로구 명륜동에 조선의 성균관이 위치하게 되었다.

가장 중심이 된 건물은 공자를 모시는 사당인 대성전大成殿과 성현을 모신 동무東廡, 서무西廡였으며 학생들의 강학 공간인 명륜당明倫堂과 기숙사에 해당되는 동재東齋, 서재西齋가 있었다. 성균관의 중요한 시정時政을 기록하던 정록소正錄所는 현재의 대학교 행정실에 해당되고, 식당, 약방, 재정의 출납을 맡은 양현고養賢庫 등의 건물도 갖추어졌다.

성종 때에는 도서관인 존경각尊經閣과 반궁제泮宮制의 필수 요소인 반수泮水가 설치되었다. 중종 때인 1544년 성균관 대사성으로 있던 윤탁이 심었다고 전해지는 명륜당 앞 은행나무는 천연기념물로 지정되어 있으며, 무엇보다 성균관의 역사가 유구함을 입증하고 있다.

성균관의 반수 설치는 중국 주대周代에 벽옹辟雍과 반궁의 제도에서 기원했다. 벽옹은 둥근 연못, 반수는 반원의 연못이다. 성균관 주변을 반촌泮村이라 하거나, 반촌에 거주하는 백성을 반민泮民이라 부른 것도 성균관의 반수에서 유래한다. 반촌은 조선시대의 대학촌으로 시험 스트레스에 시달리던 당시 유생들의 해방구와 같은 역할을 했다. 오늘날의 대학로가 그 명맥을 잇고 있다. 반민의 기원은 고려 말 안향이 개경 성균관에 기부한 노비들이며, 조선 개창 후 태조가 성균관을 한양으로 이전할 때 그들의 후예도 함께 이주하면

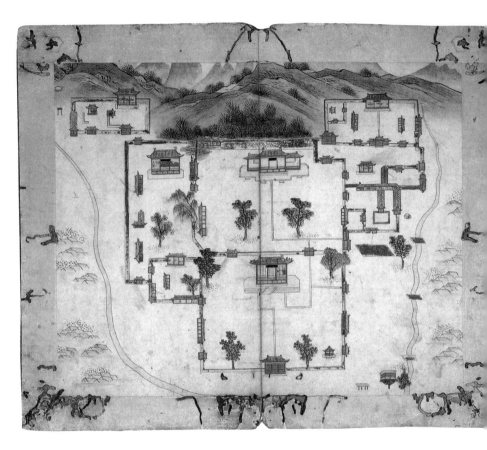

「반궁도」 『태학계첩』 종이에 채색, 1747, 서울역사박물관.
성균관의 건물 구조와 배치 내역을 시각적으로 보여주는 가장 오래된 자료다.

서 반촌을 형성한 데 있다.

성균관 유생의 정원은 개국 초 150인이었으나, 1429년(세종 11) 200인으로 증원되었다. 이중 절반은 상재생上齋生 또는 상사생上舍生이라고 하여 생원生員과 진사進士로 입학한 정규 학생이었다. 나머지 반은 기재생寄齋生 또는 하재생下齋生이라 했는데, 대부분 아버지나 할아버지의 도움으로 선발된 이들이며, 오늘날로 말하면 부친이나 조부 찬스를 쓴 사람들이었다.

2010년 성균관 유생들의 삶과 우정, 정치적 야망을 다룬 드라마 「성균관 스캔들」이 방송되었다. 조선시대 성균관의 구체적인 생활상과 함께 이곳에 들어간 유생의 개성 넘치는 모습이 펼쳐졌고, 이들의 삶에 대한 관심이 커졌다. 성균관 유생의 모습은 드라마에 비친 모습 그대로일까? 드라마는 남장 여자를 주인공으로 한 만큼 묘한 사랑 이야기가 중심을 이루면서 매우 발랄하고 역동적인 모습으로 그려지지만, 실제 조선시대 성균관은 그처럼 낭만적인 곳이 아니었다. 과거의 1차 시험에 해당되는 소과(생진과)에 합격한 생원과 진사가 들어와 관리로 나아가는 최종 관문인 문과 시험을 준비하는 곳이었다. 드라마만큼 낭만적이지는 않았을 테고 치열한 고시 경쟁이 기다리는 살벌한 공간이었을 가능성이 크다.

『경국대전』에는 성균관 입학생의 자격이 규정되어 있다. 과거 1차 시험인 생원시와 진사시에 합격한 자, 서울의 사학四學 생도 중 15세 이상으로 소학 및 사서와 오경 중 1경에 통한 자를 성균관에서 수학하게 했다. 특별 전형도 있었다. 공신과 3품 이상 관리의 적자로서 『소학』에 통한 자나 관리 중 입학을 원하는 자를 일부 선발했다. '신래희新來戱'라는 신고식도 있었다. 먼저 들어온 유생이 신입을 골탕 먹이는 의식이었지만 성균관 생활에 빨리 적응시키려는 의도도 있었다.

유생은 기숙사에 해당되는 동재와 서재에 거주했다. 학생회에 해당되는 재회齋會가 있었고 학생회장은 장의掌議라고 했다. 유생은 음식과 학용품 등 생활용품을 지급받는 국비 유학생이었고 자부심도 컸다. 『논어』 등의 유교 경전을 비롯해 『근사록』 『성리대전』 『경국대전』 『통감』 등 과거시험 과목과 문장력을 기르는 공부를 주로 했다. 현재의 쪽지시험이나 중간고사와 기말고사에 해당되는 일강日講, 순과旬課, 월강月講은 유생을 긴장하게 했다. 시험 성적은 통通, 약略, 조粗, 불不의 네 단계로 나누었는데, 요즈음의 A, B, C, F 학점과 유사하다.

출석도 중시했다. 약방藥房에 단 북을 한 번 치면 잠에서 깨고, 두 번 치면 세수, 세 번 치면 식당에 갔다. 군대의 단체생활을 연상시키기도 한다. 유생들은 아침저녁 식사 때마다 식당에 비치된 명부인 도기到記에 서명을 하고, 원점圓點 1점을 얻었다. 원칙적으로 원점 300점을 취득한 이에게 관시館試(성균관 유생만이 응시할 수 있는 특전을 준 문과 초시)에 응시할 자격을 주었다. 이후 영조 때에 이르면 원점은 50점으로 완화됐다. 빡빡한 생활 가운데 휴식도 있었다. 매월 8일, 23일은 정기 휴일로 세탁을 하거나 부모를 찾아뵈었다. 일부는 성균관 인근의 대학촌인 반촌에서 공부와 시험에 지친 스트레스를 풀었다.

성균관에서의 졸업은 문과시험의 합격을 의미했다. 식년시는

「성균관친림강론도」, 종이에 채색, 111.4×49.0cm, 19세기 후반, 고려대박물관.
국왕은 성균관에 친히 행차해 유생들의 공부 상황을 살피고 강의와 문답을 하곤 했다.

3년마다 한 번 치렀기에 실패하면 3년을 다시 기다려야 했다. 왕이 성균관을 방문해 문묘에 참배할 때 치르는 시험인 알성시나 제주도에서 올라온 감귤을 하사받을 때 실시하는 황감제黃柑製 등 특별시험도 있었지만 선발 인원은 그리 많지 않았다. 16세기의 개혁파 학자 조광조는 중종이 성균관을 방문했을 때 실시한 알성시謁聖試에서 왕을 사로잡는 답안을 제출해 초고속 승진의 발판을 마련했다.

연산군의 폭정으로 한때 연락宴樂의 장소가 되었던 성균관은 1592년(선조 25) 임진왜란으로 완전히 폐허가 되었다. 전쟁이 끝난 뒤인 1601년에 중건 공사가 시작되어 1606년까지 대성전, 동무, 서무와 명륜당 등의 건물이 다시 세워졌고, 1626년(인조 4)에는 존경각, 식당, 양현고 등의 건물도 중건되었다.

1743년 영조는 신하들과 함께 활쏘기 시범을 보이는 대사례大射禮를 성균관에서 실시했다. 곧이어 육일각六一閣을 설치해 대사례에 사용하던 궁시弓矢, 웅후熊侯(곰 과녁), 미후麋侯(사슴 과녁) 등을 보관하도록 했다. 활쏘기는 예禮, 악樂, 사射, 어御, 서書, 수數의 육예六藝 중 하나라고 하여 이름을 '육일각'이라고 한 것이다. 이 건물은 명륜당의 동북쪽에 위치하며 남향이고 두 칸짜리 규모다. 영조는 당쟁의 종식을 선언하는 탕평책을 실시하면서 탕평비를 성균관에 세웠다. 역대 왕세자의 입학식도 성균관에서 치러졌다. 성균관에 원자학궁元子學宮을 지었으며 왕세자가 8세가 되면 입학시켜 성균관의 위상을 높였다.

조선의 최고 시험인 문과에 합격해 관직에 진출하는 일은 성균관 유생들의 가장 높은 목표였다. 과학화, 정보화의 수준만 다를

뿐이지 그들의 고민과 꿈 또한 오늘날 대학생들과 별반 차이가 없었다. 인재를 체계적으로 양성하려는 조선왕조의 의지는 성균관이라는 교육 기관으로 구현되었고, 이곳에서 배출된 유생들의 활약은 왕조의 기대와 의지를 충족시켜나갔다.

32
통명전과 어의궁에 남아 있는
정순왕후 혼례식의 흔적

 1759년(영조 35) 음력 6월, 한여름의 무더위 속에서 66세의
국왕 영조(1694~1776, 재위 1725~1776)는 15세의 신부 정순왕후
(1745~1805)를 계비로 맞이하는 혼례식을 거행했다. 왕과 왕비의
나이 차 51세는 조선 왕실 최고의 기록이기도 했다. 두 사람의 혼례
식은 『영조정순왕후가례도감의궤』로 정리되었고, 여기에는 당시
혼례식 현장의 모습이 구체적으로 기록되어 있다.

 혼례식은 조선 왕실 행사 중 축제의 성격이 가장 컸다. 왕과 왕
세자, 왕세손 등 지위에 따라 격을 달리해 예식이 이루어졌고, 시대
별로 내용에 조금씩 변화가 있었다. 조선시대 왕실의 혼례는 '가례
嘉禮'라 불렸다. 원래 가례는 국가의 경사가 될 만한 행사를 뜻하는
개념이었다. 조선 전기 국가 의례를 집대성한 『국조오례의』에도 가
례는 길례吉禮, 흉례凶禮, 빈례賓禮, 군례軍禮와 함께 오례의 하나로 기
록되어 있다. 그러나 왕실 행사의 전 과정을 기록과 그림으로 정리
한 의궤에서 모든 혼례식을 가례라 표현한 것에 나타나듯, 혼례 의
식만을 가례라 일컫게 되었다.

영조가 정순왕후를 계비로 맞이하는 혼례식을 기록한 『영조정순왕후가례도감의궤』에 수록된 반차도, 규장각한국학연구원.

혼례식의 첫 번째 관문은 왕비를 간택하는 일이었다. 왕실에서는 간택을 위해 전국에 금혼령을 내리고 적령기에 있는 모든 처녀를 대상으로 처녀단자處女單子를 올리게 했다. 처녀들의 나이는 시기마다 차이가 있으나 대개 10대 초중반이었다.『세종실록』에는 세자빈 간택을 위해 13세 이하의 처녀들에게 혼인을 금한 기록이 있고,『세조실록』에는 "왕세자빈 간택을 위해 14세 이하 처녀의 혼가를 금하였다"는 기록이 보인다. 영조의 계비 간택 때는 신부의 금혼 범위를 16세에서 20세로 했다. 처녀단자 첫 줄에는 처녀의 생년월일을 적었고, 둘째 줄에는 간택 대상자의 사조四祖(부·조부·증조부·외조부)를 적었다.

왕실의 혼사여서 많은 처녀가 단자를 올릴 것 같지만, 그렇지 않았다. 처녀단자를 올리는 이들은 대개 25~30명 정도에 불과했다. 간택은 형식상의 절차였을 뿐 실제로는 대부분 내정돼 있었고, 간택에 참여하는 데 큰 부담이 따랐기 때문이다. 간택 대상이 된 규수는 의복이나 가마를 갖추어야 하는 등 준비 비용이 만만치 않았을 뿐만 아니라, 간택되더라도 정치적 부담이 뒤따랐다.

간택에 참가한 처녀들은 동일한 조건에서 후보를 고른다는 취지에서 똑같은 복장을 입었다. 초간택 시에는 노란 저고리에 삼회장을 달고 다홍치마를 입었다. 재간택, 삼간택으로 올라갈수록 옷에 치장하는 장식품은 조금씩 늘어났다. 삼간택에서 최종적으로 뽑힌 처녀가 부인궁夫人宮으로 나갈 때 입는 옷은 대례복으로 거의 왕비의 위용을 갖추었다. 간택 심사에 참여한 왕실 가족들은 발을 치고는 후보자를 지켜보았고, 세밀한 심사는 경험 많은 상궁들이

서울특별시 종로구 와룡동 창경궁에 있는 통명전. 정면 7칸, 측면 4칸, 기둥 높이 11척. 보물 제818호. 왕비의 침전이므로 궁궐 안 깊숙한 곳에 마련된 단아하고 정결한 분위기로 19세기 건축 양식의 귀중한 자료다.

맡았다. 심사가 끝난 후에는 간단한 점심 식사, 곧 주반晝飯(낮것)을 제공해 후보자들의 허기를 달래는 한편, 식사 예절도 주의 깊게 관찰했다.

왕은 위엄을 드러내고, 왕비는 베일에 감춰지고

『영조정순왕후가례도감의궤』의 기록에 의하면, 6월 2일 초간택에서 여섯 명을 뽑았다. 2차 심사에 해당되는 재간택에서는 김한구, 김노, 윤득행의 딸이 선발되었고, 6월 9일 삼간택에서 김한구의 딸인 정순왕후가 최종 후보로 선발되었다. 간택은 창경궁 통명전에서 거행되었다. 통명전은 성종대인 1484년에 설치되어 왕비 처소로 활용된 곳이다. 왕실의 잔치도 이곳에서 자주 열렸다. 통명전은 왕비의 자리에서 쫓겨난 장희빈이 인현왕후를 저주하기 위해 죽은 쥐나 새와 같은 흉물을 묻은 곳이기도 했다.

1926년 강효석이 편찬한『대동기문大東奇聞』에는 정순왕후가 왕비 후보자로 뽑혀 영조 앞에 섰을 때의 일화를 소개하고 있다. 먼저 정순왕후는 여느 후보자들과는 달리 방석을 치우고 자리에 앉았다. 영조가 그 이유를 묻자 방석에 부친의 이름이 적혀 있기 때문이라고 답했다. 또 영조가 세상에서 가장 깊은 것이 무엇이냐고 묻자 다른 후보들은 산이 깊다 혹은 물이 깊다 했지만, 정순왕후는 인심이 가장 깊다고 했다. 영조가 그 이유를 묻자 "물건의 깊이는 가히 측량할 수 있지만 인심은 결코 그 깊이를 잴 수 없다"고 답했다. 이어 영조가 꽃 중에는 어떤 것이 제일 좋으냐는 질문을 던졌다. 왕비 후보들은 저마다 복숭아꽃, 매화꽃, 모란꽃이라고 대답했지만, 정순왕후만은 목화꽃이라고 답하면서, "다른 꽃들은 모두 일시적으로 좋은 것에 불과하지만, 오직 목면만은 천하 사람들을 따뜻하게 해주는 공이 있습니다"라고 그 이유를 들었다. 간택을 받을 당시 정순왕후는 속이 깊고 지혜로운 규수의 면모를 보여서 영조의 마음에 쏙 들었다고 한다.

『대동기문』에는 정순왕후가 왕비 후보자로 뽑혀 국왕인 영조 앞에 섰을 때의 일화를 전하며, 비록 나이는 어렸지만 강한 성격의 소유자였음을 소개하고 있다. "장차 입궁하려 할 때에 여관이 의복을 짓기 위해서 정순왕후에게 돌아서 앉아줄 것을 청하였다. 왕후가 정색하면서 말하기를, '네가 능히 돌아서 앉을 수는 없는가?'

하자 여관이 매우 황공해하였다"는 기록이 그것이다. 지혜로움에 내재했던 이런 면모는 19세기 세도정치의 시기, 수렴청정을 하면서 신유박해의 중심에 서는 대왕대비 정순왕후의 이미지로 재현된다.

왕실 혼례식의 하이라이트는 별궁에서 수업을 받던 왕비를 궁궐에 모셔오는 의식인 친영 행사였다. 별궁은 왕비로 간택된 규수가 미리 왕비 수업을 받는 공간이자, 왕이 혼례식 때 친히 왕비를 맞이하러 가는 곳이었다. 요즈음으로 치면 예식장과 같은 기능을 한다. 조선시대 별궁으로 쓰인 곳은 태평관, 어의궁, 운현궁이었고, 정순왕후 때의 별궁은 어의궁이었다. 이곳은 효종이 왕이 되기 전에 거처했던 잠저로, 어의동별궁 또는 어의동 본궁이라고도 했다.

『영조실록』 1759년(영조 35) 6월 22일 자에는 "임금이 어의궁에 나아가 친영례를 거행했다"는 기록이 보인다. 어의궁의 위치는 현재 서울 종로구 대학로에 위치한 효제초등학교 인근으로 추정된다. 어의궁이 별궁으로 활용된 이유는 창덕궁, 창경궁 등 궁궐과 가까웠기 때문이다. 1863년 고종과 명성황후의 혼례가 흥선대원군의 사저였던 운현궁에서 거행되면서 어의궁을 혼례식장으로 활용한 역사는 막을 내린다.

어의궁에서 왕비 수업을 받고 있던 정순왕후를 영조가 창경궁으로 모셔오는 친영 행렬은 『영조정순왕후가례도감의궤』에 첨부된 50면의 친영 반차도에 생생하게 표현되어 있다. 의궤 기록에 따르면 어가 행렬은 창경궁의 홍화문을 나와 이현 고개 앞을 지나 어의궁으로 가 친영 의식을 행하고, 종묘 앞 동구와 파자전 앞 석교

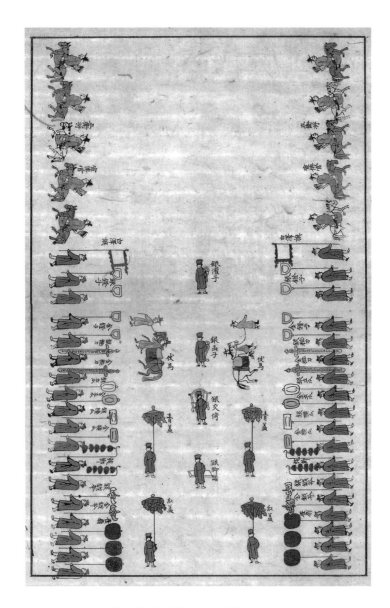

『영조정순왕후가례도감의궤』 중 왕비의 의장 행렬이 시작되는 부분이다.
활통을 맨 기마 금군으로 이뤄진 맨 앞 행렬과 함께 왕비의 의장이 잘 갖춰졌음을 알 수 있다.

(옛 단성사 부근)를 지나 창덕궁 돈화문으로 돌아왔다.

반차도는 기본적으로 어가를 선도하는 행렬, 왕의 가마 행렬, 왕비의 가마 행렬, 후미에서 호위하는 행렬로 구성되어 있다. 선도 행렬 뒤에는 문무백관과 군사 지휘관 등 왕을 따르거나 호위하는 관리들의 모습이 나타나며, 이어서 화면의 가장 중심부를 이루는 왕의 가마와 왕비의 가마 행렬이 등장한다.

왕의 가마 앞에는 부연副輦이라는 예비 가마를 배치해 만약의 사고에 대비했다. 왕의 가마는 개방형으로 제작해 백성이 왕의 모습을 볼 수 있도록 했다. 왕의 가마 뒤에는 악대인 후부고취後部鼓吹 열 명, 사고에 대비한 어의御醫와 비서실장인 도승지가 등장하며, 이어서 승지 네 명과 사관 네 명이 말을 타고 나타난다. 사관이 따르는 이유는 이 행사를 꼼꼼하게 기록으로 남기겠다는 의지가 반영된 것이다.

왕의 행렬 다음에는 왕비의 행렬이 등장한다. 왕비의 가마 앞에는 왕비의 책봉과 관계된 교명敎命, 옥책玉冊, 금보金寶, 명복命服 등의 상징물을 실은 가마가 등장한다. 왕비의 가마는 사방을 닫아 그 모습을 외부에서는 볼 수 없게 했다. 그 주변에는 왕비를 배종하는 궁녀들의 모습이 나타나며, 행렬 마지막에는 후미에서 경호하는 후사대後射隊가 그려져 있다. 행사에 동원된 사람은 1118명이며, 말 390필이 다양한 모습으로 나타나고, 어가 행렬을 돋보이게 하는 화려한 의장기와 의장물의 모습도 보인다.

반차도 제작에 신윤복의 아버지인 신한평을 비롯해 김응환, 이필한, 현재항 등 18명의 화원이 참여한 사실도 기록되어 있다. 왕실

혼례식의 화려함과 위엄이 입체적이고 생동감 있게 나타난 친영
반차도를 통해 1759년 6월에 거행된 영조와 정순왕후 혼례식 현장
으로 초대받은 기분을 느낄 수 있다.

33
앞으로 100년을 보고 작업한 청계천 공사

　도심을 흐르는 하천 주변에는 산책로와 체육공원 등이 조성되어 시민들에게 생활 환경과 더불어 여유 있는 정서를 안겨준다. 서울에서는 2005년에 복원된 청계천이 그런 역할을 하고 있다.

　서울의 중심부를 관통하는 하천인 청계천은 태종 때 처음 조성되었고, 영조 때 대규모 준천 공사가 이루어졌다. 영조 때의 청계천 준천 사업은 실록과 『승정원일기』, 그리고 『준천사실濬川事實』과 『준천계첩濬川契帖』에 기록되어 있어, 당시 현장 상황이 생생하게 남아 있다.

　하천의 가장 중요한 기능은 물류 교통과 하수 배출이었다. 1394년 10월 한양이 조선의 수도로 결정된 것도 낙산, 인왕산, 남산, 북악산, 이 네 곳의 산이 동서남북으로 감싸고 있다는 점과 더불어, 한강을 끼고 있어서 사방의 물산이 통하는 도시라는 점 때문이었다. 그러나 네 곳 산의 물은 지대가 낮은 도심으로 흐르고, 물길은 남산에 막혀 바로 한강으로 빠지지 못했다. 특히 홍수가 심한 시기에는 도성 전체가 물에 잠기는 문제점을 안고 있었다.

청계천 전경.

이러한 점을 간파한 태종은 도심을 관통하는 '개천開川'의 준설 사업이 절대적으로 필요하다고 여겨 청계천 공사에 착수했다. 태종 시대의 공사는 두 차례에 걸쳐 이루어졌다. 1406년(태종 6) 1월 16일 충청도와 강원도 정부丁夫 3000명이 도성에 이르자, 덕수궁과 창덕궁에 각각 1000명씩 부역하게 하고, 한성부에 소속된 600명에게는 개천 파는 일을 맡겼다. 태종은 "해마다 장맛비에 시내가 불어나 물이 넘쳐 민가가 침몰되니, 밤낮으로 근심되어 개천 길을 열고자 한 지가 오래다"라며 공사의 필요성을 강조했다.

1412년에는 공사 주관 본부인 '개천도감'을 설치해 더 체계적으로 공사를 진행했고, 삼남 지방의 역군役軍까지 동원해 한 달여 만에 끝마쳤다. 1412년 2월 15일의 실록 기록을 보면 "하천을 파는 공사가 끝났다. 장의동藏義洞부터 종묘동宗廟洞까지 문소전과 창덕궁의 문 앞을 모두 돌로 쌓고, 종묘동 어귀로부터 수구문水口門까지는 나무로 방축을 만들고, 대·소광통교와 혜정교 및 정선방貞善坊 동구洞口와 신화방神化坊 등의 다리를 만드는 데는 모두 돌을 썼다"고 하여, 주요 다리는 돌로 만들었음을 알 수 있다.

시각장애인들까지 흙을 파며 참여한 공사

태종의 뒤를 이어 청계천 준천 사업을 본격적으로 실시한 왕은 영조였다. 영조가 준천에 관심을 보인 데에는 사회 변화가 영향을 미쳤다. 상업의 발달에 따라 농촌 인구가 도시로 집중되면서 이들이 버린 오물이나 하수로 청계천은 점차 하수 배출의 기능을 잃어갔다. 인구 증가로 성안의 벌채가 심해지면서 토사土沙가 청계천을 메워 홍수 피해의 우려는 한층 더 심각해졌다.

영조는 준천 공사를 통해 홍수 피해를 방지하는 한편 도시화가 진전되는 과정에서 발생한 실업자들에게 일자리를 만들어주고자 했다. 영조는 공사 시작에서부터 신하들은 물론이고 재야 선비와 백성까지 만나면서 의견을 구했다. 1752년에는 광통교에 행차해 주민들에게 준천에 대한 의견을 직접 물었고, 1758년 5월 2일에는 준천의 찬반 여부를 물은 후 구체적인 방안들을 계획해나갔다.

본격적인 준천은 1760년 2월 18일에 시작되어 4월 15일에 종료되었다. 57일간의 공사 기간에 21만5000여 명의 백성이 동원되었는데, 도성의 방민坊民을 비롯해 시전市廛의 상인, 지방의 자원군自願軍, 승군僧軍, 모군募軍 등 다양한 계층이 참여했다. 실업 상태의 백성 6만3000여 명은 품삯을 받기도 했는데, 공사 기간에 대략 3만5000냥의 돈과 쌀 2300여 석이 소요되었다.

영조는 청계천 공사 완료 후 표석에 '경진
지평庚辰地平' 네 글자를 새기게 했다. 1760년에
공사가 완성되었음을 표시함과 더불어, 항상 이 네 글자가 보일 수
있도록 청계천에 토사가 쌓이지 않게 점검하게 하고, 한 글자라도
흙에 파묻히면 후대의 왕들이 준천을 실시하라고 당부한 것이다.

영조는 준천한 후에 청계천이 몇 년간 지탱될 수 있는가를 물
었는데, 홍봉한은 그 효과가 100년은 갈 것이라고 대답했다. 『영조
실록』에도 이 내용이 기록되어 있지만, 같은 날짜의 『승정원일기』
는 더 구체적인 내용을 싣고 있다.

우선 영조와 면담한 인물들의 관직과 성명이 기록되고 영조와
신하들의 대화 내용이 모두 실려 있다. 영조가 직접 준천한 경계를
묻자 호조판서 홍봉한이 송전교에서 광통교에 이르는 지역이라고

답한 내용, 수표교에서 광통교에 이르는 지역은 넓어서 공사가 힘들었다는 것, 영조가 직접 『준천사실』이라는 책명을 정한 사실 등은 『승정원일기』를 통해서만 접할 수 있다. 특히 대화체로 영조와 신하들의 의견을 적고 있어 현장의 생생함이 되살아난다.

『승정원일기』 1758년(영조 34) 5월 2일에는 영조가 미시未時(오후 2시경)에 숭문당으로 나가 어영대장 홍봉한, 승지, 기사관, 기주관 등과 준천 문제를 깊이 논의한 사실이 나타난다. 이를 참조해 주요 내용을 재구성해보았다.

영조: 지난번에 광충교廣衝橋를 보니 전년에 비해 흙이 더욱 빠져 막혀 있다. 가히 걱정된다.

홍봉한: 하천 도랑의 준설이 매우 시급합니다. 만약 홍수를 만나면 천변 인가는 반드시 표류하거나 없어지는 화를 입을 것입니다.

영조: 경들은 도랑을 준천하는 일을 담당할 수 있는가?

홍봉한: 신들로 하여금 담당하게 하신즉 어찌 진력하여 받들어 행하지 않겠습니까?

영조: 서울의 백성을 불러 물은 후에 실시하는 것이 옳을 듯하다. 비록 하천을 준설한다 해도 사토를 둘 곳이 없지 않은가?

홍봉한: 혹은 배로 운반하고, 혹은 수레에 싣고, 말에 짐을 얹어 해결할 수 있습니다.

영조(웃으며): 성중城中에 배를 들일 수 있는가?

홍봉한: 배로 운반한다는 것은 큰비가 내릴 때 가능한 방법입니다.

영조: 사관들은 의견이 다를 수도 있으니 말해보라.

사관: 도랑을 준설하는 것이 급한 일이지만, 만약 민간의 노동력을 동원하려 한다면 초기에는 민원이 많을 것입니다.

영조: 다른 사람들도 의견을 말해보라.

기사관 이해진: 시골 사람들은 준천의 이해난이利害難易에 대해 정견이 없습니다. 도성 내의 여론을 수집해봤는데, 준천을 하는 것이 옳다고 합니다.

기주관 서병덕: 준천의 계측은 일찍이 강구하지 않았습니다. 북악이 잘 붕괴되고 동쪽 도랑이 잘 막히니, 먼저 북악의 수목을 기르고 동쪽 도랑의 막힌 부분을 깊이 판 연후에 효과를 볼 수 있습니다.

영조: 옳은 의견이다.

1760년(영조 36) 2월 23일 『승정원일기』에는 호조판서 홍봉한이 성 밖의 물길을 잡는 방법에 대해 아뢰자 이를 윤허한 내용이 자세히 기록되어 있다. 오전 8시경 창덕궁 희정당에서 영조는 "나의 마음은 오로지 준천에 있다. (…) 오간수문의 역사는 매우 힘들다고 했는데 6일 내에 일을 마치니 신기하다"고 하였고, 홍봉한은 "수문의 칸에 흙을 파기가 힘들었으나 한번 구멍을 뚫으니 점차 팔 수 있었습니다. 이것은 진실로 여러 백성의 힘이 하늘을 이긴 것입니다"라고 하자 영조는 동의를 표했다.

이어서 홍봉한이 "맹인들도 부역에 참여하기를 원합니다"라고 하자 영조는 "그들이 흙과 물을 볼 수 있는가?"라고 물었다. 홍봉한이 "반드시 그들이 가동家僮과 노비의 일을 하고자 한 것인즉 부역을 할 수 없다는 뜻의 분부를 내렸습니다"라고 하자 영조는 "그 마음이 가상하다"고 했다. 국가적 사업에 시각장애인들까지 적극 나서는 모습에 영조가 큰 감동을 받았음이 나타나 있다.

실록과 달리『승정원일기』는 준천 공사가 추진된 시간, 장소, 어려운 공사 구간, 배석 인원에 대한 기록이 자세해 왕의 동선을 추적할 수 있고, 일을 추진한 과정에서 드러난 찬반 의견을 알 수 있다. 또한 '경진지평' 표석은 현재의 광통교 다리에서도 볼 수 있어,

『어전준천제명첩』 28면, 종이에 채색, 44.0×34.0cm, 1760, 부산시립박물관.
영조 36년 청계천에 오물과 모래, 돌 등이 쌓여 수로가 막히고 악취가 나는 것을 막으며
수해 방지를 위해 대대적으로 청소와 보수 작업을 한 뒤 그린 것이다.

역사의 현장 모습이 그대로 확인되는 것이다.

청계천의 시원한 물소리와 하천 주변의 녹음은 도시인들에게 청량감을 안겨준다. 태종의 의지로 첫 삽을 뜨고, 영조가 백성과 소통하며 성공적으로 완수한 청계천 공사의 기억을 떠올리며 청계천 나들이에 나서보는 것은 어떨까?

34
종로구에서 수원으로 옮겨진
사도세자 묘

    1735년(영조 11) 1월 21일 조선 왕실에서는 큰 경사가 있었다. 후계자 문제로 몹시 고민하던 영조가 42세의 늦은 나이에 아들을 낳은 것이다. 훗날 사도세자로 불리는 이 아들은 1736년 조선 역사상 최연소인 2세의 나이로 세자에 책봉될 만큼 귀했다. 그러나 28세에 뒤주에 갇혀 사망하면서 조선 왕실 최대 비극의 주인공으로 기억된다.

    1735년 1월 21일 『영조실록』은 영조와 영빈映嬪 이씨 사이에서 원자가 태어났음을 알린다. 출생 장소는 창경궁 집복헌集福軒이었다. "그때 나라에서 오랫동안 저사儲嗣가 없으니 모두 근심하고 두려워하였는데, 이때에 이르러 온 나라에서 기뻐하고 즐거워하였다. 시임과 원임 대신 및 여러 재신이 옥당玉堂에 모두 나아가 청대請對하니, 왕이 이들을 인견하였다. 여러 신하가 번갈아 하례하는 말을 올리니 왕이 말하기를, '삼종三宗(효종, 현종, 숙종)의 혈맥이 장차 끊어지려 하다가 비로소 이어졌으니, 지금 다행히 돌아가서 열성조列聖祖에 배알할 면목이 서게 되었다. 즐겁고 기뻐하는 마음이 지극

하니, 그 감회 또한 깊다'고 하였다." 이 기록에서 영조가 원자의 탄생을 얼마나 고대했는지를 확인할 수 있다.

1719년 영조는 정빈靖嬪 이씨와의 사이에서 효장세자를 낳았으나, 세자가 그만 1728년 10세의 나이로 사망했다. 이후 7년 동안 자식이 없던 영조에게 사도세자의 출생은 그야말로 기쁨 그 자체였다. 영조는 사도세자가 태어난 즉시 왕비 정성왕후 서씨의 양자로 공식 입적한 후 원자元子로 정했고, 이듬해에는 이제 막 돌이 지난 원자를 왕세자로 책봉했다. 대개 10세를 전후한 시기에 세자가 되는 전례에 비하면 매우 이례적인 조처였다.

사도세자는 태어난 지 100일도 되지 않아 창경궁 저승전儲承殿에 머물게 된다. 『궁궐지』에는 "건양문 밖에 있는 옛 구현전求賢殿, 광연정廣延亭의 터에 위치했다"고 적혀 있다. 건양문은 창덕궁과 창경궁의 경계에 있는 문으로, 원래 창덕궁의 동쪽 문이었다가 창경궁이 생기면서 두 궁을 잇게 되었다. 또한 시민당時敏堂 북쪽에 있었다는 기록으로 보면, 현재의 낙선재 동남쪽에 저승전이 위치했음을 알 수 있다.

『한중록』에서는 "저승전 옆은 강연하는 곳인 낙선당과 소대召對하는 곳인 덕성합, 동궁이 축하를 받고 회강하는 시민당이 있고, 그 문밖에 춘방春坊(세자의 공부를 맡아보던 곳)과 계방桂坊(세자의 호위를 맡아보던 곳)이 있었다. 이는 동궁께서 장성하시면 다 동궁에 딸린 까닭에 어른처럼 저승전의 주인이 되게 하신 왕의 뜻이었다"고 기록하고 있다.

저승전은 원래 경종의 계비인 선의왕후 어씨가 거처하던 곳으로, 1730년에 선의왕후 승하 후 비어 있었는데, 영조는 이곳에 세자가 거처하도록 한 것이다. 혜경궁은 세자가 너무 어린 나이에 부모와 떨어져 생활한 것이 불행의 싹이 되었다고 보았다. 또한 저승전 거처가 세자를 망친 직접적인 원인이라고 『한중록』에서 지적하고 있다. 아래의 기록을 보자.

영묘(영조)께서는 동궁의 자리가 오래 빈 것을 염려하시다가, 세자를 얻고 매우 기뻐하셨다. 영묘께서는 경모궁景慕宮(사도세자)을 멀리 떠나보내는 일은 돌아보지 않고, 동궁의 주인이 빨리 생긴 것만을 기쁘게 여기셨다. 서둘러 예법만 차리려 하셨다. 경모궁은 태어난 지 100일 만에 탄생하신 집복헌을 떠나 보모에게 맡겨졌다. (⋯) 저승전에서 아침저녁으로 대하는 사람은 환관과 궁녀뿐이었고, 듣는 이야기도 별로 좋지 못했다. (⋯) 저승전 저편에 취선당이 있는데, 이곳은 희빈禧嬪(장희빈)이 갑술년 이후에 머물며 인현왕후를 저주하던 집이다. 그런데 포대기에 싸인 아기를 이런 황량한 곳에 혼자 두셨던 것이다. 또 희빈의 처소를 소주방으로 만들어 경모궁께서 잡숫는 음식 처소로 삼았다. 어찌 이상한 일이 아니겠는가?

이어서 혜경궁은 "막 자라나는 아기네였다. 한때라도 그르치지 않고 잘못을 금지하지 않으면 제멋대로 되기 쉬울 때였다. 자연 보시지 않을 때가 많으니 어찌 탈이 나지 않겠는가?"라고 하여, 사도세자의 저승전 생활이 부자간 갈등을 일으키는 계기가 되었음을 거듭 언급하고 있다. 저승전은 1764년 화재가 일어 그 일대의 전각

이 소실되었고, 현재는 빈터에 관천대(보물 제 85호)가 자리하고 있다.

서울대학교병원 자리에 마련됐던 사도세자의 수은묘

어린 시절부터 자신의 기대에 부응하지 못하는 세자에게 영조는 불같은 분노로 대처했다. 영조가 묻는 말에 제대로 답을 하지 못했던 세자는 아버지가 스트레스를 푸는 육받이 대상이 되기도 했다.『한중록』에는 "밖에서 정사를 보시고 돌아오실 때 입으신 의대衣襨 차림으로 오셔서 동궁에게 '밥을 먹었느냐'고 물었다. 경모궁이 대답을 하면 즉시 그 귀를 씻으셨다. 또 씻으신 물을 화협옹주가 있는 집 창문으로 버리셨는데, 경모궁은 화협옹주를 대하면 우리 남매는 씻는 대상이라며 웃었다고 한다"는 기록이 있다.

영조와 사도세자의 갈등은 1749년 영조가 대리청정을 지시하면서 더 커졌다. 이 시기 세자는 영조에게 용서를 비는 것으로 하루를 마칠 정도였다. 1752년 음력 섣달에는 홍역에 걸린 몸으로 희정당 앞의 선화문에 엎드려 강추위 속에서 석고대죄를 했고, 시민당 앞뜰, 영조의 잠저인 창의궁으로 장소를 옮겨가며 석고대죄했다.

1756년 5월에는 영조가 갑자기 낙선당을 찾아, 사도세자에게 술을 먹었는지를 물었다. 세자는 술을 먹지 않았지만, 영조의 엄한 질책에 술을 먹었다고 했고 술을 대령한 궁녀 이름까지 대면서 영조의 분노를 폭발시켰다. 특히 당시는 영조가 금주령을 국가 정책으로 강력히 추구하던 시기였기에 세자에 대한 불신이 더욱 커졌다. 한편, 사도세자는 그의 아들을 낳은 궁녀 빙애를 때려 죽이기도 했는데, 『한중록』에서는 이 모든 것이 세자의 광증이 심해졌기 때문으로 보았다.

1761년 4월 사도세자는 영조에게 알리지도 않고 평양 지역을 다녀왔다. 20일간 세자의 거처에 내관을 앉혀놓고 다녀왔기에 처음에 영조는 알지 못했다. 그러다가 1762년 5월 나경언이 고변서를 올려 사도세자의 비행을 알리는 과정에서 평양행이 발각되었고, 영조의 세자에 대한 불신은 극에 이르렀다.

1762년(영조 38) 윤5월 12일 영조는 사도세자를 창경궁 문정전 앞으로 나오게 했다. 문정전은 원래 창경궁의 편전이었지만, 1757년 영조의 정비 정성왕후가 승하한 후 혼전魂殿으로 사용하면서 임시로 휘령전徽寧殿이라 부르고 있었다. 영조는 정성왕후의 혼령이 자신에게 와서 사도세자를 제거해야 한다고 말했다는 점을 주지시키기 위해 문정전을 비극의 공간으로 정한 것으로 보인다.

영조는 "여러 신하 역시 신神의 말을 들었는가? 정성왕후께서 '정녕 나에게 변란이 호흡 사이에 달려 있다'고 한다"면서, 군사들로 하여금 전문殿門을 네댓 겹으로 굳게 막고 궁의 담 쪽을 향해 시위하여 칼을 뽑아들게 했다. 이어서 세자에게 명해 땅에 엎드려 관을 벗게 하고, 맨발로 머리를 땅에 조아리게 하고는 자결을 명했다. 세자는 옷소매를 찢어 목을 묶는 동작을 취했지만 시강원 관원을 비롯한 신하들이 제지했다.

신하들의 만류로 자결이 여의치 않자, 영조는 외소주방에 있는 뒤주를 가져오게 했다.『영조실록』에서는 "차마 들을 수 없는 전교를 내려 자결할 것을 재촉했다"고 기록하고 있다. 사도세자는 영조가 직접 뚜껑을 닫고 자물쇠를 채운 뒤주 속에서 8일 만에 28세의 나이로 생을 마감했다.

사도세자는 영조에게 있어 죄인의 신분으로 사망했기에 무덤도 제대로 조성되지 못했다. 영조는 양주 배봉산 자락(현재의 서울시 동대문구 전농동)에 세자의 무덤을 조성하게 하고 묘호墓號를 수은垂恩이라고 했다. 사도세자의 무덤을 이곳에 만드는 것에 신하들이 반대했지만, 영조는 강행할 것을 지시했다. 1762년 7월 23일 사도세자의 장례일에 영조는 직접 무덤을 찾아 하관하는 모습을 지켜보았다. 세자의 예에 따르지도 않고 잡초가 무성했던 초라한 무덤이었다.

1764년 5월 영조는 사도세자의 사당을 세우고 이를 수은묘라

사도세자가 묻힌 화성 융릉 전경.

했다. 무덤과 사당의 명칭을 같게 한 것이다.
『영조실록』에서는 "사도세자의 재기再碁가 이
미 끝났으므로, 홍화문 동쪽에 묘우廟宇를 세우라고 명하고, 묘호를
수은이라고 내렸다"는 기록이 보인다. 수은묘는 정조 때 경모궁景慕
宮이라 했고, 현재 서울대학교병원 자리에 위치하고 있다.

사도세자 묘는 정조 즉위 후 세자 무덤의 격에 맞는 영우원永
祐園이 되었다. 정조는 즉위 직후 수은묘를 영우원으로 격상했으며,
1789년(정조 13)에는 영우원을 수원 화산花山으로 옮기고 원호를 현
릉원顯隆園으로 바꾸었다. 1899년(광무 3) 고종이 사도세자를 장조莊
祖로 추숭하면서 현륭원 역시 융릉隆陵으로 높여졌다.

1968년 배봉산의 옛 사도세자 무덤 자리에서 처음 사도세자
를 매장할 때 함께 묻은 세자의 청화백자 묘지석이 발굴되었는데,

정조가 아버지의 무덤을 옮길 때 같이 가져가지 않고 그 자리에 그대로 둔 것으로 보고 있다. 사도세자의 무덤 하면 처음부터 수원(현재는 화성시 안녕동)에 조성된 것으로 알고 있는 이들이 많은데, 원래는 현재의 서울시 동대문구에 위치해 있었다는 점도 알아둘 만하다.

35
화가의 붓끝에서 다시 태어난 한강

조선 후기 진경산수화의 대가 겸재 정선은 금강산과 관동팔경은 물론이고 서울의 풍경들을 화폭에 담았다. 비해당匪懈堂, 수성동水聲洞, 청풍계淸風溪, 필운대弼雲臺, 세검정洗劍亭 등의 그림을 통해, 18세기 중후반 백악산과 인왕산 주변 서울의 모습을 그대로 접할 수 있다. 또한 양천 현령으로 있을 때는 서울의 상징인 한강도 그림으로 남겼다.

정선의 진경산수화 탄생에 영조의 역할은 빠질 수 없다. 조선의 왕 중 가장 오랫동안 재위한 영조는 정치, 경제, 국방 분야에도 많은 업적을 남기는 한편, 문화와 예술 분야에서도 역량을 발휘했다. 『속대전』 『속오례의』 『여지도서』가 영조대에 완성되었고, 정선과 같은 예술가도 적극적으로 후원을 받았다.

영조는 정선을 이름이 아닌 호 '겸재'로만 부를 만큼 그의 재능을 아끼고 존중했다고 한다. 정선에 대한 영조의 총애는 그를 지방관으로 임명한 데서도 잘 나타난다. 1733년 영조는 58세의 정선을 경상도에서 가장 경치가 좋다는 청하淸河 현감으로 임명했다. 그 시

「목멱조돈」, 『경교명승첩』 정선, 비단에 채색, 31.5×20.0cm, 1741, 간송미술관. 남산의 일출 장면이다.

절 정선은 관동팔경 등 동해안의 명승지를 그림으로 담았고, 경상도의 명승지도 두루 돌아다니면서 『영남첩嶺南帖』을 완성했다.

정선은 청하 현감 재임 중 모친상을 당해 관직을 그만두었는데, 1740년 영조는 다시 그를 불러들였다. 그리고 지금은 서울에 편입되어 있는 경기도 양천의 현령에 임명했다. 2009년 서울 강서구 양천로에 겸재정선미술관이 건립된 것도 정선이 5년간 현령을 지낸 인연과 깊은 관련이 있다. 이 시절 정선은 서울의 명승과 한강 주변의 풍경을 화폭에 담았는데, 이것이 현재 간송미술관에 소장되어 있는 『경교명승첩』이다. 문화와 예술에 안목을 갖춘 영조의 후원이 있었기에 정선은 안정된 생활 속에서 역량을 마음껏 발휘할 수 있었고 명작으로 화답한 것이다.

「미호」, 『경교명승첩』 정선, 비단
에 채색, 31.5×20.0cm, 1741, 간송
미술관. 미호는 현재의 미사리 부
근이다.

당시 한강 중에서도 서울 주변의 한강을
일컬어 '경강京江'이라 불렀는데, 조선 후기에
는 광진에서 양화진까지의 강줄기를 경강이
라 했다. 경강은 도성 안의 시장에 미곡, 목재, 어물, 소금 등을 공급
하면서 유통망의 중심 역할을 했다. '경교'에는 경강 교외라는 뜻이
포함되어 있는데, 『경교명승첩』은 현재의 양수리 부근에 있는 녹운
탄綠雲灘과 독백탄獨栢灘에서 시작해, 경강에서 행주산성에까지 이르
는 한강과 주변 명승지 30여 곳을 그림으로 담고 있다. 그림을 따라
가면 마치 배를 타고 한강을 여행하는 듯한 느낌이 든다.

영조의 후원과 정선의 천재적 자질이 어우러져 탄생한 『경교
명승첩』에 나타난 280년 전 한강의 풍경 속으로 들어가보자.

정선이 『경교명승첩』을 그린 배경에는 정선의 벗 사천槎川 이

231

병연(1671~1751)도 있다. 정선은 65세 때인 1740년 양천 현령으로 부임하면서, 이병연이 시를 지어 보내면 자신은 그림을 그려 화첩을 만들자는 제안을 했다. 즉, 시화환상간詩畵換相看(시와 그림을 서로 바꾸어서 봄)을 하자는 것이었다. 이들의 우정은 1741년『경교명승첩』두 권으로 완성되었다. 이 화첩에 대한 애정이 얼마나 컸던지 정선은 "천금을 준다고 해도 남에게 전하지 마라千金勿傳"라는 인장까지 남겨두었다.

『경교명승첩』은 한강 상류의 절경을 담은「녹운탄」과「독백탄」에서 시작한다. '탄灘'은 '여울'이란 뜻으로, '녹색 구름이 이는 여울'인 녹운탄은 현재의 경기도 남종면 수청리 부근으로 추정된다. 독백탄은 남한강과 북한강이 합류하는 양수리 부근의 여울이다.「독백탄」에서는 훗날 정약용이 자주 찾은 운길산과 수종사가 눈에 들어온다.

현재의 미사리 부근인「미호美湖」는 특별히 두 점을 남겼다. 미호에 위치한 석실서원은 안동 김씨 김상용을 배향한 서원이다. 정선은 이들의 후손인 김창협, 김창흡 등의 후원을 받은 만큼 석실서원에 대한 감회가 매우 컸을 것이다.

양수리 부근에서 시작한 그림은 현재의 서울 중심으로 향한다.「압구정」은 세조대에서 성종대까지 최고의 권력가 한명회의 별장을 그린 것이다. 왕실만이 한강변에 별장을 세우던 시기에 한명회가 이곳에 압구정을 지은 것은 그의 권력이 어떠했는가를 상징적으로 보여준다. 그림 중앙부의 우뚝 솟은 바위 위에 압구정이 위치하고, 백사장이 길게 뻗어나온 모습이나 돛단배들이 정박해 있는 것은 최고급 아파트가 들어선 지금과는 너무나 다른 평화로운 풍경들이다.

「광진」과 「송파진」 「동작진」 「양화환도」 등의 그림은 18세기에 이 지역이 포구로서 중요한 역할을 했음을 보여준다. 이들 포구의 위치에 현재 광진교, 동작대교, 양화대교 등 주요 다리가 있는 것도 흥미롭다. 인적, 물적 교류가 활발했던 공간의 기능이 지금도 그대로 이어지는 것이다.

「동작진」에는 18척의 배가 그림에 등장하며 바다와 강을 왕래하는 쌍돛대를 단 배도 나온다. 물화物貨의 교역이 활발하게 이루어지던 한강의 모습을 짐작할 수 있는 부분이다. 「동작진」의 왼쪽으로 넓게 펼쳐진 숲은 현재의 반포 일대이며, 나귀를 타고 나루를 건너려는 선비 일행의 모습도 보인다.

남산의 풍광을 그린 「목멱조돈木覓朝暾」은 이병연이 보내온 "새벽빛 한강에 떠오르니, 언덕들 낚싯배에 가린다. 아침마다 나와서 우뚝 앉으면, 첫 햇살 남산에 떠오른다"는 시에 맞춰 남산의 일출을 그린 것이다. 산 봉우리 중턱에 해가 반쯤 솟아오르면서 붉은빛이 동쪽 하늘에 가득하고, 노을빛이 한강에 반사되는 모습이다. 남산의 봉우리가 두 개인 것도 선명하게 나타나며, 그림 오른쪽 하단에는 어부들이 고깃배를 몰고 오는 모습도 등장한다.

「행호관어杏湖觀漁」에는 고깃배가 등장하는 점이 흥미롭다. '행호'는 지금의 행주산성 앞 한강이며 이 일대에 많은 고기가 있었음을 그림을 통해 확인할 수 있다. 당시 한강의 명물이었던 웅어는 바닷물과 민물이 합류하는 곳에 살았으며, 웅어는 그 맛이 뛰어나 왕

에게 진상하는 물품으로 사용되었다. 「행호관
어」에서는 웅어가 뛰어놀았던 한강의 운치가
느껴진다.

　「소악후월小岳候月」은 양천 관아의 궁산 기슭에 세워진 정자 소
악루에 올라 한강을 조망하여 그린 그림으로, 어둠이 내린 절벽이
한강에 잠겨 있는 모습이 눈에 들어온다.

　영조 시대 문화 분야에서 또 하나 두드러진 양상은 중인들의
위항문학 운동이 본격화된 것이다. 중인들의 공동 시문집인 『소대
풍요昭代風謠』가 1737년(영조 13)에 간행된 것도 영조 시대 문화의
분위기를 잘 보여준다. 중인 문화의 중심 공간이 정선이 주요 활동
무대로 삼았던 인왕산 일대의 송석원, 필운대 지역이었다는 점도
이목을 끈다.

정선은 조선 후기 학술과 문화의 진흥이 본격화되던 영조 시대에 왕의 후원을 받으면서 자신이 보고 감상한 경치들을 있는 그대로 화폭에 담았다. 영조가 정선을 양천 현령으로 임명한 것은 서울의 화가였던 그의 능력에 날개를 달아주었고, 한강의 여러 공간이 잘 조화된 풍경화처럼 각각 되살아났다. 최근 서울의 대표적인 랜드마크로 떠오르고 있는 한강의 세빛섬. 세빛섬에 한강을 배경으로 한 정선의 그림들을 다시 볼 수 있게 하는 장치들을 조성해보는 것은 어떨까?

36

창덕궁 후원에 스며든
정조의 마음

창덕궁은 조선의 궁궐 중 원형이 가장 잘 보존된 곳이다. 1997년 12월에는 유네스코 세계유산으로 지정되었다. 창덕궁 전각의 뒤쪽으로는 북쪽으로 북한산과 응봉鷹峯에서 뻗어내린 자연스러운 구릉지가 넓게 펼쳐져 있어 아늑함과 평화로움을 느낄 수 있다.

조선 왕실에서는 이곳에 자연과 조화시킨 연못과 정자 등을 적절히 배치해 왕실의 휴식 공간인 후원으로 활용했다. 창덕궁 후원을 특히 사랑한 왕은 정조正祖(1752~1800, 재위 1776~1800)였다.

옛 기록에 따르면 창덕궁 후원은 북원北苑, 금원禁苑, 상림上林이라고 불렀다. 1980년대까지는 곧잘 비원祕苑이라는 용어로 일컬어졌지만, 주로 일제강점기에 사용된 용어이기에 최근에는 잘 쓰지 않는다.

창덕궁 후원은 세조 때 현재 규모로 확장된 이래 인조, 숙종, 정조, 순조 등 여러 왕의 재위 기간에 걸쳐 필요에 따라 각 영역이 조성되었다. 후원 영역의 정자, 연못, 돌담, 장식물 등은 현재까지도 그 원형을 잘 유지하고 있고, 인공미와 자연미가 조화되어 조선 왕

「규장각도」, 김홍도, 비단에 채색, 143×115.5cm, 조선 후기, 국립중앙박물관. 창덕궁 후원에 설치된 규장각.

실의 풍류와 멋을 상징하는 공간으로 인식되고 있다.

후원의 넓이는 9만여 평으로, 조선시대 궁궐 후원 중에서 가장 넓고 아름다운 경치를 자랑한다. 이곳에는 조선 초기부터 100개 이상의 누각과 정자가 세워진 것으로 나타나지만 현재는 40여 채가 남아 있다.

정조는 세손 시절부터 창덕궁 후원을 특별히 사랑해서 경치가 뛰어난 열 곳을 선정해 '상림십경上林十景'이라고 했나. 성조가 꼽은 절경은 왕이 관풍각에서 논을 경작하는 모습을 지켜보는 '관풍춘경觀豊春耕', 망춘정에서 듣는 꾀꼬리 지저귀는 소리인 '망춘문앵望春聞鶯', 천향각 주변에서 늦은 봄을 즐긴다는 '천향춘만天香春晚', 규장각 어수문 앞 부용지 연못에서의 뱃놀이를 뜻하는 '어수범주魚水泛

舟', 소요정 앞에서 흐르는 물에 술잔을 띄우는 '소요유상逍遙流觴', 희우정에서 연꽃을 감상하는 '희우상련喜雨賞蓮', 청심정에서 비 갠 후 바라보는 달의 모습을 묘사한 '청심제월淸心霽月', 관덕정에서 단풍을 구경하는 '관덕풍림觀德楓林', 영화당에서 과거 합격자를 뽑고 시상하는 '영화시사暎花試士', 후원의 가장 높은 곳에 자리한 능허정에서 바라보는 눈 내리는 저녁 풍경을 뜻하는 '능허모설凌虛暮雪'이다.

어수문 앞 부용지는 정조가 신하들에게 술자리를 자주 베풀던 곳으로, 배를 띄우고 즐기던 낭만적인 풍경이 그대로 느껴진다. 가장 인상 깊은 곳은 소요정으로, 현재에도 이 앞으로 옥류천이 유상곡류流觴曲流(술잔을 두면 빙글 돌아 흘러감) 형태로 지나가고 있다. 소요정 앞 소요암逍遙庵에는 인조가 쓴 '옥류천' 글씨와 숙종이 직접 지은 어제시가 눈에 들어온다.

최근 문화재청에서는 상림십경을 더 널리 알리는 작업을 추진하고 있다.

왕이 애착을 가지는 공간의 환골탈태

1776년 영조가 경희궁에서 승하하자 정조는 3월 11일 경희궁 숭정문에서 즉위식을 올렸으나, 곧 거처를 창덕궁으로 옮기려고 구상했다. 그리고 이해 6월에는 후원의 가장 중심이 되는 공간에 규장각奎章閣을 설치했다. 정조는 즉위 초기부터 규장각과 같은 학문 연구 기관이자 왕실 도서관의 필요성을 인식했다.

9월 25일에는 영화당 북쪽에 2층 누각을 세우고 1층에 규장각, 2층에 주합루宙合樓 현판을 걸었다. 19세기의 학자 유본예가 쓴 『한경지략』은 규장각에 대해 "창덕궁 금원 북쪽에 있다. 위는 누각 이고 아래는 당堂으로 모두 여섯 칸이며 어진, 어제, 어필, 보책, 인 장을 봉안하고 있다. 편액은 '규장각'이라 하는데 숙종의 어필이다" 라고 기록하고 있다.

즉위 이듬해인 1777년 8월 6일 정조는 어머니 혜경궁 홍씨, 왕 비 효의왕후 등과 함께 창덕궁으로 거처를 옮겼다. 창덕궁 시대가 본격적으로 열렸고, 규장각과 함께 창덕궁 후원 영역은 이제 정조 가 가장 애착을 가지며 활용하게 된다.

규장각에는 규장각 신하인 각신閣臣들이 모여 연구하는 규장각 외에 여러 부속 건물이 있었다. 우선 창덕궁의 정문인 돈화문 근처 에 사무실 격인 이문원摛文院을 두었고, 역대 왕들의 초상화, 어필 등 을 보관한 봉모당奉謨堂을 비롯해 국내의 서적을 보관한 서고西庫와 포쇄曝曬(서책을 정기적으로 햇볕이나 바람에 말리는 작업)를 위한 공간 인 서향각西香閣, 중국에서 수입한 서적을 보관한 개유와皆有窩와 열 고관閱古觀, 그리고 휴식 공간인 부용정芙蓉亭이 있었다.

부용정은 1707년(숙종 33) 창덕궁 후원에 처음 세워졌고, 당시 이름은 택수재澤水齋였다. 이후 정조가 1792년(정조 16) 이곳을 고쳐 지은 후 이름을 바꾸었다.

개유와와 열고관은 청나라에서 수입한 『고금도서집성』 5022책 등을 보관한 공간으로, 이러한 수입 도서들은 청나라를 통 해 들어온 서양 문물을 연구하는 데 큰 도움이 되었다. 규장각을 중 심으로, 정조가 직접 편찬을 주관한 어정서御定書 2400여 권과 이덕

창덕궁 주합루.

무, 박제가 등 검서관檢書官 출신 학자들이 분
담하여 편찬한 명찬서命撰書 1500여 권을 합해
4000권에 가까운 방대한 편찬 사업이 이루어졌고, 이들 책은 조선
후기 문화 중흥의 성과로 남겨졌다.

창덕궁 후원에서 정조의 의지가 가장 잘 나타나 있는 정자는
존덕정尊德亭이다. 후원의 정자 중에서도 화려하며 독특한 모습을
갖추고 있다. 천장에는 청룡과 황룡의 쌍룡이 그려져 있다. 지붕 처
마가 2층이면서 육각으로 되어 있어 육우정六隅亭이라고도 한다.

창덕궁의 연혁과 건물 구성을 정리해놓은 『창덕궁지』의 기록
에 따르면, "존덕정은 심추정深秋亭 서북쪽에 있다. 여기 있는 못은
반월지半月池라고 부른다. 인조 22년(1644) 갑신甲申에 세웠다. 처음
에는 육면정六面亭이라고 하다가 뒤에 이 이름으로 고쳤다. 다리 남

쪽에는 일영대日影臺를 두어 시각을 쟀다"고 한다. 정자 북쪽에는 반월형 연못과 네모난 연못이 나란히 있는데, 이는 둥근 하늘과 네모난 땅을 상징한다. 현판의 '존덕정'은 헌종의 어필이며, 선조의 어필로 새긴 두 수의 한시 계판揭板이 걸려 있었다고 한다.

정조는 신하들과 함께 자주 창덕궁 후원을 거닐었다. 1793년 2월 28일의 『정조실록』은 "춘당대에 나아가 명하여 각신, 승지, 사관과 장용영, 약원의 여러 신료에게 짝을 지어 활을 쏘도록 하였다. 상이 친히 손바닥만 한 과녁에 네 발을 쏘아 맞혔고, 또 편곤片棍을 쏘아 세 발을 맞혔다. 술과 음식을 내리고 여러 신하에게 내원內苑의 경치를 두루 구경하게 하였다"라고 기록하여, 정조가 신하들과 함께 창덕궁 후원을 거닐던 모습을 증언하고 있다.

한편 『일성록』에는 이날의 상황이 더 구체적으로 정리되어 있다. 정조가 궁중 음식을 전담하는 사옹원에 명해 존덕정 아래 계곡 경치 좋은 곳에 화고花餻(꽃으로 만든 떡)를 갖춰놓게 하고 술과 음식을 즐긴 모습이 보인다. 정조는 "이 존덕정에 처음 들어온 신하들은 다시 주량대로 다 마시라"고 했다고 한다. 신하들과 함께 풍류를 즐기며 호방했던 정조의 인간적인 모습이 느껴진다.

정조와 존덕정의 인연은 정조가 말년에 스스로 '만천명월주인 옹萬川明月主人翁'이라는 호를 사용하면서, 존덕정에 '만천명월주인옹 자서' 현판을 걸게 한 데 있다. 『홍재전서』에 기록된 자서에 의하면, "만천명월주인옹은 말한다. (⋯) 달은 하나뿐이고 물의 종류는 일만 개나 되지만, 물이 달빛을 받을 경우 앞 시내에도 달이요, 뒤 시내에도 달이어서 달과 시내의 수가 같게 되므로 시냇물이 일만 개면 달 역시 일만 개가 된다. 그러나 하늘에 있는 달은 물론 하나뿐인 것이다. (…) 나의 연거燕居 처소에 '만천명월주인옹'이라고 써서 자호로 삼기로 한 것이다. 때는 무오년(1798) 12월 3일이다"라고 했다.

만 개의 개천에 만 개의 달이 비치지만 오직 하늘에 떠 있는 달은 바로 정조 자신뿐이라는 의미다. 이 자서에는 모든 백성을 고루 사랑하는 초월적인 군주가 되겠다는 정조의 자부심이 배어 있다.

정조 재위 22년에 쓴 '만천명월주인옹자서'는 1795년에 단행된 대규모 화성 행차와 더불어 정조가 강력한 왕권을 바탕으로 백성에게 고루 덕을 베풀겠다는 의지를 표현한 것이었다. 정조의 이런 모습을 프로이센의 프리드리히 대왕, 러시아의 예카테리나 2세 등 서양의 계몽 군주에 견주는 견해도 있다.

37

광교 주변에 형성된 시장, 독과점과 정경유착을 끊어내다

서울 도심 종각역 인근에 특별한 전시관이 개관했다. 바로 공평도시유적전시관이다. 이곳은 공평 1·2·4지구 도심 재개발 과정에서 출토된 16세기 건물지와 길을 그대로 보존해 전시한 도시박물관이다. 조선시대부터 근대에 이르기까지 한양 도시 유적들과 함께 당시 도시민들의 삶의 모습을 살펴볼 수 있는 자료를 전시하고 있다. 조선시대 시장의 뒷골목 풍경도 눈에 들어오니, 본격적으로 한양 시장의 역사 속으로 들어가보자.

조선시대에 종로는 한양의 동쪽과 서쪽을 연결하는 중심 도로였다. 여기서 북쪽의 경복궁과 연결된 도로가 육조거리로, 행정의 중심지였다. 한양으로 천도한 조선왕조는 도시 계획을 단행했고, 인구가 밀집한 종로 지역에 상가를 배치했다.

정부에서 상가를 지어주고 상인들이 입주해 장사하도록 했는데 이를 시전市廛이라 불렀다. 자연히 종로 일대는 한양 경제의 중심지가 되었다. 이곳에 입점한 상인들은 독점적인 특혜를 누렸고 국가는 이들로부터 막대한 세금을 거두어 국가 재정을 확충할 수

광교는 육조거리·운종가·숭례문으로 이어지는 도성 안 중심 통로였다. 주변에 시전이 밀집한 상업 활동의 중심지로 도성에서 가장 많은 사람들이 왕래했던 다리다.

있었다.

태종은 1412년(태종 12)부터 1414년까지 상설 점포를 설치해 상인들에게 분양했다. 『태종실록』1412년 2월 10일 기록에는 "비로소 시전의 좌우 행랑 800여 칸의 터를 닦았는데, 혜정교惠政橋에서 창덕궁 동구洞口에 이르렀다. 외방의 유수游手(일정한 직업이 없는 사람) 승도僧徒를 모아서 양식을 주어 역사시키고, 인하여 개천도감으로 하여금 그 일을 맡게 하였다"며 처음 시전을 조성했던 상황을 기록하고 있다.

이때 점포는 혜정교(현재의 광화문 우체국 앞)에서 동대문까지, 창덕궁 정문인 돈화문에서 종로까지, 종로에서 숭례문 구간에 설치되었다. 2000여 칸의 행랑 규모로 대대적인 공사였다. 태종은 이 지역의 민가를 철거해 거리를 정비하고 행랑을 지었다.

행랑 일부는 관공서로 사용되기도 했으나 주축은 점포로 분양되었다. 정부가 점포를 만들기 전에는 다양한 상품이 뒤섞여 어지럽게 판매되다가 이후 거리 질서가 잡히고 정해진 지역에서 특정 상품이 거래되면서 상거래는 안정을 찾았다.

이곳에서 가장 중심을 이룬 점포는 육의전六矣廛이었다. 비단, 무명, 명주, 모시, 종이, 어물의 여섯 종 물건을 취급한다고 하여 육의전이라 불렸다. 임진왜란 전후에 있었던 육의전 건물 터와 조선시대 시장 터가 땅속에 보관되어 있던 흔적이 2003년 탑골공원 인근에서 발견되어 이곳에 육의전 박물관 건립이 추진되기도 했다.

육의전 외에도 종로 일대에는 쌀을 판매하는 미곡전, 철물을 판매하는 철물전, 모자를 판매하는 모자전, 잡다한 물건을 파는 잡물전 등 시전이 점차 형성되기 시작했다. 즉 의식주에 소요되는 생필품뿐만 아니라 사치품, 기호품 등 전국 최고의 상품들이 점차 모여들었던 것이다. 이 가운데 최상품은 궁궐에 먼저 진상되었으며, 관청과 양반들이 주요 소비층이었다.

조선 후기에는 한양에 더 많은 시전이 들어서기 시작했다. 과거 상권은 시전 상인이 주축이 된 종로 중심에서 청계천변 일대로 확대되었고, 사상私商의 성장과 함께 동대문 이현梨峴(현재의 광장시장 근처)과 남대문 칠패七牌(현재의 서울역 뒤편) 등지에도 시장이 활성화되었다.

조선시대에 끊어낸 독과점과 소상인들의 거래 활성화

조선 후기 전국에서 한양으로 올라온 사람 중 다수는 생계를 위해 상업에 종사했다. 이들은 물건을 이고 지고 다니면서 파는 행상, 일정한 장소에 좌판을 벌여서 파는 좌고 등의 형태를 띠면서 점차 난전亂廛 세력으로 성장했다. 그러나 이들은 시전 상인들의 금난전권禁亂廛權 때문에 도성 안에서 장사하기가 어려워져 밖으로 밀려났다.

'금난전권'은 '난전을 금하는 권리'라고 하여, 시전 상인들이 국역國役을 부담하는 대가로 상품에 대해 독점권을 행사하는 권리였다. 육의전을 포함한 주요 시전들이 관청 물품을 공급하거나 중국에 보내는 공물을 부담하는 등의 국역을 지는 대신, 도성 안과 성 밖 10리 안에서 자신들이 취급하는 상품을 독점적으로 판매할 특권을 받은 것이다.

그러나 금난전권은 조선 후기 상업의 성장과 시장의 발달이라는 시대적 변화에 제약을 가한다는 한계가 있었다. 당시 시장의 변화상을 주시하고 있던 개혁 군주 정조는 1791년 1월 신해통공辛亥通共을 단행해 육의전을 제외한 시전의 금난전권을 혁파하는 조치를 전격적으로 발표했다. 1791년이 신해년이고, 통공이란 '양쪽을 모두 통하게 한다'는 뜻으로, 특권 상인에 의한 독과점 행위를 폐지하는 조치를 일컫는다.

오랫동안 시전 상인들에게만 주어졌던 금난전권이 폐지됨으로써 소상인들의 입지는 커질 수 있었다. 그러나 육의전에 대한 금

함남문천 피혁상인 부부, 16.4×11.9cm, 일제강점기,
국립중앙박물관.

난전권을 지속시킨 것은 국역을 시전 상인들에게 계속 부담할 수밖에 없는 국가의 재정 상황 때문이었다.

신해통공은 좌의정 채제공蔡濟恭(1720~1799)의 건의를 반영하는 형식으로 이루어졌다. 채제공은 정조가 세손으로 있을 때부터 항상 측근에서 보필해온 인물이다.

정조는 개혁파 대신 채제공을 중용했고, 그는 좌의정으로 있으면서 노론 권력가와 시전 상인들의 정경유착 고리를 끊어나갔다. 노론 중심의 정국에서 소외당하고 있던 남인들에게는 큰 희망이었다. 신해통공에서 입법한 내용은 한문과 한글로 써서 큰 길거리와 네 성문에 내걸었다. 『정조실록』 1791년(정조 15) 1월 15일의 기록에는 신해통공을 추진한 배경이 자세히 쓰여 있다.

도성에 사는 백성의 고통으로 말한다면 도거리 장사都賈가 가장 심합니다. 우리나라의 난전을 금하는 법은 오로지 육전이 위로 국역國役을 응하게 하고 그들로 하여금 이익을 독차지하게 하자는 것입니다.

그런데 요즈음 빈둥거리며 노는 무뢰배들이 삼삼오오 떼를 지어 스스로 가게 이름을 붙여놓고 사람들의 일용품에 관계되는 것들을 제각기 멋대로 전부 주관합니다.

크게는 말이나 배에 실은 물건부터 작게는 머리에 이고 손에 든 물건까지 길목에서 사람을 기다렸다가 싼값으로 억지로 사는데, 만약 물건 주인이 듣지를 않으면 곧 난전이라 부르면서 결박하여 형조와 한성부에 잡아 넣습니다. 이 때문에 물건을 가진 사람들이 간혹 본전도 되지 않는 값에 어쩔 수 없이 눈물을 흘리며 팔아버리게 됩니다.

이에 제각기 가게를 벌여놓고 배나 되는 값을 받는데, 평민들은 사지 않으면 그만이지만 만약 부득이 사지 않을 수 없는 경우에 처한 사람이라면 그 가게를 버리고서는 다른 곳에서 물건을 살 수가 없습니다. 이 때문에 그 값이 나날이 올라 물건 값이 비싸기가 신이 젊었을 때에 비해 세 배 또는 다섯 배나 됩니다.

근래에 이르러서는 심지어 채소나 옹기까지도 가게 이름이 있어서 사사로이 물건을 팔고 살 수가 없으므로 백성이 음식을 만들 때 소금이 없거나 곤궁한 선비가 조상의 제사를 지내지 못하는 일까지 자주 있습니다.

채제공은 시전 상인이 이익을 독점하고 백성이 곤궁해지는 현실의 문제점을 지적했다. 특히 육전이 '국역에 응하면서 이익을 독점한다'고 파악한 것은 마치 현대사에서도 큰 문제가 되었던 정경유착을 떠올리게 한다. '사람들의 일용품에 관계되는 것을 제각기 멋대로 전부 주관한다'는 지적은 현재 대기업의 문어발식 업무 확장이 중소기업을 어렵게 하는 상황과도 유사성을 보인다.

채제공은 또한 '육전 이외에 난전이라고 하여 잡아오는 자들에게는 벌을 내리지 말도록 할 뿐만 아니라 반좌법反坐法(거짓으로 죄를 씌운 자에게 그 씌운 죄에 해당되는 벌을 줌)을 적용하게 하시면, 장사하는 사람들은 서로 매매하는 이익이 있을 것이고 백성도 곤궁한 걱정이 없을 것입니다. 그 원망은 신이 스스로 감당하겠습니다'라고 하여, 금난전권을 폐지해 상인들이 더 자유롭게 상업활동을 할 수 있는 환경을 조성해야 한다는 점을 거듭 강조했다.

정조 시대에 단행한 신해통공으로 인하여 시장은 더 활성화되었고, 그만큼 국가의 경제 규모도 확장되었다.

38
한양의 랜드마크가 묘사된
「성시전도시」

조선 후기를 대표하는 학자 군주 정조는 풍류를 즐긴 왕이기도 했다. 규장각 이문원摛文院에 있는 관원이 매일 규장각에서 있었던 일과 업무에 대해 기록한 『내각일력』의 1792년 4월 24일 기사에는 정조가 「성시전도」를 시제 삼아 시를 짓도록 명하고 사흘의 기한을 준 내용이 기록되어 있다. 이때 지어 올린 시 가운데 13종이 현재까지 전해오고 있다. 신광하, 박제가, 이만수, 이덕무, 유득공, 이집두, 정동간, 서유구, 이희갑, 김희순 등 모두 정조의 총애를 받던 인물이다. 이 작품들을 통해 당시 명승, 시장, 풍물 등 한양의 역동적인 모습을 생생하게 볼 수 있다.

당시 시를 지어 올린 이덕무李德懋(1741~1793)의 문집인 『청장관전서』 권20, 「아정유고」의 '응지각체' 항목 아래에 기록한 '성시전도' 편에는 다음과 같은 내용이 나온다.

임자년(1792) 4월 궁궐에 근무하는 여러 신하에게 명하여 지어 바치게 했는데, 병조좌랑 신광하, 검서관 박제가, 검교직각 이만수, 우부승지 윤필병 및 공公(이덕무)과 검겸서관 유득공, 동부승지 김효건, 전 봉교 홍득유, 행좌승지 이집두, 검교직각 서영보, 전 봉교 이중련, 좌부승지 이백형, 병조좌랑 정관휘, 우승지 신기申耆, 주서 서유문, 병조정랑 정동간, 전 검서관 이신모가 뽑혔다. 우등인 여섯 사람의 시권(답안지)에는 각각 어평御評이 있는데, 공의 시권에는 아雅자를 썼다.

정조가 직접 성적을 매기고 평가를 내린 것도 흥미롭다. 1등은 신광하, 2등은 박제가, 3등은 이만수였으며, 윤필병, 이덕무, 유득공은 공동으로 4등에 올랐다. 나아가 정조는 신광하에 대해서는 '유성화有聲畫'(소리도 들리는 그림), 박제가에 대해서는 '해어화解語畫'(말을 알아듣는 그림), 이덕무에 대해서는 간략하게 '아雅'(아취가 있음)라는 평을 내렸다.

「성시전도시」에 대한 최근 연구(박현욱 등)에서는 한양의 모습을 그린「성시전도」를 직접 보고 시를 지은 것이 아니라, 신하들로 하여금 한양에 대한 이미지를 보여주는 시를 먼저 짓게 하고 이를 바탕으로 한양의 모습을 그림으로 제작하려 한 것으로 파악하고 있다. 정조는 북송대의 화가 장택단張擇端이 수도 개봉의 풍경을 그린「청명상하도」를 직접 봤을 것이며, 조선에서도 이런 형태의 그림을 제작하기 위한 전 단계로서 '성시전도'를 시제로 냈을 가능성을 높다고 보는 것이다.

서로 다른 문헌을 통해 전해지고 있는 13종의「성시전도시」에는 저자의 개성이 그대로 나타나 있으며, 18세기 한양의 생활, 풍속, 문화를 파악하는 데 중요한 자료로 활용되고 있다.

그중 문집에 수록된 이덕무의 작품을 중심으로 18세기 후반 한양의 모습을 살펴보자. 이덕무는 먼저 "금척의 산하 일만 리 / 한양의 웅장한 모습 황도 속에 담겼네 / 한 폭의 황도 대도회를 그렸는데 / 역력히 펼쳐져 있어 손금을 보는 듯 / 글 맡은 신하 그림에 쓰는 시 지을 줄 알아 / 성한 일에 왕명을 받았으니 얼마나 다행인가"라고 하여, 왕명을 받아 시를 짓는 것을 기쁨으로 여기고, 한양의 관아, 지리, 풍속을 묘사해나간다.

"동월董越이 부를 지은 것 조금 뜻에 맞고 / 서긍徐兢이 그림을 만든 것 어찌 혼자 아름다우랴"라고 한 부분에서는, 당시 지식인들에게도 고려와 조선의 수도를 묘사한 대표적인 작품이 서긍의 『고려도경』과 동월의 『조선부』임을 알게 한다.

정조의 의중을 파악했던 것일까? 이덕무도 「청명상하도」를 언급하고 있다. "옛날에 청명상하도를 보았는데 / 눈을 비비며 호연히 변수인가 의심하였네"라고 한 부분이 그것이다.

당시 한양의 랜드마크로 인식된 원각사 탑과 흥천사 종에 대한 묘사도 보인다. "원각사에 우뚝 솟은 흰 탑은 / 열네 층을 공중에 포개었고 / 운종가에 있는 흥천사 큰 종은 / 큰 집 가운데에 날듯이 걸렸네."

"오는 사람 가는 사람 갔다가 또 오는 사람들 / 그들로 인해 망망 끝이 보이지 않네"에서는 인구가 몰린 한양의 풍경이 생생히 묘사된다.

정조가 단행한 1791년 신해통공의 영향이 컸기 때문일까? 시

중국의 태평성세를 묘사한 「청명상하도」(청대 구영의 모본) 역시 집짓기와 관련한 다양한 장면들을 풍속화의 필치로 흥미롭게 펼쳐놓고 있다. 큰 틀에서 조선과 중국의 가옥 구조가 비슷했기에 재료나 집 짓는 장면이 조선의 것과 유사하다. 벽에 걸린 도구들이 흥미롭다.

탑골공원 원각사 터에 남아 있는
원각사지 십층석탑.

장에 관한 묘사 부분에는 물화의 유통이 활발하게 이루어지던 18세기 후반 서울의 모습을 엿볼 수 있다. "일만 그루의 버드나무 푸른빛 연하여 조는 듯하네 / 거리 좌우에 늘어서 있는 천 칸 집에 / 온갖 물화 산처럼 쌓여 헤아리기 어렵네"라고 한 기록에서 한양에 두루 늘어선 시전과 물화의 모습이 보인다.

다음으로는 시장에서 취급하는 물품을 구체적으로 기록하고 있다. "비단 가게에 울긋불긋 벌여 있는 것은 / 모두 능라와 금수요 / 어물 가게에 싱싱한 생선 도탑게 살쪘으니 / 갈치, 노어, 준치, 쏘가리, 숭어, 붕어, 잉어네 / 쌀가게에 쌓인 쌀 반과 산 같으니 운자屭子(빛깔이 흰 돌) 같은 흰밥에 기름이 흐른다 / 주점은 본래 인간 세상이나 웅백熊白(곰의 모습이 흰빛의 기름과 같음을 묘사함) 성홍의 술빛 잔에 가득하네 / 행상과 좌고坐賈(좌판 상인)의 수는 헤아릴 수 없이 많아 자질구레한 물건도 갖추지 않은 깃 없네"를 통해 온갖 물품으로 넘쳐났던 시장의 모습을 엿볼 수 있다.

한편, 박제가가 올린 「성시전도시」에서도 "배오개와 종루와 칠패 / 바로 도성의 세 곳 큰 시장이로다 / 온갖 장인 일하는 곳 사람들이 붐비나니 / 온갖 물화 이문 좋아 수레가 연이었네"라고 하여 한양 시장의 번성한 모습을 표현하고 있다.

박제가는 시장의 모습 구석구석까지 들여다본다. "광대들 옷 차림이 해괴하고 망측하다 / 동방 장대 줄타기는 천하에 없는 것이라 / 줄 위를 걷고 공중에 거꾸로 서서 거미처럼 매달렸다"거나, "물가 술집에는 술지게미 쌓여 보루가 되었네 / 눈먼 장님 호통치니 아이놈들 웃어대고 / 물을 건널까 말까 하는데 다리는 이미 끊어졌네 / 개백정이 옷 갈아입으면 사람들은 알아보지 못해도 / 개는 쫓아가 짖어대고 성을 내며 흘겨본다"라는 묘사에서는 시장에서의 광대 공연, 아이들의 호기심, 개장수 이야기 등 다양한 풍경이 눈에 들어온다.

이덕무의 시장 이야기는 한강 교외로 이어진다. "서울 안의 물건과 경치 이미 다 썼으니 / 다시 교외로 좇아 한번 비평해보자"라고 한 뒤 "숭례문 밖에서는 무엇을 보겠는가 / 강가의 창고에는 곡식이 억만 섬인데 / 연파에 끝이 없는 삼남의 선박 / 대밭같이 들어선 돛대 만 척이나 정박하고"라고 하여 조선 후기 세곡을 보관하던 경창, 그리고 한강을 무대로 활동한 경강 상인의 모습을 시로 표현하고 있다.

마지막 부분은 "우리 임금 밝으시어 위태한 것을 잊지 않으시니 / 어찌 신의 말을 기다려 조심하리까 / 선왕의 덕을 이어 자손에게 좋은 법을 물려주면 / 영원히 복 내리는 것을 지켜보겠네 / 제경帝京의 경물을 묘사한 급취편急就篇(한나라 원제 때의 작품) / 그 글을 본받았으나 저속할까 부끄럽네"로 맺고 있다. 왕에 대한 칭송과 더불어 자신에 대한 겸손으로 마무리를 지은 것이다.

이처럼 「성시전도시」에서는 한 폭의 풍경화처럼 생생하게 다가오는 조선 후기 한양의 풍경, 그리고 시장의 모습을 떠올릴 수 있다.

39
경희궁과 숙종, 영조, 정조

경희궁은 광해군 때인 1617년 공사를 시작해 1620년에 완공
됐다. 이후로 이 궁은 조선 후기 왕들과 깊은 인연을 맺었다. 왕들
의 즉위식이 여러 차례 이루어졌고, 창덕궁과 창경궁 못지않게 왕
이 거처했다. 그중에서 숙종, 영조, 정조와 경희궁의 인연을 알아
보자.

『궁궐지』의 기록에 의하면 창건 때 경희궁은 정전, 동궁, 침전,
별당 등 1500여 칸에 달하는 건물이 있었다고 한다. 다만 정작 완
공한 광해군은 1623년의 인조반정으로 경희궁에 입궁하지 못한 채
왕의 자리에서 물러났다.

인조반정으로 창덕궁의 전각이 소실되고, 1624년 이괄의 난이
일어나 공주로 피난한 후에는 거처를 경희궁으로 옮겼다. 1624년
(인조 2) 인조는 종묘에 나아가 신주를 봉안하고 돌아와서 경희궁에
서 순직자의 직위를 추증하고 순절자에게 정표를 내렸다.

1627년(인조 5) 후금의 침입으로 강화도에 갔다가 한양으로
돌아온 후에도 인조는 창덕궁, 창경궁, 경희궁에 번갈아 머물렀다.

경희궁지 중 숭정전 일대. 숭정문
에서 경종과 정조가 즉위식을 올
렸다.

『승정원일기』 1632년(인조 10) 10월 27일의
"내년 봄 경덕궁(경희궁의 옛 이름)으로 돌아올
것이니 긴요하지 않은 아문은 창경궁에 들이
라"고 한 지시에서 인조가 경희궁과 창경궁에 번갈아 거처를 정하
는 모습을 볼 수 있다.

　이후 경희궁에 거처한 왕은 현종이다. 현종은 재위 기간 대부
분을 이곳에서 보냈다. 1661년(현종 2)에는 현종과 명성왕후 사이
의 적장자 숙종이 회상전에서 태어났다. 그러니 숙종 역시 경희궁
과 인연이 깊다. 회상전에서 출생한 뒤 재위 46년간 창덕궁과 경희
궁을 오갔다. 1680년 10월 도성 안에 천연두가 크게 유행하고 왕비
인경왕후가 천연두에 걸리자 거처를 창경궁으로 옮겼다.

　1688년(숙종 14) 숙종은 인현왕후를 폐하고 장희빈을 왕비로 책봉해 민심이 흉흉해지자 경희궁으로 거처를 옮겼다. 이후 1717년(숙종 43)에는 왕세자(경종)에게 정사를 맡기고, 경희궁에서 여생을 보내던 중 1719년(숙종 45) 보령 60세의 헌수 하례를 숭정전에서 받았고, 4월에는 경현당에서 기로연을 베풀었다.

1720년(숙종 46) 6월 8일 숙종은 경희궁 융복전에서 승하했다. 곧이어 경종은 경희궁의 정문인 숭정문에서 즉위식을 올려 이곳에서 즉위식을 올린 최초의 왕이 되었다.

숙종만큼 경희궁에 많이 거처했던 왕은 영조다. 영조는 1760년 (영조 36) 궁궐 이름을 경덕궁에서 경희궁으로 고쳤는데, 원종(인조의 생부)의 시호에 '경덕'이 들어가 있어 이를 피하고자 한 것이다.

경희궁은 광해군 8년에 지은 것인데 처음에 이름을 경덕궁이라고 하였으나, 영조 36년에 장릉(원종)의 시호와 같다고 하여 지금의 이름으로 고쳤다가 금상 을축년(1865, 고종 2)에 철거하여 경복궁의 역사役事에 사용하였다.(이유원, 『임하필기林下筆記』 13권, 문헌지 장편)

1776년(영조 52) 3월 영조가 경희궁 집경당에서 승하하자, 정조는 그해 8월 숭정문에서 즉위식을 올렸다. 그리고 태녕전을 선왕의 혼전魂殿으로 삼았다.

정조와 경희궁의 인연은 세손 시절부터 시작되었다. 정조는 1759년(영조 35) 왕세손으로 책봉된 뒤, 1762년 아버지 사도세자가 비극적인 죽음을 맞이했음에도 왕세손의 신분으로 선왕인 영조가 있는 경희궁으로 거처를 옮겼다. 이후 1776년 왕위에 오를 때까지 이곳에서 생활했는데, 이때 흥정당 동남쪽의 친현각을 2층 건물로 개축했다. 정조는 이 건물의 위층을 주합루, 1층을 존현각이라 이름 붙이고 서연의 중심 공간으로 삼았다. 『일성록』의 모태가 된 『존현각일기』는 이 무렵 정조가 쓴 일기다.

정조는 즉위 후 거처를 창덕궁으로 옮겼다. 존현각에 자객으로 의심되는 도적이 자주 나타나는 등 왕의 신변 경호에 문제가 생겼기 때문이다. 이 시기 정조가 암살 위협에 시달리던 상황에 착안하여 만든 영화가 2014년에 개봉된 「역린」이다. 정조는 1776년 8월 숭정문에서 즉위식을 올린 후 1777년 거처를 창덕궁으로 옮겼다. 경희궁보다는 창덕궁이 궁궐로서의 격을 갖추고 있고, 특히 후원이 잘 조성이 되어 있다고 판단했기 때문이다.

순조, 헌종, 철종도 경희궁에 일정 기간 머물면서 경희궁을 키워갔다. 그러나 순조대 화재로 경희궁의 건물 일부가 크게 훼손되었다. 1829년(순조 29) 10월 3일 창건 이래 가장 큰 화재가 일어나 왕의 침전인 융복전과 왕비의 침전인 회상전, 편전인 흥정당, 사현합, 월랑 등 주요 건물이 다 불탔다. 이어서 1830년 창경궁, 1833년 창덕궁에도 화재가 일어났다.

순조는 경희궁의 대규모 화제 이후 영건營建을 지휘해 1831년(순조 31) 4월 공사를 마쳤다. 영건도감에서는 1831년 6월부터 의궤 편찬에 착수해 1832년 4월 『서궐영건도감의궤西闕營建都監儀軌』를 완성했다.

경희궁 중건에 쓰인 목재는 강원도에서 300주, 공충도(충청도

경희궁 자리에 건립된 서울역사박물관.

의 옛 이름)에서 6600주, 전라도에서 700주, 통영에서 600주, 황해도에서 7000주(주로 서까래로 활용됨) 조달됐다. 길이 20척이 넘는 큰 목재는 강원도에서 사왔다. 공사에 참여한 800여 명의 장인에게는 정조 대의 화성 공사처럼 품삯을 지급했다. 순조는 1832년 7월 20일 새로 중건된 경희궁으로 거처를 옮겼으며, 2년 후인 1834년(순조 34) 11월 13일 회상전에서 승하했다.

헌종이 1834년 11월 18일 숭정문에서 즉위식을 치렀고, 철종은 1859년(철종 10) 9월 26일 창덕궁에서 경희궁으로 옮겼지만, 1861년(철종 12) 4월 12일 창덕궁으로 환어還御하면서 경희궁 시대는 막을 내린다. 고종대인 1868년 경복궁이 중건되면서 경희궁은 궁궐로서의 기능을 실질적으로 마감하게 되었다.

경희궁 건물이 크게 수난당한 것은 고종대인 1868년 경복궁 중건 사업을 하면서였다. 경희궁의 숭정전, 회상전, 사현합, 홍정당 등 건물 일부를 제외하고 상당수의 전각을 경복궁 공사에 활용했기 때문이다.

이후 경희궁은 일제강점기에도 훼손되었다. 일제는 경희궁 자리에 일본인 학교인 경성중학교를 설립했다. 해방 후 경성중학교를 이은 서울고등학교가 자리했고, 서울고등학교가 1980년 서초구로 이전한 후에는 서울역사박물관이 이 자리에 들어섰다.

서울역사박물관은 빈 공터에 1993년에서 1997년까지 박물관 건립 공사가 이뤄지고 유물 수집 등을 한 뒤 2002년 5월 개관했다. 원래 경희궁이 있던 자리에 건립된 만큼 경희궁 복원에 걸림돌이 된다는 견해도 있다.

40

용산과 노량진에 놓은
조선시대 배다리

1776년 노론의 집요한 반대를 뚫고 왕위에 오른 정조는 '죄인의 아들'이라는 굴레에서 벗어나기 위해서라도 아버지 사도세자 추숭 사업에 힘을 쏟았다. 1789년에는 양주 배봉산(현재의 서울시립대학 근처)에 있던 무덤을 수원으로 옮겨 현륭원顯隆園이라 했다. 그때 현륭원에 거처했던 화산花山의 주민들을 신도시로 이주시켰는데, 이곳이 바로 화성華城이다.

정조는 아버지 묘소를 옮긴 이후 자주 행차에 나섰는데, 가장 큰 어려움은 대규모 행차가 한강을 건너는 것이었다. 정조의 주교舟橋(배다리 건설) 프로젝트는 이런 배경에서 나왔다.

물론 정조 이전에도 배다리를 만들어 한강을 건넌 적이 있다. 중종이 아버지 성종과 어머니 정현왕후가 묻힌 선릉宣陵을 참배하려고 배로 다리를 건넌 것이다. 정조는 대규모 인원이 참여하는 행차를 원활하게 하고자 새로운 배다리의 건설을 지시했다.

1789년 건설을 주관하는 관청인 주교사舟橋司가 설치되었고, 『주교절목舟橋節目』을 만들어 정조에게 보고했다. 그러나 정조는 그

계획이 치밀하지 못하다고 조목조목 비판하면서, 직접『주교지남舟橋指南』을 써서 배다리를 놓는 기본 원칙을 제시했다.

1790년(정조 14) 7월 17일『정조실록』에는 "배다리의 제도를 정하였다. 왕이 현륭원을 수원에 봉안하고 1년에 한 번씩 참배할 차비를 하였는데, 한강을 건너는 데 있어 옛 규례에는 용의 모양을 한 배龍舟를 사용하였으나 그 방법에 불편한 점이 많다 하여 배다리의 제도로 개정하고 신하들에게 그 세목을 만들어 올리게 하였다. 그러나 상의 뜻에 맞지 않았다. 이에 왕이 직접 생각해내어『주교지남』을 만들었다"라고 기록하여, 정조의 배다리 건설의 주 목적이 현륭원 행차에 있었다는 것을 알 수 있다.

『주교지남』 1790, 규장각한국학연구원.
정조 14년 임금의 행차를 위해 한강에 놓던 배다리의 운영에 대한 방안을 정한 책.

정조는 "배다리의 제도는 『시경』에도 실려 있고, 사책史冊에도 나타나 있어 그것이 시작된 지 오래되었다. 그러나 우리나라는 지역이 외지고 고루함으로 인하여 아직 시행하지 못하고 있다. 내가 한가한 여가를 이용하여 부질없이 아래와 같이 적었다. 묘당에서 지어 올린 주교사의 세목을 논변하고 이어 어제문을 첫머리에 얹어 『주교지남』이라고 이름을 붙였다"고 하여, 그 편찬 의도를 적시하고 있다.

이어서 배다리를 놓을 만한 지형을 언급하고 있다.

지형은 동호東湖 이하에서부터 노량露梁이 가장 적합하다. 왜냐하면 동호는 물살이 느리고 강 언덕이 높은 것은 취할 만하나 강폭이 넓고 길을 돌게 되는 것이 불편하다.

빙호冰湖는 강폭이 좁아 취할 만하나 남쪽 언덕이 평평하고 멀어서 물이 겨우 1척만 불어도 언덕은 10척이나 물러나가게 된다. 1척 정도 되는 얕은 물에는 나머지 배를 끌어들여 보충할 수 없으므로 형편상 선창을 더 넓혀야 하겠으나 선창은 밀물이 들이쳐 원래 쌓은 제방도 지탱하지 못하는데 더구나 새로 쌓아서야 되겠는가. 건너야 할 날짜는 이미 다가왔는데 수위의 증감을 짐작하기 어려워 한나절 동안이나 강가에서 행차를 멈추었던 지난해의 일을 교훈으로 삼아야 한다.

또 강물의 성질이 여울목의 흐름과 달라서 달리는 힘이 매우 세차고 새 물결에 충격을 받은 파도가 연결한 배에 미치므로 빙호는 더욱 쓸 수 없다.

그러므로 몇 가지 좋은 점을 갖추고 있으면서 몇 가지 결함이 없는 노량이 가장 좋다. 다만 수세水勢가 상당히 높아 선창을 옛 제도대로 쓸 수 없는 것이 결점이다. 이것 역시 좋은 제도가 있는 만큼 염려할 것은 없다. 이제 이미 노량으로 정한 이상 마땅히 노량의 지형을 살피고 역량을 헤아려 논의해야겠다.

정조는 1795년 윤2월 화성 행궁行宮(왕이 임시로 머무는 궁궐)에서 거행할 어머니(혜경궁 홍씨)의 회갑연을 맞이해 대대적인 화성 행차를 계획했고, 배다리 역시 이에 걸맞은 규모로 준비할 것을 지시했다. 정조의 명을 받은 서용보, 정약용 등은 1795년 2월 24일 『주교지남』을 바탕으로 조선 최고의 배다리 건설 프로젝트를 완성했다.

동호東湖(현재의 동호대교 일대), 빙호氷湖(지금의 동빙고, 서빙고 지역) 등이 물망에 올랐으나, 정조가 최종적으로 선택한 곳은 노량이었다. 이곳은 양쪽 언덕이 높고 수심이 깊으며, 물의 흐름이 빠르지 않을 뿐만 아니라 강폭도 좁아서 배다리 건설에 있어 최상의 조건을 갖추고 있었다. 최초의 근대식 철교로 1900년에 완성된 한강철교의 구간이 용산과 노량진임을 고려하면, 정조 시대의 과학과 건설 수준이 상당했음을 짐작할 수 있다.

배다리에 활용된 배는 조세 운반선, 훈련도감에 소속된 배, 그리고 한강을 드나드는 경강선京江船이었다. 경강은 한강 가운데서도 한성부가 주관하는 광진廣津에서 양화진楊花津까지의 한양 남부를 끼고 흐르는 부분을 말한다. 새로 배를 만들지 않고, 기존에 세곡稅

穀이나 어물, 소금의 운송을 담당하던 배를 활용해 비용의 낭비를 막은 것이다.

『주교지남』에는 정조가 직접 배의 선택에 대해 언급한 내용이 보인다. "지금의 의견에 의하면 앞으로 아산牙山의 조세 운반선과 훈련도감의 배 수십 척을 가져다가 강 복판에 쓰고 양쪽 가장자리에는 소금배로 충당해 쓰겠다고 하나, 소금배는 뱃전이 얕고 밑바닥이 좁아서 쓸모가 없다. 그러므로 다섯 개 강(서울의 한강, 용산, 마포, 현호, 서강)의 배를 통괄하여 그 수용할 숫자를 헤아리고, 배의 높낮이의 순서를 갈라 그 완전하고 좋은 배를 골라 일정한 기호를 정해놓고 훼손될 때마다 보충하며 편리한 대로 참작 대처하는 것만 못할 것이다"라고 하여 경강선을 적극 활용해 배다리를 만들 것을 지시했다.

정조는 "배다리에 필요한 배는 나라의 배와 개인의 배를 섞어서 써야만 부족할 우려가 없다. 나라의 배는 훈련원의 배 열 척과 아산 공진창貢津倉의 조운선 열두 척을 쓰고 개인의 배는 서울 부근 포구의 것을 쓰는데, 혹시 큰물이 져서 나루가 불어날 때를 당하면 또한 예비하는 방도가 없어서는 안 되는 만큼 서울 부근 포구의 배 열 척만 더 정비해둔다"고 하여, 국가와 개인 소유의 배를 섞어 배다리를 만들도록 했다.

배는 가로로 엇갈린 형태로 배치한 다음 막대기로 전체가 연결될 수 있게 했다. 배다리는 가운데가 높은 아치형으로 제작되었다. 가운데에 큰 배를 설치하고 남과 북에 단계적으로 조금씩 작은 배들을 설치했다. 배들의 설치가 끝난 후에는 소나무 판자를 이용

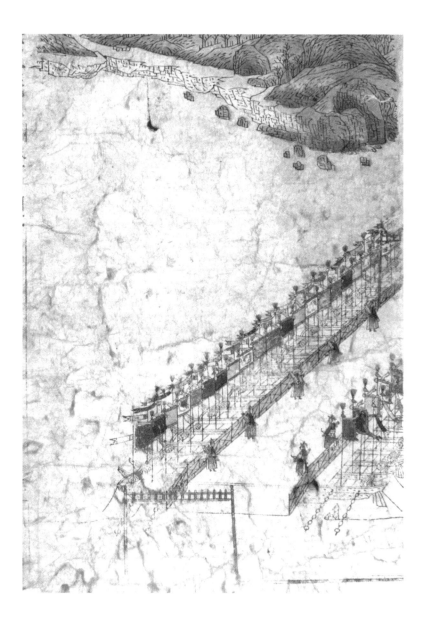

「주교도」『원행을묘정리의궤』 1795, 규장각한국학연구원.

해 횡판横板(배를 가로지르는 판자)을 만들었고, 송판 위에는 사초莎草(잔디)를 깔았다.

『주교지남』에는 "배 자체의 대소에 따라 차례대로 이어 붙인 다음 닻을 내려 단단히 고정시키고 굵은 칡줄로 동이며, 또 크고 둥근 고리로 각 배의 상하좌우를 연결하고 가는 칡줄로 꿰어 처맨 다음, 위에는 길이로 연결된 나무를 깔고 가로로 긴 송판을 깔고서 모두 간간이 크고 작은 못을 친다. 그다음 빈 가마니를 펴 흙을 채우고 잔디를 입히며, 양쪽 가에는 난간을 설치하여 한계를 만든다. 그리고 배마다 사공을 세 명씩 나누어 배치하여 불을 단속하고 물을 방지하도록 한다"고 기록되어 있다.

배다리의 폭은 24척(약 7.2미터)이었다. 김홍도가 주관하여 정조가 한강을 건너는 장면을 그린「주교도」를 보면 최대 아홉 명의 사람이 일렬로 건너는 것을 볼 수 있다. 배다리 양편에는 난간을 설치해 안전성을 꾀했다.

배다리의 양 끝과 중간 부분에는 세 개의 홍살문을 세웠다. 홍살문은 다리의 시작과 끝, 다리의 중심을 표시함과 동시에 왕이 행차하는 신성한 공간임을 강조했다.

1795년 윤2월 정조는 혜경궁의 회갑연을 위해 화성 행차를 단행하기에 앞서 최고의 배다리 건설을 지시했고 그 완성을 보았다. 이것의 설계 과정은『주교절목』과『주교지남』으로 정리되었으며, 김홍도가 그린 여덟 폭의「수원능행도」병풍 그림 중 하나인「주교도」에는 대규모의 어가 행렬이 용산에서 한강을 건너 노량진으로 향하는 모습이 생생하게 나타나 있다.

정조의 효심과 과학 사상이 바탕이 된 한강의 배다리. 정조의
지침을 완벽한 배다리 건설로 화답한 관료들과 장인 그리고 경강
상인 모두의 합작으로 이는 역사의 한 장면으로 남을 수 있었다.

41
동작구에 마련된 정조의 휴식처,
용양봉저정

    정조는 용산에서 노량진에 이르는 곳에 배다리를 설치하게 하고 한강을 건넜다. 그러고는 잠시 휴식했는데, 왕이 쉬던 곳은 현재 서울시 동작구에 위치한 용양봉저정이다. 정조가 직접 쓴 「용양봉저정기龍驤鳳翥亭記」가 정조의 개인 문집인 『홍재전서弘齋全書』에 기록되어 있다.

    정조는 「용양봉저정기」에서 이곳을 직접 주정소晝停所(휴식을 위해 임시로 머무는 곳)로 삼은 경위를 설명하고 있다.

    "나루를 배로 건너자면 그 역사가 너무 거창하고 비용도 과다하기 때문에 노량강에다 주교를 설치하고 관사를 두어 그 일을 맡게 했으며, 강가의 작은 정자 하나를 구입하여 임시로 머무는 곳으로 삼았다. 그 정자의 옛 이름은 밍해滅海였는데, 그 이름의 유래는 발돋움을 하고 서쪽을 바라보면 허명虛明한 기운이 떠오르고 거기가 바로 우리나라의 서해이기 때문이었다는 것이다. 그것을 보면 그 정자가 먼 곳을 바라볼 수 있는 높은 곳에 위치해 있는 것을 알 만하다"고 하여, 용양봉저정이 처음에는 '망해정'으로 불렸던 사실

용양봉저정 전경. '용이 머리를 들
어 꿈틀대고 봉황이 높이 난다'는
의미다.

을 알려준다.

이어서 "지금 보면 북쪽에는 높은 산이 우뚝하고, 동에서는 한강이 흘러와 마치 용이 꿈틀꿈틀하는 것 같고, 봉이 훨훨 나는 듯하다. 찌는 듯한 광영光榮이 상서로운 기운으로 엉기어 용루龍樓와 봉궐鳳闕 사이를 두루 감싸고 있으면서 앞으로 억만년이 가도록 우리의 국가 기반을 공고히 할 것이니, 그렇다면 그 상서가 어찌 얼음이나 오색화 따위 정도이겠는가?" 하고는 그 자리에 나온 대신에게 '용양봉저정'이라고 크게 써서 문지방 위에 걸게 했다. 정조가 직접 '용양봉저정'으로 이름을 고친 경위가 나와 있다.

망해정은 원래 영의정을 지낸 이양원이 소유한 별장이었으나, 정조가 이를 구입했다고 한다. 『정조실록』 1790년 12월 7일 정조

275

「주교도」『원행을묘의궤도』 62.2×47.3cm,
1795, 국립중앙박물관. 다리 너머 위쪽에 보
이는 건물이 용양봉저정이다.

舟橋圖
音正도

노강

가 직접 이곳을 주정소로 활용할 것을 지시한 내용이 보인다.

현룡원顯隆園(사도세자의 묘소)의 행차를 위하여 주교를 설치하게
되는데, 듣건대 다리가의 주정소를 노량에 정하고 이승묵의 선조
때부터 대대로 살던 집을 사서 수리한다고 한다.

또 경연관에게 들으니, 이 집은 고 정승 이양원의 교외 정자인데 그
는 노량에 터를 잡고 살면서 노저鷺渚로 자기 호를 지었고 지금까지
전해 내려오는 사적이 있다고 하기에, 그의 문집을 가져다 보니 과
연 그러하였다. (…) 그런데 지금 그 정자가 관청으로 넘어가고 옛
사실을 기념하는 조치가 없으니 이것이 어찌 노래를 지어주면서 총
애한 뜻을 계승하는 것이겠는가. 또 선왕조 을유년에 이 정자에서
생각이 나 특별히 제사를 지내게 하고 술을 내린 거룩한 뜻을 어기
는 일이다. 주인집에 이 뜻을 알리고 별도로 그 곁에 정자 하나를
지어 옛 모습을 없애지 말고 편액도 옮겨서 걸게 하라.

정조의 화성 행차 중 가장 큰 규모의 행렬이 동원된 1795년 윤
2월의 행차에서, 정조가 용양봉저정에서 점심 수라를 드셨던 사실
이 나타난다.

"이해 윤2월 9일에 자궁慈宮(어머니)을 모시고 출궁하였는데,
가마를 따르는 관원이 129명, 장관將官이 49명, 각 차비가 43명, 장
교가 236명, 원역員役이 1108명, 군병이 3410명, 내관內官이 12명,
나인이 31명, 액속掖屬이 113명이었다"는 『홍재전서』의 기록을 보
면 다수의 인원이 용양봉저정에서 휴식을 취했음을 알 수 있다. 윤

2월 16일 창덕궁으로 돌아오는 길에도 정조가 이곳에서 점심 수라를 드신 기록이 보인다.

정조는 1795년 이후에도 자주 화성 행차에 나섰고, 그때마다 용양봉저정에 들렀다. 『정조실록』 1797년(정조 21) 1월 29일 자에는 "왕이 현륭원을 찾아뵙기 위하여 어가가 숭례문 밖에 이르렀을 때 관왕묘關王廟에 들러 수직관守直官을 변장邊將으로 파견할 것을 명하였다. 용양봉저정에 이르러 잠깐 머물렀다가 다시 출발하여 시흥의 주정소에 머물렀다가 저녁에 화성행궁에 유숙하였다"는 기록이 보인다.

서울로 돌아오는 2월 1일에도 "왕이 화성 행궁을 떠나 장안문 안에 이르러 성안의 부로父老들을 불러 위로하였다. (…) 지지대遲遲臺에 이르러 잠깐 머물렀다가 사근행궁肆覲行宮과 안양 역참을 지나 시흥 행궁의 주정소에 들러 경기 관찰사 이면응과 지방관 김사희를 불러 보았다. 용양봉저정에 이르러 주교사 당상 정민시를 불러 보고 주교사에 소속된 장교와 이속吏屬과 선인船人 등에게 상을 내렸다. 저녁에 창덕궁으로 돌아왔다"는 기록이 보이는데, 정조가 창덕궁으로 환궁할 때도 용양봉저정에서 휴식을 취했음을 알 수 있다. 특히 당상 정민시 이하 주교사 소속 관리들을 격려한 모습에서는 용양봉저정이 주교가 설치된 노량진과 밀접한 관련이 있는 공간임이 드러난다.

19세기의 학자 이유원의 『임하필기林下筆記』에서는 "정조가 현륭원에 행차할 때 노량진에 주교를 설치하고 용양봉저정을 지었으니, 바로 옛날 망해정이다"라고 한 뒤 망해정과 관련된 자하 신위의 시를 인용하고 있다.

> 넘실거리는 물결 위에 주교가 누워 있고舟橋假塞臥徵瀾
> 임금의 호위 대열은 난간 주위를 둘러쌌네鹵簿分頭擁連欄
> 용양봉저정 정자 아래에는鳳翥龍驤亭子下
> 봄추위 풀리면서 버드나무 눈이 트네嫩黃煙柳解春寒

『헌종실록』의 헌종대왕 행장에는 "계묘년(1843) 봄에 건릉健陵
에 거둥하셨다가 거가車駕가 노강의 용양봉저정에 머물렀을 때에
경연관 홍직필의 집이 이 정자 아래에 있으므로 분부를 내려 나오
게 하여 만나 보고 기뻐하여 학문의 요점을 설명하게 함으로써 도
道를 듣기를 바라는 것이 부지런하고 은우恩遇가 정중하셨으니 이
것은 유사儒士를 영접하는 처음 있는 성대한 일이었다"고 기록하여,
헌종이 환궁하면서 용양봉저정에 머물렀던 사실을 알 수 있다.

고종도 용양봉저정을 주정소로 활용한 사실이 나타난다. 『고
종실록』1867년(고종 4) 9월 9일 기록에는 "용양봉저정 행궁에 행
차하여 수조水操(수군의 조련)를 행하였다. 밤에는 횃불을 올리는 것
을 관람하였다"라고 기록되어 있다. 1867년 9월 12일에는 "남한신
성의 행궁에서 돌아와 용양봉저정으로 나아가 잠깐 머물러 있다가
주교로 강을 건너 환궁還宮하였다"는 기록이 보인다.

현재 용양봉저정은 한강대교 남쪽 노량진 수원지 건너편 언덕
에 북향으로 자리잡고 있는데 정면 6칸, 측면 2칸의 건물로 구성되
어 있다. 지금도 한강의 물굽이가 흘러가는 모습이 잘 내려다보이

는 이곳을 찾아, 부친에 대한 효심을 지켜나간 정조의 모습을 기억해보는 것은 어떨까.

42
정조의 눈물이 밴 효창동 고개

2021년 11월부터 두 달 정도 방송된 「옷소매 붉은 끝동」은 사극의 새로운 모습을 제시하면서 시청자들의 관심을 끌었다. 정조와 후궁 의빈 성씨 성덕임成德任의 로맨스가 극의 중심을 이루었다. 두 사람 사이에서 탄생한 문효세자文孝世子(1782~1786)는 5세의 나이로 요절했기에 별 존재감이 없지만, 정조가 그를 위해 조성한 무덤 효창원은 현재까지 효창동, 효창공원이라는 이름으로 우리 기억 속에 이어지고 있다.

정조는 왕비 효의왕후孝懿王后(1753~1821)와의 사이에서 자식을 보지 못했기에 후계 문제로 고민을 많이 했다. 이 과정에서 정조의 후궁으로 들어온 의빈 성씨(1753~1786)가 1782년에 낳은 아들이 문효세자였다.

정조가 직접 쓴 「어제의빈묘지명」에 의하면, "의빈 성씨는 처음 승은을 내렸을 때 내전(효의왕후)이 아직 귀한 아이를 낳아 기르지 못했다며 눈물을 흘리고 울면서, 이에 감히 명을 따를 수 없다며 죽음을 맹세했다. 나는 마음을 느끼고 더는 다그치지 못했다. 15년 뒤에 널리 후궁을 간택하고 다시 명을 내렸으나 빈은 또 거절했다"
는데, 정조의 승은을 두 번이나 물리쳤다는 점이 주목된다.

의빈이 낳은 문효세자는 정조에게는 첫 자식이었고, 왕실에서
는 최고 경사였다. 당시의 기쁨을 1782년(정조 6) 9월 7일의 『정조
실록』은 다음과 같이 전하고 있다.

> 왕자가 탄생하였다. 왕이 승지와 각신들을 불러 보고 하교하기를,
> "궁인 성씨가 태중이더니 오늘 새벽에 분만하였다. 종실이 이제부
> 터 번창하게 되었다. 나 한 사람의 다행일 뿐만 아니라, 머지않아
> 이 나라의 경사가 이어지리라는 것을 확실히 알 수 있으므로 더욱
> 더 기대가 커진다. '후궁은 임신한 뒤에 관작을 봉하라'는 수교가 이
> 미 있었으니, 성씨를 소용昭容으로 삼는다" 하니, 신하들이 경사를
> 기뻐하는 마음을 아뢰었다. 왕이 이르기를, '비로소 아버지라는 호
> 칭을 듣게 되었으니, 이것이 다행스럽다' 하였다.

위의 기록에서 보듯이 정조는 이제야 아버지라는 호칭을 듣게
된 것에 대해 몹시 감격하고 있다. 1782년 11월 27일에는 원자의
호칭을 정했고, 이듬해 2월 19일에는 소용 성씨에게 의빈 성씨라는
칭호를 부여했다. 소용이 정3품이고, 빈이 정1품으로 후궁의 최고
품계인 점을 고려하면 문효세자의 출생으로 의빈은 최고 지위에
올랐다고 볼 수 있다. 의빈이 후궁 출신임에도 그녀의 아들을 원자
로 책봉한 것은 효의왕후에게서 아들의 출산을 기대하기 어려웠기
때문이다.

「문효세자책례계병」 왕세자 수책 장면, 비단에 채색, 110.0×421.0㎝, 1784, 서울대박물관.

1784년 7월 2일에는 원자를 책봉해 세자로 삼았다. 당시 문효세자의 나이는 3세로, 2세에 세자로 책봉된 사도세자에 이어 매우 이른 것이었다. 7월 6일에는 세자의 이름을 정했으며, 8월 2일 정조는 창덕궁 인정전에 나아가서 책봉사冊封使를 떠나보내고, 왕세자로 하여금 중희당重熙堂에서 책문冊文을 받게 했다. 왕세자 책봉을 선포하는 의식을 거행한 것이다.

이처럼 빠른 시간 안에 정조의 후계자가 되었던 문효세자의 생애는 그리 길지 못했다. 1786년 4월부터 전국에 홍역이 유행해, 결국 전염병의 희생자가 되었다. 5월 11일의『정조실록』은 "왕세자가 훙서薨逝하였다. 세자의 병 증세가 갈수록 심해지자, 시약청을 설치하고 대신을 파견하여 재차 사직과 종묘에 기도하였다. 이날 미시未時에 창덕궁의 별당에서 훙서하였다"라면서 겨우 5세였던 세자의 죽음을 알리고 있다.

문효세자의 묘소가 처음 조성된 곳은 당시의 고양군 율목동 (현재의 용산구 효창동)이었으며, 1786년 윤7월 19일의『정조실록』에는 "문효세자를 효창묘에다 장사지냈다. 이날 새벽에 발인했는데, 왕이 홍화문 밖에 나와서 곡하고 전별하였다"는 기록이 보인다.

문효세자가 죽고 5개월 뒤인 9월 14일, 의빈 성씨가 이름 모를 병으로 사망했다. 정조는 연이어 아들과 부인을 잃는 아픔을 겪은 것이다. 정조는 의빈 성씨를 문효세자의 묘소 왼쪽 언덕에 묻어주었다.『정조실록』1786년 11월 20일 기록에는 "의빈 성씨의 장사를 치렀는데, 효창묘의 왼쪽 산등성이였다"라고 되어 있다. 의빈묘와 효창묘는 한곳에 있고 두 묘의 거리가 백 걸음 떨어져 있는데, 정조가 의빈의 생전 소망을 들어준 것이었다.

의빈과 세자의 묘소가 있는 이곳에 정조가 자주 거둥했기 때문에, 오늘날 용산구 효창동에 있는 고개에는 '거둥고개'라는 이름이 붙었다. 또한 정조는 아버지 사도세자의 묘소가 있는 현륭원에 행차한 뒤 서울로 돌아올 때 화산花山(현륭원이 위치한 곳)이 마지막으로 보이는 고개에서 "천천히 천천히"가라는 말을 남겼다고 한다. 현재 수원시 노송 지대에 있는 '지지대遲遲臺 고개'의 이름이 여기서 유래했으니, 정조는 고개 이름과도 인연이 깊은 왕이다.

효창묘가 있는 곳은 이후에 순조의 후궁인 숙의 박씨와 그녀의 딸 영온옹주의 묘소가 들어서면서 왕실 묘역으로 자리를 잡아갔다. 1870년(고종 7)에는 '효창묘'에서 '효창원'으로 승격되었다. 원園은 왕이 되지 못한 왕의 사친(아버지와 어머니)이나 세자의 묘소에 붙는 호칭이다. 효창원은 일제강점기에 경기도 고양시 서삼릉으로 강제 이장되었다. 의빈묘는 1940년에 후궁 묘역으로, 문효세자의 효창원은 1944년에 이장되었다. 이로써 문효세자는 어머니 의빈 성씨의 무덤과 2킬로미터 정도 떨어졌다. 모자가 백 보 가까이 나란히 묻히게 한 정조의 뜻이 일제에 의해 훼손된 것이다.

일제는 1921년 효창원 등이 있는 조선 왕실의 묘역에 최초의 골프장을 조성하기도 했다. 남만주철도주식회사(만철)를 세워 조선 철도국을 위탁 경영한 일제는 조선에도 골프장을 세울 방안을 모색했다. 조선철도국은 환구단 옆에 있던 조선철도호텔과 경성역에서 가깝고 울창한 숲으로 둘러싸인 효창원을 낙점했다. 조선 왕실의 묘소가 있던 곳이어서 자연환경도 뛰어났고, 토지 확보가 수월

한 국유지였기 때문이다.

고양 서삼릉에 위치한 문효세자의 효창원.

9홀 코스로 효창원에 조성된 최초의 골

프장은 1924년에 폐장되었고, 1925년 을축년 대홍수 때 이재민들의 천막촌이 들어선 수용소가 세워졌다. 1927년 이후에 일제는 이곳의 절반 이상 부지를 공원으로 만들었다. 1940년 총독부 고시로 '효창원'을 '효창공원'으로 고시했고, 1944년에는 효창원 등 대부분의 왕실 묘소를 서삼릉으로 강제 이전했다. 이곳에 침략 전쟁으로 희생된 희생자들의 충령탑을 세우기 위해서였다

1945년 해방 후 김구 선생은 효창원이 있던 곳에 독립운동가 묘역을 조성했다. 바로 이봉창, 윤봉길, 백정기 의사의 유해를 안장한 삼의사묘三義士墓와 이동녕, 조성환, 차이석의 유해가 안장된 임시정부 요인 묘역이다. 안중근 의사의 가묘假墓까지 만들었으나, 안

중근의 유해는 아직도 고국으로 돌아오지 못하고 있다. 1949년 서거한 김구 선생의 묘소도 이곳에 조성되었다.

1960년에는 우리나라 최초의 전용 운동장인 효창운동장이 조성되어 주요 국제, 국내 경기를 개최했다. 나에게는 1970년대 효창운동장에서 개최한 실업 축구 중계방송이 기억에 남아 있다. 2002년에는 백범 김구 기념관이 건립되어, 이제 효창공원은 독립운동가들의 넋을 기리고 독립정신을 함양하는 장소로 활용되고 있다.

43

순조를 기억하는 공간,
연경당과 인릉

정조의 뒤를 이어 왕위에 오른 순조純祖(1790~1834, 재위 1800~1834)는 특히나 존재감이 약한 왕이다. 순조의 즉위와 함께 안동 김씨로 대표되는 외척 세도 가문들이 권력의 중심에 서는 세도정치가 펼쳐지면서 왕의 위상이 한없이 추락했기 때문이다.

순조는 34년간이나 재위했고, 그를 기억하는 공간들도 서울 곳곳에 남아 있는데, 창덕궁 안에 위치한 연경당演慶堂, 그리고 현재 서초구 내곡동에 있는 인릉仁陵이 대표적이다.

순조는 정조와 수빈 박씨 사이에서 1790년 6월 창경궁 집복헌集福軒에서 태어났다. 이름은 공玜, 호는 순재純齋다.

정조는 왕비인 효의왕후와의 사이에서 후사를 보지 못했고, 의빈 성씨와의 사이에서 문효세자를 얻었으나 세자는 요절했다. 이에 정조는 수빈 박씨에게 많은 애정을 쏟았고 마침내 순조를 얻었다.

순조가 태어난 집복헌은 '복을 모으는 집'이라는 뜻으로 주로 후궁들의 처소로 사용되었다. 집복헌에서는 사도세자가 출생하기도 했는데, 사도세자의 생모 영빈 이씨 역시 영조의 후궁이었다. 집

복헌은 창경궁 영춘헌迎春軒 본채 서쪽에 이어
져 있는 서행각西行閣이며 ㅁ자 형태를 한 건물
이다.

정조는 1800년 영춘헌에서 승하했는
데, 그곳이 후궁의 처소였다는 점도 흥미롭다. 1800년 1월 정조는
11세의 순조를 효의왕후의 양자로 삼고 세자로 책봉했다. 1800년
6월 28일 정조가 승하하자 순조는 창덕궁 인정문에서 즉위식을 올
리고 왕위에 올랐다.

창덕궁에서 순조와 인연이 깊은 또 다른 공간은 연경당이다.
연경당은 효명세자(1809~1830, 익종으로 추존됨)가 부친 순조를 위
해 지은 건물이다. 효명세자는 2016년 방송된 드라마「구르미 그린
달빛」에서 박보검 배우가 그 역을 맡아 인지도가 높아진 인물이다.

헌종 때에 편찬한 『창덕궁지』는 연경당에 대해 "개금재開錦齋 서쪽에 있고, 남쪽이 장락문長樂門인데 바로 진장각珍藏閣의 옛터다. 순조 28년(1828) 익종이 춘처春邸(세자)로 있을 때에 다시 건축하였고, 지금은 익종의 초상을 모시고 있다"고 기록하고 있다.

고종 때에 편찬된 『동국여지비고』의 경도京都 항목은 "연경당은 어수당 서북쪽에 있다. 순조 27년 익종이 동궁에 있을 때에 진장각 옛터에 창건하였다"고 하여 창건 연대가 1827년과 1828년으로 차이를 보인다. 이어서 "그때 대조大朝(순조)에게 존호를 올리는 경사스런 예禮를 만났고 마침 연경당을 낙성하였으므로 그렇게 이름하였다"고 하여, 연경당이라는 이름은 순조에게 존호를 올리는 경사에서 비롯되었음을 기

농수정에 앉은 고종.

록하고 있다.

　연경당은 이 집 전체를 일컫기도 하지만, 사랑채의 당호이기도 하다. 남녀의 공간을 사랑채와 안채로 구분한 형태이며, 단청을 생략한 것도 특징이다. 단청이 없는 대표적인 건물로는 경복궁의 건청궁과 창덕궁의 낙선재가 있다.

　연경당 앞으로 흐르는 명당수를 지나면 정문인 장락문長樂門이 보인다. 이 이름은 장락궁에서 빌려왔는데, 신선처럼 아무 걱정과 근심 없는 세상에서 살고 싶다는 염원을 담았다.

　1820년대에 제작한 「동궐도」의 모습을 보면, 1827년경에 창건한 연경당과 고종 때에 새로 지은 것으로 보이는 현재의 연경당은 건물 구성에 차이가 있다. 현재 연경당의 부속 건물로는 선향재善香齋와 농수정濃繡亭이 있다.

　선향재는 서재 겸 응접실 역할을 했고 벽돌로 쌓은 것이 특징이다. 가운데에 넓은 대청을 두고 양쪽에 온돌방을 앉혔으며, 지붕 위로는 햇볕을 막는 차양을 설치했다. 선향재가 서향이어서, 오후에 햇볕이 들어와 책을 훼손하는 것을 막기 위해서였다. 농수당은 연경당 영역의 정자로 선향재의 동북쪽에 있다.

　농수정은 '짙은 빛濃으로 수繡를 놓는다'는 뜻으로 연경당 동북쪽에 선향재와 비슷한 시기에 세운 정자다. 문이 설치되어 있는데, 문짝은 위로 들어올릴 수 있어서 문을 올리면 사방이 트인 공간이 눈에 들어온다. 1834년(순조 34) 11월 13일 순조는 부스럼을 앓다가 해시에 경희궁 회상전會祥殿에서 승하하였다.

순조가 승하한 것은 대리청정을 맡긴 효명세자가 운명한 지 4년 만의 일이었다. 1834년 10월 28일 순조는 두통과 대소변이 통하지 않는 증상으로 약방에서 입진을 청했고, 이후 매일같이 약원藥院과 의관들이 왕을 진찰했다. 이전부터 앓았던 종환腫患에 의한 것으로서, 의관들이 직숙하며 순조를 살폈으나 병세는 호전되지 않았다. 11월 13일 순조는 조만영 등 대신들을 불러 옥새를 왕세손(헌종)에게 전할 것과 궁성의 호위를 명한 후 45세로 생을 마감했다.

순조가 승하한 지 엿새 후 시호를 '문안무정헌경성효대왕文安武靖憲敬成孝大王'이라 하고 묘호는 '순종純宗', 능호는 '인릉仁陵'이라 정했다. 헌종 대신 수렴청정을 하던 순원왕후는 남편이 승하한 낭일 이최응을 수릉관으로 임명하고 그해 12월 21일 인조의 능인 파주 장릉長陵 언덕을 산릉으로 정했다. 그러나 순원왕후는 파주 장릉 언덕에 있는 흙의 빛깔이 흡족하지 못하고 뇌석腦石이 깨져 상할 염려가 있으니 산릉 역사를 정지하고 다시 길지를 정하게 했다.

이후 기존의 산릉 위치를 장릉과 같은 국내局內로 옮기도록 했다. 산릉의 위치를 정한 후 다시 다른 곳으로 정하는 결정을 대비가 내린 것은 이례적인 일로서, 그만큼 순원왕후의 위상이 컸음을 보여준다. 결국 이해 4월 19일 순조를 인릉에 장사지냈다. 순조를 인릉에 장사지낸 과정은 『순조인릉산릉도감의궤』에 상세히 기록되어 있다.

헌종대인 1835년(헌종 1) 순원왕후의 의지로 파주 장릉 왼쪽 산줄기에 위치했던 순조의 인릉은 21년 만인 1856년(철종 7) 현재의 서울 서초구 내곡동 태종의 헌릉獻陵 옆으로 옮겨졌다. 1855년

순조와 순원왕후의 합장릉인 인릉.

(철종 6) 2월 지사地師와 대신들이 파주 인릉을 살펴본 후 철종을 면담한 자리에서, 인릉은 풍수상 길지가 아니어서 천릉해야 한다고 보고했다.

이에 철종은 직접 천릉 예정지인 헌릉을 살펴봤고, 1856년 2월 헌릉의 오른편 언덕을 천릉 장소로 정했다. 천릉을 한다면 새로 결정된 능지에 산릉을 조성하는 일과 기존 능에 묻힌 재궁梓宮 등을 옮기는 일이 함께 진행되어야 했다. 이를 위해 두 개의 도감이 설치되어 동시에 일을 진행했다.

2월 22일 천릉의 하교 이후 3월 4일 내수사에서 비용을 차출해 천릉 역사를 시작했고, 10월 6일에 발인해 8일에 대여가 새로 조성한 산릉에 도착했다. 10월 11일 현궁을 내리고 우제虞祭를 지낸 후 10월 15일 인릉의 천릉 작업을 완료했다.

인릉을 천릉할 시기에 순원왕후(1789~1857)는 68세의 고령으로 건강이 좋지 않았다. 이에 순원왕후는 서둘러 천릉을 완결하려고 했다. 결국 일을 마친 후 10개월이 지난 1857년(철종 8) 8월 4일 69세의 나이로 순원왕후는 승하했다. 순조, 헌종, 철종 세 왕이 재위하던 기간에 정국의 중심에 섰고, 헌종과 철종 2대에 걸쳐 수렴청정을 한 순원왕후도 죽음만큼은 피할 수 없었다.

그러나 승하 후에도 그녀의 재궁에는 은정銀釘(은으로 만든 못)과 옻칠이 수차례 더해지면서 죽음조차 권력을 앗아가지 못했음을 증명했다. 순원왕후의 무덤은 이미 천릉되어 있던 인릉에 합장했다. 이 일은 9월 1일 공사를 시작해 12월에 모든 작업이 완료됐다. 순원왕후의 합장에 대한 내용은 『순원왕후인릉산릉도감의궤』에 자세히 기록되어 있다. 현재의 서울시 서초구 내곡동에는 태종과 원경왕후의 쌍릉인 헌릉과 순조와 순원왕후의 합장릉인 인릉이 조성되어 있어서 '헌인릉'이라고도 불린다.

44

종로, 용산, 북촌에서 희생된
천주교 신자들

조선 후기 정치·사회적으로 가장 큰 탄압을 받은 종교는 천주교였다. 17세기 명나라에 사신으로 간 인물에게 처음 전래된 천주교는 18세기 이후 정치인은 물론이고, 일반 백성에게까지 널리 받아들여졌다.

천주교가 급속히 전파되자 조정은 큰 위기의식을 느껴 천주교 탄압에 적극 나섰고, 신부를 비롯해 신자 다수가 희생됐다. 조선 후기에는 1791년의 신해박해, 1801년의 신유박해, 1839년의 기해박해, 1866년의 병인박해 등 대규모 박해 사건이 일어났고, 서울에도 천주교 수용과 박해를 기억하는 주요 현장들이 남아 있다.

조선시대에 천주교 전래에 선구적인 역할을 한 인물로는 허균 許筠(1569~1618)을 들 수 있다. 그가 명나라에 사신으로 갔을 때 유럽의 지도와 천주교의 「게십이장偈十二章」을 얻어왔다는 기록이 유몽인의 『어우야담』이나 이익의 『성호사설』에 전해진다. 당시의 명나라도 마테오리치에 의해 막 천주교가 도입되는 시점이었던 점을 고려하면, 조선에 천주교가 소개된 것은 비교적 일렀던 셈이다.

조선 후기에 정치·사회적으로 가장 큰 탄압을 받은 종교는 천주교였다.
사진은 1971년 명동성당에서 미사를 드리는 모습이다.

1637년 삼전도 굴욕의 조건으로 청나라 심양에 인질로 갔던 소현세자 역시 천주교에 깊은 관심을 가졌다. 소현세자는 북경의 남천주당에 머물던 독일인 신부 아담 샬과의 만남을 통해 교리에 대해 많은 것을 배울 수 있었다.

조선 후기 점차 교세를 확장해가던 천주교에 대한 최초의 대대적인 박해는 정조 15년(1791)에 일어났다. 신해사옥 또는 신해박해는 그해 전라도 진산珍山의 선비 윤지충이 모친상을 당해, 외사촌 권상연과 함께 신주神主를 불사르고 천주교식으로 제례를 지내면서 시작되었다.

이 일이 중앙에 보고되자, 조정에서는 정치와 제도의 위신을 손상시켰다는 이유로 천주교인들에 대한 공세에 나섰다. 진산 군수를 시켜 두 사람을 체포한 후, 도덕을 문란하게 하고 무부무군無父無君의 사상을 신봉했다는 죄명을 씌워 사형에 처했다. 정조는 사건을 이 정도에서 마무리하고, 천주교의 교주教主로 지목받은 권일신을 유배시켰다.

천주교에 비교적 관대했던 정조가 1800년 승하한 후 대대적인 천주교 탄압이 시작되었으니, 이것이 바로 1801년에 일어난 신유박해다. 이는 천주교에 대한 탄압 외에 천주교 신자인 남인에 대한 정치적 탄압의 성격을 띠면서 대규모로 번졌다.

1800년 순조가 왕위에 오르면서, 15세의 어린 나이로 영조의 계비로 들어왔던 경주 김씨 정순왕후는 왕실의 최고 어른이 되어 수렴청정을 하게 되었다. 정치적으로 노론 벽파僻派 입장이었던 정순왕후와 그의 친정 경주 김씨 세력은 정조의 그림자 지우기에 나섰다. 정조의 친위부대인 장용영의 혁파와 개혁 정치의 진원지인 규장각이 축소된 것이 신호탄이었다.

반대파인 남인 세력의 탄압도 본격적으로 시작됐다. 1801년 천주교 서적을 읽었다는 이유로 남인들에 대한 대대적인 숙청을 가했다. 이가환, 이승훈, 정약종 등은 처형되었고, 정약용은 장기로 유배되었다가 강진으로, 정약전은 신지도에서 흑산도로 각각 유배되었다.

헌종 때는 기해박해가 일어났다. 1839년 3월 사학토치령邪學討治令에 의해 시작되어 10월까지 계속되었다. 천주교 박해와 더불어, 벽파의 입장을 견지한 풍양 조씨가 시파時派인 안동 김씨의 세력을 약화시키려는 정치적 목적도 컸다.

파리 외방전교회 소속 신부 피에르 모방, 자크 샤스탕, 주교 앵베르 등이 처형당했고, 정하상 바오로 등이 참수되어 순교한 사람이 54명, 옥에서 죽고 장하杖下에 죽고 병들어 죽은 사람이 60여 명에 이르렀다.

기해박해 다음가는 대규모 천주교 박해는 1866년(고종 3)에 일어난 병인박해다. 흥선대원군이 집권하던 시기에 프랑스인 선교사 9명을 체포해 처형했고, 프랑스는 이를 빌미로 군대를 이끌고 조선 침략에 나섰다. 이때는 강화도를 점령했던 프랑스군이 외규장각을 방화하는 한편 이곳에 보관되어 있던 왕실의 주요 전적典籍 340여 점을 약탈해갔다. 이 가운데 297책의 어람용 의궤는 2011년에 반환되었고, 현재는 국립중앙박물관에 소장돼 있다.

새남터 가톨릭성지 기념성당.

서울의 명소가 된 천주교 탄압 현장

체포령이 내려져 천주교 신자들이 붙잡히면 중죄인을 심문하는 기관인 의금부로 압송되었다. 1801년 신유박해에 대한 『순조실록』의 기록 중 "추국하였으니, (담당 관리는 영부사 이병모, 판의금부사 서정수, 지의금부사 이서구, 동의금부사 윤동만, 한용탁이었다) 사학邪學 죄인을 국문한 것이었다"라거나, "사학의 망명죄인亡命罪人 황사영을 충청도 제천 땅에서 포착하여 의금부로 이송하였습니다"라는 기록 등을 통해서, 천주교와 관련해서는 의금부 소속 관리들이 집중적으로 수사 및 심문을 했음을 알 수 있다.

의금부가 위치했던 곳은 현재의 종로1가 일대로, 종각역 1번 출구 앞에 가면 '의금부 터'라는 표지석을 볼 수 있다. 의금부는 태

종 때인 1414년(태종 14) '의용순금사義勇巡禁司'를 개편한 관청으로,
형조, 사헌부와 함께 조선시대를 대표하는 사법기관이었다.

의금부 터 옆에는 '한국천주교 순교 터이자 신앙증거 터'라는
표석이 있다. 실제로 1801년 주문모 신부와 평신도인 최창현, 정약
종 등이, 1839년에는 앵베르 주교와 모방, 샤스탕 신부, 1866년에
는 베르뇌 주교, 남종삼 등이 의금부에서 심문받았다.

전옥서典獄署는 형조 산하의 관청으로, 감옥과 죄수들을 관리
했다. 1392년(태조 1) 조선의 새 관제를 정할 때 고려의 제도를 계
승해 전옥서를 설치했으며, 1894년(고종 31) 갑오개혁 때 전옥서
를 감옥서監獄署로 개칭하고 경무청 소속으로
했다. 현재 종각역 6번 출구 앞 오른쪽 화단에

1949년 한옥 형식의 가회동성당
이 건립되었다. 사진은 2013년에
재건축한 가회동성당의 모습.

표석이 설치되어 있다. 서린방瑞麟坊에 있어서 서린옥瑞麟獄이라고
도 불렀다.

전옥서는 이호영 베드로, 김 바르바라 등 많은 천주교 신자가
신앙을 고백하고 순교한 장소였는데, 김대건 신부의 부친인 김제준
이냐시오는 의금부에서 형조로 이송되어 처형될 때까지 전옥서에
구금되었다.

새남터 역시 대표적인 천주교 순교지다. 현재 서울시 용산구
이촌동 앞 한강변의 모래사장으로, 일명 '노들' 또는 한문으로 '사
남기沙南基'라고도 한다. '새남터'는 '사남기'를 우리말로 부르는 호
칭이다. 조선시대에는 넓은 백사장이 있어서 군사훈련장인 연무장
鍊武場으로 사용되기도 했다. 1456년(세조 2) 성삼문 등 사육신이 이
곳에서 처형당했으며, 천주교 전파기에는 신자들의 처형장으로도
사용되었다.

1801년 신유박해 때 청나라 신부 주문모가 이곳에서 처형당
한 뒤로 많은 천주교 신자의 순교지가 되었다. 1839년 기해박해 때
앵베르, 모방, 샤스탕이, 1846년 병오박해 때는 김대건과 현석문이,
1866년 병인박해 때 베르뇌와 도리 등 여섯 명의 서양인 신부와 정
의배, 우세영 등의 신자들이 이곳에서 군문효수軍門梟首에 처해졌다.

한국 천주교에서는 수많은 천주교인이 이곳에서 순교한 것
을 기억해, 1950년 처형지로 추정되는 인근의 땅을 매입해 순교 기
념지로 지정했다. 1956년 '가톨릭순교성지'라는 기념탑을 세웠고,
1984년에는 새남터순교기념대성전을 착공하여 1987년에 축성식
을 거행했는데, 이 성전은 종래의 서양식 교회 건축 양식을 탈피해

한국식 건물로 설계됐다. 2006년에는 새남터 기념관이 건립되었다.

현재 서울 북촌에는 천주교와 관련된 현장이 다수 남아 있다. 대표적인 곳이 '석정보름우물'이다. 15일 동안은 맑고 15일 동안은 흐려지곤 했기 때문에 '보름우물'이라 불렸다고 한다. 서울에 상수도가 도입되기 전까지 계동 주민의 주요 식수원이었다고 한다.

최초의 선교사였던 중국인 주문모 신부가 1794년 압록강을 건너 조선에 들어와 계동 최인길 마티아 집에 숨어 선교활동을 벌일 당시 이 우물의 물로 영세를 주었다는 이야기가 전해온다. 천주교 박해 당시에 우물물에서 쓴맛이 났다는 일화도 전해지고 있다.

밀고로 체포령이 내려진 후 주문모 신부는 여신도 강완숙의 집으로 피신해 6년 동안 포교활동을 했다. 이 시기에 주문모는 정약종, 황사영 등과도 접촉했다고 한다.

북촌이 천주교 전파의 중심 공간임을 기억하기 위해 1949년 이곳에 한옥 형식의 가회동성당이 건립되었다. 가회동성당은 최근 연예인들의 결혼식 장소로도 활용되면서 북촌의 새로운 명소로 떠오르고 있다.

45

역사의 아이러니가 깃든 궁들

조선의 국왕 가운데 가장 어린 나이에 즉위한 인물은 헌종憲宗(1827~1849, 재위 1834~1849)이다. 1834년 8세의 나이로 왕이 되었고, 재위 기간은 15년이었다. 그러나 왕으로 있던 시기는 대부분 10대의 나이였기에 대비인 순원왕후가 수렴청정을 했다.

15세 무렵 친정親政하기 시작한 헌종은 특히 증조부 정조를 닮고자 노력했다. 창덕궁에 있는 소주합루와 낙선재, 그리고 낙선재를 구성하는 건물 중 하나인 석복헌은 헌종이 정조를 롤모델로 삼았음을 보여주는 대표적인 공간이다.

헌종은 효명세자와 신정왕후의 장자로서, 이름은 환奐, 호는 원헌元軒이다. 1827년 7월 18일 창경궁 경춘전에서 태어났다. 경춘전은 증조부 정조가 태어난 곳이기도 하다. 헌종 즉위 후 대비인 순원왕후의 수렴청정이 시작되었고, 1841년 15세가 된 헌종은 친정을 하게 되었다. 왕이 스무 살이 될 때까지 수렴청정을 하는 것이 원칙이었지만, 8세에 즉위해 수렴청정 기간이 너무 길었기 때문에 5년을 단축한 것이다.

일제강점기 창경궁 앞의 경춘전 풍경. 헌종이 태어난 곳이다.

헌종은 정조의 뜻을 이어받고자 하는 의지를 담아 소주합루를 승화루承華樓로 개칭하고, 정조가 세운 왕실 도서관인 규장각의 정신을 적극 계승하려고 했다. 정조는 1776년 즉위 직후 개혁의 공간으로 규장각을 건립했는데, 규장각 2층이 바로 주합루였다.

정조는 1782년(정조 6) 세자의 공간으로 중희당을 건립했으며, 바로 이웃한 곳에 주합루를 모방한 소주합루를 세웠다. 1층에는 세자가 읽을 책을 보관하는 서고인 의신각儀宸閣이 있었고, 2층에 마련된 소주합루는 책을 읽거나 휴식을 취하는 공간이었다.

헌종은 1847년 낙선재를 지으면서 소주합루의 이름을 승화루로 바꾸었다. '승화承華'는 '정화精華를 잇는다'는 뜻으로, 많은 책과 글, 그림을 수집해 그 빼어난 정화를 이어받는다는 의미였다.

승화루 뜰에는 큰 돌을 움푹 파서 만든 작은 연못인 '향천연지香泉研池'(향기 나는 샘과 벼루 같은 연못)가 있어 운치를 더해주었다. 헌종은 정조가 그랬던 것처럼 승화루에 많은 서책을 보관했다.

낙선재를 짓고 올린 상량문에는 "동벽東壁에는 온갖 진귀한 서책들 빛나고, 서청西淸에는 묵은 나무 휘날려 창이 영롱하다. 잘 꾸며진 서적이 많고 아름다운 비단 두루마리는 성상이 을야乙夜(밤 10시경)에 볼 자료로다"라는 기록이 있는데, 정조를 계승해 장서들을 보관하고 서책을 연구하려던 헌송의 의지를 엿볼 수 있다.

헌종은 특히 김정희의 글씨를 좋아했다. 김정희의 제자인 소치 허련許鍊(1809~1892)은 "낙선재로 들어가니 바로 상감이 평상시 거처하시는 곳으로 좌우의 현판 글씨는 완당阮堂(김정희의 호)의 것이 많았습니다. 향천香泉, 연경루研經樓, 유재留齋, 자이당自怡堂, 고조당古

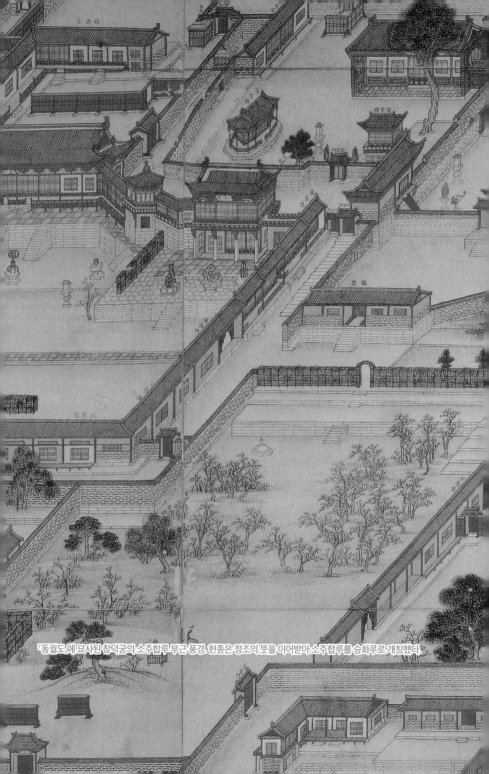

「동궐도」에 묘사된 창덕궁의 소주합루 부근 풍경. 헌종은 정조의 뜻을 이어받아 소주합루를 승화루로 개칭했다.

漢堂이 그것이었습니다. 낙선재 뒤에는 평원정平遠亭이 있었습니다"
라고 하여 헌종의 부름을 받아 낙선재에 들어가 김정희의 작품을
직접 본 모습을 『소치실록』에 기록하고 있다.

당시 헌종이 제주도로 유배 가 있던 김정희의 안부를 물었던
것도 기록으로 나타난다. 평원정은 낙선재의 서북쪽에 있는 정자
로, 지금은 상량정上凉亭이라는 현판이 붙어 있다.

승화루에는 서책이 보관됐는데 이 목록을 정리한 『승화루서
목承華樓書目』이 있다. 서목에 의하면 책은 총 3742책이며 서화가 총
665점에 이른다. 승화루 서고에는 수많은 그림과 도서 그리고 인장
을 수집해서 보관했는데, 『승화루서목』에 실린 목록을 보면 양적으
로나 질적으로나 당대 최고 수준의 작품이 보관되어 있었음을 알
수 있다. 『승화루서목』은 고종, 순종 연간에 편찬되었지만, 헌종의
서화 컬렉터로서의 모습이 잘 나타나 있는 자료다.

헌종 재위 9년째인 1843년 8월 25일, 헌종의 첫 왕비 효현왕
후 김씨가 창덕궁 대조전에서 16세의 나이로 승하했다. 헌종의 나
이도 이제 17세. 새로운 왕비를 맞이해야 해, 왕비 승하 후 1년여
만인 1844년 10월 18일 남양 홍씨 홍재룡의 딸을 계비(효정왕후)로
맞이했다.

그런데 효정왕후기 계비로 간택된 지 3년 만인 1847년(헌종
13) 7월에 대왕대비인 순원왕후는 언문 교지를 내려, 중전에게 병
이 있다는 이유로 헌종의 후궁을 간택하게 하는 이례적인 조치를
취한다.

교지는 "국조國朝의 전례를 따라 사족士族 가운데에서 처자를

가려 빈어嬪御(후궁)에 둔다면 저사諸嗣(왕위를 이음)를 널리 구하는 도리가 오직 여기에 있을 것이다. 이제 언문으로 조정에 하교하는 것은 매우 미안하나 이것은 실로 국가의 대계大計이므로 어쩔 수 없이 이처럼 누누이 하니, 경들은 종사의 큰 경사가 있을 도리를 생각해야 한다"고 하여, 후궁의 간택이 왕의 후계자를 만들게 하는 조처임을 알렸다.

14~19세 처녀에 대한 금혼령이 내려졌고, 이해 10월 20일 주부 김재청金在淸의 딸을 간택하여 경빈慶嬪으로 책봉했다. 경빈 김씨(1832~1907)의 본관은 광산光山으로, 광산 김씨는 조선 후기 송시열의 스승인 김장생과 숙종의 계비 인원왕후를 배출한 명문이었다.

후궁을 간택하면서 가례청을 설치하고 가례를 행한 것도 특별한 일이었다. 그만큼 경빈 김씨에 대한 예우와 후사를 잇게 하려는 기대가 컸던 것이다. 헌종과의 가례 이후 경빈 김씨는 순화궁順和宮이라는 궁호를 받았다.

헌종이 경빈 김씨에게 보낸 총애를 상징하는 공간이 낙선재 동쪽에 지은 석복헌이다. 현재 창덕궁과 창경궁의 경계에 위치한 낙선재는 낙선재만을 지칭하기도 하고, 석복헌과 수강재까지 세 건물을 함께 일컫기도 한다.

수강재는 대비인 순원왕후를 위해 지은 건물로, 대비에게서도 경빈 김씨와의 관계를 인정받으려는 의지가 담겨 있었다. 낙선재는 헌종이 20대 이후 본격적으로 왕권 강화를 시도하던 시기인 1847년에 건립되었다.

「동궐도」를 보면 낙선재는 창경궁 영역에 속해 있지만, 지금은 창덕궁으로 입장해야 볼 수 있다. 헌종의 문집인 『원헌고元軒稿』에 수록된 「낙선재 상량문」에서는 순임금의 "선善을 즐거워했다"는 점과 화려함을 쫓지 않고 소박함을 내세우고자 한 뜻을 담아서 낙선재에 단청을 칠하지 않았던 사실을 파악할 수 있다. 낙선재 건립 이 듬해인 1848년(헌종 14) 8월 11일, 헌종은 경빈 김씨의 공간인 석복헌을 지었다.

정조를 멘토로 삼았던 헌종은 후궁을 맞는 과정에서도 비슷한 행보를 이어갔다. 정조가 정미년인 1787년(정조 11) 후궁인 수빈

낙선재는 낙선재만을 지칭하기도 하고, 석복헌과 수강재까지 포함해 일컫기도 한다.
사진은 낙선재 후원의 모습이다.

박씨를 들이고 그녀를 집복헌에 거처하게 한 것과 같이, 헌종은 꼭 60년 만인 1847년 10월 경빈을 후궁으로 맞이했고, 그녀를 위해 석복헌을 조성했다.

헌종은 수빈 박씨가 집복헌에서 순조를 낳은 것과 같이 경빈 김씨도 석복헌에서 자신의 아들을 낳기를 간절히 고대했을 것이다. 그러나 기대와 달리 경빈은 후사를 두지 못했고, 경빈을 맞이한 지 불과 2년도 안 된 1849년 6월 6일 헌종은 창덕궁 중희당에서 세상을 떠났다.

헌종이 승하한 후 경빈 김씨는 궁궐 밖으로 나가야 했는데, 이 때 그녀가 거처한 곳이 순화궁順和宮이다. 순화궁은 한성 중부, 현재의 인사동에 있었다. 능성綾城 구씨具氏 집안이 이곳에 대대로 살다가 19세기에는 안동 김씨 세도정치의 중심이었던 김조순의 조카 김흥근의 소유로 넘어갔다. 경빈 김씨가 헌종 사후 김흥근의 집에 머물면서, 경빈의 궁호인 순화궁으로 불렸다.

경빈은 1907년 76세의 나이로 사망할 때까지 이곳에 살았다. 『고종실록』 1907년 6월 1일자에는 "경빈 김씨가 졸卒하였다. 이에 대해 조령詔令을 내리기를, '경빈은 연세가 높아도 아직 정력이 강건하였으므로 병환이 깊긴 해도 내심 회복될 것이라고 기대하였는데 문득 세상을 떠나고 말았다'"는 기록이 보인다.

경빈 사후 순화궁은 1908년 궁내부 대신이던 이윤용에게 넘어갔고, 곧 이완용이 이곳을 차지했다. 이후 이완용은 순화궁을 전세로 내놓았고, 이곳에 들어온 명월관 사장은 분점 태화관太和館을 세웠다.

태화관에서 「3·1 독립선언서」가 낭독된 것은 널리 알려진 사실인데, 이완용이 한때 거처했던 곳에서 독립선언서가 낭독된 점은 역사의 아이러니다. 태화관은 1921년 감리교 선교부가 매입해 '태화여자관'이라는 이름의 감리교 포교지 및 여성복지 사회재단으로 거듭났다.

태화관 건물은 일제강점 말기에는 징발되고, 해방 후에는 경찰서 청사 등으로 사용되다가 '태화기독교사회관'으로 운용되기도 했다. 이곳은 1980년 도시개발계획으로 헐렸고, 현재는 태화빌딩이 들어서면서 '태화'라는 이름이 이어지고 있다. 태화빌딩 앞에 있는 '순화궁 터'라는 표지석은 이곳이 경빈 김씨의 거처임을 기억하게 한다.

46

청운동과 삼청동에 서린 세도정치

조선의 역사에서 19세기 초·중반은 흔히 세도정치 시기로 불린다. 1800년 정조가 승하한 후 순조는 11세의 나이로 즉위했고, 순조의 뒤를 이어 헌종이 왕이 되었을 때 나이는 8세였다. 철종 (1831~1863, 재위 1849~1863)은 즉위할 때 나이가 19세였지만, 선대에 역모 혐의를 받아 강화도에 살고 있었던 터라 왕이 될 수업을 전혀 받지 못한 상태였다.

왕의 권위가 실추된 상황에서 외척들이 권력을 행사하는 세도정치의 시대가 왔고, 그 중심에 있던 집안이 바로 안동 김씨였다. 순조, 헌종, 철종 3대에 걸쳐 왕비를 배출한 안동 김씨의 전성기가 시작되었고, 그들이 기반으로 삼았던 세거지와 별장의 흔적들은 지금도 남아 있다.

19세기 안동 김씨가 세도정치의 중심에 설 수 있었던 가장 큰 배경은 왕실과의 혼인이었다. 순조의 왕비 순원왕후는 김조순의 딸이었으며, 헌종의 왕비 효현왕후는 김조근의 딸이었다. 강화도에 있다가 왕이 된 후에 혼례를 치른 철종의 왕비 또한 안동 김씨 김문근의 딸이었다. 19세기에 이르러 안동 김씨는 이름에 '순淳' 자, '근根' 자가 들어가는 항렬에 이어 '병炳' 자 항렬까지 그야말로 전성기를 이루었다.

시조 김선평金宣平이 고려 태조 왕건에게서 성씨를 하사받아 안동을 본관으로 탄생한 안동 김씨는 16세기 서울에 기반을 두게 된다. 사헌부 장령을 지낸 김영수의 둘째 아들 김번(1479~1544)의 후예들이 백악산 아래 장동壯洞(현재 서울 종로구 청운동 일대)에 자리를 잡으며, 장동 김씨나 장김壯金, 또는 신안동 김씨로 불렸다.

김번은 1513년 문과에 급제해 평양 서윤을 지냈다. 김번의 후손 중 대표적인 인물이 인조 때 척화파의 중심

『풍고집』 김조순, 1868, 규장각한국학연구원. 조선 후기의 문신 김조순의 문집으로 1868년(고종 5) 그의 문중에서 간행했다.

이었던 선원仙源 김상용(1561~1637)과 청음淸陰 김상헌(1570~1652)이다.

김상용과 김상헌 형제에 이어, 김상헌의 손자 김수항은 숙종 때 영의정을 지냈다. 김수항의 아들들은 창昌 자 항렬로, 소위 육창

六昌으로 불렸다. 영의정 김창집, 대제학 김창협, 사헌부집의 김창흡, 이조참의 김창업, 왕자사부 김창즙, 김창립 형제는 정치와 학문 분야에서 두각을 나타내며, 장동 김씨가 조선 후기 최고의 명문가로 자리잡는 데 기여했다.

김창집의 현손 김조순의 딸이 순원왕후가 되면서 왕실과의 혼인도 굳건히 이어갔다. 김조순은 국구로서 영안부원군에 봉해졌고, 헌종의 왕비 효현왕후, 철종의 왕비 철인왕후에 이르기까지 세도 가문이 되었다.

장동 김씨의 세거지가 된 곳은 김상용이 거처했던 청풍계로, 원래 푸른 단풍나무가 많은 계곡이라는 의미의 '청풍계靑楓溪'로 불리다가 김상용이 이곳에 집터를 물려받으면서 맑은 바람이 부는 계곡이라는 의미인 '청풍계淸風溪'로 바뀌었다.

청풍계의 모습은 장동 김씨가 후원한 화가 정선의 그림을 통해 그 실체가 눈에 들어온다. 18세기 '창昌' 자 항렬인 장동 김씨들은 인근에 살던 화가 정선을 적극 지원했다. 인왕산 인근에 살던 정선은 김창협, 김창흡, 김창업의 문하에 드나들면서 성리학과 시문 수업을 받았고, 이들 집안과 깊은 인연을 다져갔다.

장동 김씨 가문은 정선의 재능을 알아보고 학문적으로나 경제적으로나 큰 도움을 주었다. 15~17세기 피렌체를 실질적으로 지배한 메디치 가문이 수많은 학자와 예술가를 후원해 이탈리아 르네상스 시대를 만든 것과도 유사점이 있다. 정선은 인왕산을 비롯해 일대의 주요 공간을 그림으로 남겼는데, 청풍계에는 더욱 정성을 다하고 여러 번 작품을 남겼다. 자신에 대한 지원을 아끼지 않은 장

동 김씨에 대한 감사의 표시였던 듯하다.

청풍계는 인왕산 동쪽 기슭의 북쪽인 현재 청운동 일대의 골짜기로, 김상용의 고조부가 살던 집터를 김상용이 별장으로 확장한 것이다. 병자호란 때인 1637년 1월 청나라군이 강화도를 함락할 때 김상용은 남문을 지키다가 폭약을 안고 자결했다. 동생 김상헌은 남한산성에서 끝까지 척화론을 주장해 김상용·김상헌은 병자호란 이후 충절의 아이콘으로 기억되고 있고, 그만큼 가문의 위상노 높아졌다.

김상용의 후손 김양근이 1766년(영조 42) 청풍계의 규모와 경치를 자세히 기록한 『풍계집승기楓溪集勝記』는 영조 시대 청풍계의 모습을 생생히 드러내주고 있다. "청풍계는 우리 선세의 옛 터전인데 근래에는 선원仙源(김상용의 호) 선생의 후손이 주인이 되었다"는 기록에 이어, "석벽 위에 백세청풍百世淸風 네 글자가 새겨져 있으므로, 또한 청풍대淸風臺라고 한다"는 기록이 보인다.

지금도 청운초등학교를 끼고 들어가는 골목길의 어느 주택 안 담벼락에 '백세청풍' 네 글자가 새겨진 바위를 만날 수 있다. 그림 속 청풍계의 바위에 새겼던 글씨가 지금 우리 눈앞에 나타나 있는 것이다.

청풍계가 위치했던 곳에는 한국 현대사를 대표하는 기업가 고故 정주영 회장이 생전에 살았던 저택이 있다. 그만큼 이곳이 시대를 초월해 거주지로서의 가치가 큰 곳임을 보여주는데, 정주영 회장이 매일 새벽 6시면 청운동 자택에서 계동에 위치한 현대사옥까지 걸어다녔던 일화는 여전히 많은 사람에게 회자되고 있다.

현재 서울시 종로구 삼청동 133-111번지 주변에는 눈에 띄는 표지석 하나가 있다. '옥호정 터'로 이 근처에 옥호정玉壺亭이 있었음을 알려주는데, 이곳은 순조의 장인으로 안동 김씨 세도정치의 전성기를 연 인물 김조순金祖淳(1765~1832)의 별장이었다.

옥호정은 사라졌지만 그 모습은 「옥호정도玉壺亭圖」로 남아 있어서, 당시의 화려한 저택의 모습을 실감 나게 보여준다. 특히 「옥호정도」 북쪽에 그려진 '일관석日觀石'이라고 새긴 바위가 현재 백악 동쪽 산 중턱에 남아 있어서 옥호정의 위치를 짐작하게 한다.

「옥호정도」는 작자 미상이며, 역사학자 이병도(1896~1989)가 문교부 장관으로 재직할 당시부터 보관해온 것을 그의 손자 이건무 전 국립중앙박물관장이 국립중앙박물관에 기증하여 전해오고

있다. 이 그림을 보면 옥호정은 백악산 중턱 아름다운 산록에 둘러
싸여 있고, 넓은 후원과 정자각을 비롯해 텃밭과 벌통까지 그려진
것을 볼 수 있다. 본채는 기와지붕을 하고 있으며, 행랑채와 하인
들의 거처까지 보인다. '옥호산방'이라 쓴 편액이 걸린 건물은 바깥
사랑채로 보이며, 숲 사이에 죽정竹亭, 산반루山伴樓, 첩운정疊雲亭 등
이 나타난다.

석벽에 새겨진 '을해벽乙亥壁'이라는 글씨는 옥호정을 조성한
시기가 을해년인 1815년(순조 15)임을 알게 한다.

김조순이 옥호정을 자주 들렀던 모습은
그의 문집인『풍고집』을 통해서도 알 수 있다.

「옥호정도」 작자 미상, 국립중앙
박물관.

눈 속에 옥호정으로 들어와 시를 짓고, 늦봄에 옥호정에 와보니 바위 위에 두견화가 비로소 피었기에 시를 지었다는 기록도 보인다.

"옥호정사에 도착한 뒤로 열흘 남짓 시를 짓지 않다가 단오일에 우연히 꾀꼬리 소리를 듣고 내키는 대로 방옹의 시체를 모방해 짓다" "봄날 밤에 옥호정사玉壺精舍에서 잤다" "옥호정사에서 시사詩社의 벗들과 함께 짓다"라는 기록 등을 통해 사시사철 옥호정에 들러 시를 짓곤 하던 김조순의 모습을 만날 수 있다.「옥호정사에 영산홍이 만발하다」라는 시를 통해서는 영산홍으로 가득 찬 옥호정의 풍경을 눈에 선명하게 그릴 수 있다.

조선 전기의 학자 성현成俔(1439~1504)은 수필집『용재총화慵齋叢話』에서, 서울에서 경치가 뛰어난 곳을 언급하며 "삼청동이 가장 좋다"고 했다. 최고의 풍광을 자랑하는 곳에 대저택을 지은 김조순의 모습을 통해서 19세기 세도정치 시기에 화려한 삶을 살았던 장동 김씨의 모습을 접할 수 있다.

47

하늘과의 거리가 멀지 않았던
화려한 운현궁

1863년 12월 고종高宗(1852~1919, 재위 1863~1919)이 철종의 뒤를 이어 조선의 스물여섯 번째 왕이 되었다. 철종의 후계자를 둘러싼 경쟁 속에서 고종이 왕이 될 수 있었던 데에는 무엇보다 아버지 이하응李昰應(1820~1898)의 영향력이 컸다.

왕위 계승의 결정권을 가진 신정왕후神貞王后의 신임을 얻은 이하응은 마침내 아들을 왕으로 올리는 데 성공했고, 최초로 살아 있는 대원군(왕의 아버지를 일컫는 호칭) 시대를 열었다. 서울시 종로구 운니동에 위치한 운현궁은 고종이 태어나서 자란 잠저潛邸(왕위에 오르기 전에 살던 집)이자, 흥선대원군이 정치적 야망을 실현한 공간이기도 했다.

운현궁이라는 이름은 안국동에서 창덕궁 쪽으로 향하는 나지막한 고개의 이름인 '운현雲峴'에서 비롯되었다. 당시 이 고개는 천문 관측을 하던 서운관書雲觀(세조 때 관상감觀象監으로 개칭되었으나 서운관이라고 부르기도 했음) 앞에 있었는데, 서운관의 명칭을 따서 '운관 앞의 고개'를 뜻하는 '운현'이라고 부른 것이다.

운현궁은 고종의 생부 흥선대원군
의 저택이다.

고종이 왕의 자리에 오른 뒤에는 이곳을 대대적으로 보수하고 증축했다. 운현궁이 준공되었을 때, 고종은 대왕대비(신정왕후)와 왕대비(철인왕후)를 모시고 운현궁에서 낙성식을 성대하게 거행했다.

이때 고종은 "자전의 행차가 영광스럽게 나의 저택에 들르시니 너무나도 영광스럽고 경축하는 마음 한량없다. 오늘 상하가 화합하고 즐기는 일을 기록하지 않을 수 없으니, 「노락당기문老樂堂記文」을 대제학으로 하여금 지어 올리게 하고 현판을 달도록 하라"고 지시했다.

그리고 근처의 선비와 소년들에게 임시 과거시험을 보게 하고 선비 50여 명과 소년 497명을 선발해서 시상하는 등 운현궁의 준공을 축하한 모습이 『승정원일기』 1864년(고종 1) 9월 24일 기록에 보인다.

운현궁이 증축되어 규모가 가장 컸을 때는 현재의 덕성여자대학과 옛 TBC 방송국, 일본문화원, 그리고 교동초등학교 일대까지 포함했다. 궁궐에 필적할 만큼 크고 웅장한 공간이었던 것이다.

이때 네 개의 대문도 갖춰졌는데, 여기에는 고종이 창덕궁에서 운현궁을 드나들 수 있도록 만든 경근문敬覲門과 대원군의 전용문인 공근문恭覲門도 포함되었다. 아재당我在堂, 노안당老安堂, 노락당老樂堂, 이로당二老堂, 영화루迎和樓 등의 건물과 함께 흥선대원군의 할아버지 은신군恩信君과 아버지인 남연군南延君을 모신 사당도 세웠다.

황현은 『매천야록』에서 "관상감의 또 다른 이름은 서운관이다. 그러나 지금 주상의 잠저가 바로 옛날 관상감의 터이므로 운현궁이라고 한다. 철종 초에 경성에서는 관상감에서 성인이 난다는 민요가 있었고, 또 운현궁에 왕기가 있다는 말이 떠돌아다녔는데 그 후 지금 주상이 탄생하였다. 그가 등극한 후 대원군 이하응은 이 터를 다시 넓히고 새로 단장하여 주위의 담장이 여러 개나 되었고, 네 곳에 대문을 설치하여 대내大內처럼 엄숙하게 하였다"고 하여 운현궁의 규모가 매우 컸음을 증언하고 있다.

운현궁은 무엇보다 흥선대원군 정치활동의 중심 공간으로 중요한 의미를 지닌다. 서원 철폐를 비롯해 경복궁 중건, 호포법戶布法 실시 등 개혁 정치를 단행한 곳이었기 때문이다. 1863년 12월 철종이 후사 없이 사망한 후 왕위는 흥선대원군의 차남 재황載滉(아명은 명복命福), 고종에게 계승되었다. 60여 년간 세도를 누렸던 안동 김씨의 정치적 실권자들은 경악했다.

흥선대원군은 신정왕후와의 밀약 속에 고종이 나이가 어리다는 이유로 바로 섭정 체제로 들어갔고, 안동 김씨 세도정치의 척결에 나섰다. 19세기 초중반 60년 동안 세도정치의 본산으로 기능했던 비변사를 폐지하고, 의정부를 부활시켰다.

1865년에는 노론의 정신적 지주인 송시열의 사당 만동묘萬東廟를 철폐하고, 당쟁의 온상이라는 이유를 들어 전국의 서원 중 사액서원 47곳을 제외한 모든 서원을 정리했다. 유림儒林들의 저항이 심했지만 대원군은 "백성을 해치는 자는 공자가 다시 살아난다 해도 내가 용서하지 못한다"는 확신에 찬 논리로 유생들의 기를 꺾고 정국을

경복궁 중건은 흥선대원군의 최대 역점 사업이었다. 사진은 경복궁 건춘문으로 경복궁 중건 당시인 1865년(고종 2)에 세웠다.

돌파해나갔다.

경복궁 중건은 흥선대원군의 최대 역점 사업이었다. 임진왜란 이후 270년 이상 폐허로 방치된 경복궁을 중건함으로써 왕실의 위상과 권위를 회복하려는 시도였다. 흥선대원군은 호포법을 실시해, 양인들에게만 부담하던 군포를 호포로 개칭해 양반들에게도 군역의 의무를 부과하는가 하면, 고리대로 변질된 환곡제를 폐지하고 백성이 쉽게 곡식을 빌릴 수 있는 사창제社倉制를 실시해 농민들의 안정된 생활을 추구했다. 대원군의 참신하고 적극적인 개혁 정치의 구상은 대부분 운현궁에서 비롯된 것이었다.

흥선대원군 권력의 중심 공간인 운현궁은 고종과 명성황후의 혼례식이 이곳에서 거행되면서 그 위상이 더 높아졌다. 1866년 고종의 혼례가 결정되자 조대비(신정왕후)는 별궁으로 운현궁을 지정했다. 이전까지 어의궁이 별궁으로 사용되었는데, 흥선대원군이 자신의 사저에서 왕의 혼례식을 치르도록 한 것이다.

당시의 혼례식 과정을 기록한 의궤인『고종명성황후가례도감의궤』에 의하면, 1866년 1월 1일부터 12~17세인 전국의 사족 처자들에게 금혼령이 내려졌다.

긴택은 2월 25일에 시작되어 이날 오시午時(12시경)에 초간택이 창덕궁 중희당에서 거행되었다. 후보 처자들은 분을 발라도 괜찮으나 얼굴에 붉은색은 칠하지 말라는 분부에 따라 가볍게 화장하고 간택에 임했다. 초간택에서 다섯 명이 선발되어 재간택에 나갔고, 재간택은 2월 29일 역시 중희당에서 거행되어 민치록의 딸이 마침내 낙점되었다. 삼간택까지 가지 않고 재간택에서 왕비 후보를

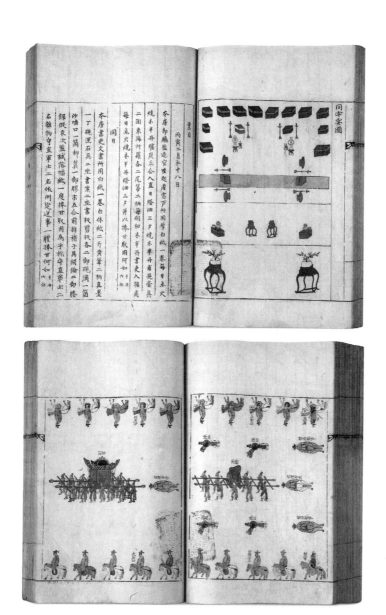

『고종명성황후가례도감의궤』, 45.9×31.7cm, 1866, 국립고궁박물관.

정한 것은 이미 후보감이 내정되었음을 암시한다.

『승정원일기』에는 "1866년(고종 3) 3월 21일 마침내 운현궁에서 혼례식의 가장 중요한 의식인 친영이 행해졌다"고 전한다. 당시 혼례식의 화려함은 82쪽에 달하는 화려하게 채색된 친영 반차도를 통해 확인할 수 있다. 종전에 판화 기법으로 그린 것과 달리, 이 반차도는 모두 수필水筆로 그렸다. 여느 반차도와 특히 다른 점은 왕의 행렬 끝부분인 38면에 종부시 사령 2인과 권두權頭 2인을 앞세우고 대원위大院位 교자轎子가 새롭게 등장하고, 왕비 행렬의 거의 마지막 부분인 78면에는 부대부인府大夫人 덕응德應(가마)이 등장하는 것이다. 대원군과 그 부인의 가마가 등장하는 것은 혼례식에서 대원군의 위상이 매우 컸음을 의미한다.

친영 의식은 노락당에서 치러졌는데, 노락당은 운현궁에서 가장 중심이 되는 건물로 가족들의 회갑이나 잔치 등 큰 행사 때 주로 이용되었다. 노락당의 현판 글씨는 흥선대원군의 깊은 신임을 받았던 무신 신헌申櫶이 썼다. 「노락당기문」에서 "노락당이 굉장히 높아 하늘과의 거리가 한 자 다섯 치밖에 되지 않는다"는 말에서도 호화롭고 웅장한 모양새를 짐작할 수 있다. 노락당에서는 지금도 고종과 명성황후의 혼례식 행사를 재현하고 있다.

48

부암동의 석파정과 염리동의 아소정,
권력의 빛과 그늘

서울 종로구 부암동 서울미술관 안으로 들어가보면 안채, 사랑채, 정자 등으로 구성된 고풍스러운 한옥의 모습이 한눈에 들어온다. 흥선대원군의 별장인 석파정石坡亭으로, 그의 호 석파에서 명칭이 비롯되었다. 그러나 이곳의 원래 주인은 안동 김씨 세도가의 일원으로서 철종 때 영의정을 지냈던 김흥근(1796~1870)이다. 석파정의 주인이 김흥근에서 흥선대원군으로 바뀐 사연과 함께 흥선대원군의 또 다른 별장인 아소정我笑亭의 역사 속으로 들어가본다.

석파정의 원래 이름은 '삼계동三溪洞 정사精舍'였다. '삼계동'은 세 개의 시냇물이 모이는 계곡이라는 뜻으로, 이곳은 인왕산 자락에서도 계곡이 깊고 경치가 뛰어났다. 바로 이 근처 무계동 계곡에는 세종의 셋째 아들 안평대군이 세운 별장인 무계정사武溪精舍가 있었다. 안견이 안평대군의 꿈 이야기를 듣고 그린 「몽유도원도夢遊桃園圖」는 무계동 계곡을 배경으로 한 것이다.

김흥근이 삼계동 정사라고 이름을 짓기 전 이곳은 숙종대의 문신인 조정만의 별장이었던 듯하다. 현재 석파정 앞 계곡의 바위에서는 1721년(경종 1)에 새긴 '소수운렴巢水雲簾'(둥지와 같은 물과 구름이 드리운 집)이라는 글씨를 볼 수 있다. 석파정은 철종대 이후에는 안동 김씨 세도가 김흥근의 소유가 되었고, 삼계동 정사로 불렸다.

인왕산 자락에 풍광이 뛰어나고 계곡이 흐르는 곳에 위치한 삼계동 정사를 탐낸 인물은 흥선대원군이었다. 1863년 아들인 고종을 왕으로 올린 후 섭정을 통해 최고 권력자가 된 흥선대원군은 김흥근의 별장을 차지하고 싶어했다. 어느 날 흥선대원군은 김흥근에게 하루만 별장을 빌려달라고 한 후, 고종을 이곳으로 모셔 주무시게 했다. 현재 석파정 위쪽 건물에는 고종이 머물렀던 방의 모습을 기억하도록 당시의 모습이 재현되어 있다. 왕이 하루라도 머문 장소는 왕의 소유가 되기 때문에 김흥근은 실질적으로 강탈을 당했고, 결국 흥선대원군의 소유로 넘어갔다.

삼계동 정사를 차지한 흥선대원군은 이곳에 바위 언덕이 많은 것에 감탄하면서, 자신의 호를 '바위 언덕'이라는 뜻으로 '석파'라 했다. 이후 삼계동 정사는 석파정으로 바뀌었다.

건물은 총 여덟 채로 구성되었는데, 안태각安泰閣, 낙안당樂安堂, 망원정望遠亭, 유수성중관풍루流水聲中觀風樓 등이 있다. 본채 건물이 위치한 곳 앞에는 넓은 바위가 있고, 바위에는 '삼계동' 세 글자가 새겨져 있다. 계곡 위쪽에 있는 유수성중관풍루는 청나라 양식을 가미해 그 모양이 특이하다. 석파정 가장 위쪽에는 매우 큰 바위가 자리잡고 있는데, 코끼리와 닮았다고 하여 코끼리 바위라고 불린다. 인왕산의 영험한 기운을 담고 있다는 믿음을 가진 사람들이 자

홍선대원군 별서에 딸린 정자 석
파정.

주 찾는 곳이다.

홍선대원군 사후 석파정은 고종의 친형이
자 홍선대원군의 장자인 홍친왕興親王 이재면李載冕, 홍친왕의 아들
영선군永宣君 이준용李埈鎔, 이준용의 양자가 된 이우李鍝(의친왕의 차
남)에게로 세습되었다. 한국전쟁이 끝난 뒤에는 천주교에서 코롬바
고아원으로 사용했으며, 이후 개인 소유로 넘어갔다. 그러고도 여
러 번 경매에 오르는 등 소유자가 자주 바뀌었다.

1974년에는 서울시 유형문화재로 지정받았다. 그러나 문화
재 보호 구역이라 소유권 이전이 쉽지 않았고, 군사시설 보호구역
인 점도 재산권을 행사하는 데 불리했다. 오랜 기간 비공개 지역으
로 묶여 있던 이곳은 2006년 안병광 유니온약품 그룹 회장이 낙찰
받아 석파정 입구에 미술관을 설립하면서 공개 지역으로 바뀌었다.

현재의 석파정에서 홍지문 쪽으로 조금 내려가면, '석파랑石坡廊'이라는 전통 한옥 모양의 음식점이 보인다. 그리고 석파랑 위쪽

2012년에 개관한 미술관의 이름은 '석파정 서울미술관'이고 석파정은 미술관을 통해 입장할 수 있다.

한국과 청나라의 건축양식이 조화를 이룬 석파정.

에 벽돌로 벽을 쌓은 한옥을 발견할 수 있다. 이 건물은 원래 석파정 경내에 같이 있었으나, 1958년에 서예가 손재형이 자기 집 바로 위인 현새의 사리로 옮겨 작업실로 사용했다.

석파정 별당이라 불리는 이 건물은 석파정 본채와 함께 1974년 서울시 유형문화재 23호로 지정받았다. 1981년 손재형이 세상을 떠난 후 가옥은 다른 사람 소유로 넘어갔으며, 1993년에는 한정식 식당 석파랑이 되어 현재까지 이르고 있다. 건물 측면 끝마다 붉은 벽돌로 쌓은 벽을 두었으며 벽 가운데에 창을 두었는데 서쪽 창은 원형, 북쪽 창은 반원형, 동쪽 창은 사각형이다.

전통 한옥 양식이지만, 외관은 19세기 후반에 유행한 청나라 건축 양식의 영향이 덧입혀졌다. 석파정 별당과 비슷한 양식으로는 종로구 부암동에 위치한 부암정博巖亭이 있다. 부암정은 19세기 개화파 윤웅렬, 윤치호 부자의 별장이다.

석파정과 함께 흥선대원군의 대표적인 별장이 서울시 마포구 염리동에 있었다. 현재 서울디자인고등학교 자리에 위치해 있는 아소정我笑亭이 그곳이다. 흥선대원군이 최고의 권력을 행사하면서 김흥근에게 강제로 빼앗은 별장이 석파정이라면, 아소정은 권력을 잃은 시기에 살았던 공간이다.

석파랑 안채와 동산에 위치한 석파정 별당.

흥선대원군은 근대사의 전개와 함께 부침을 거듭한 인물이다. 1863년 고종의 즉위를 계기로 섭정했지만 10년 만인 1873년 권좌에서 물러났다. 그의 섭정을 신랄하게 비판한 최익현의 상소가 결정적이었다.

1882년 임오군란을 일으킨 구식 군인들은 흥선대원군을 추대해 정치 일선으로 이끌었다. 잠시 권력을 잡은 대원군은 개화 기구를 폐지하고 군대 구조를 예전처럼 돌리면서 권력 회복에 나섰다. 그러나 청나라 군대의 개입으로 임오군란은 실패했고, 흥선대원군을 통제하기 힘든 인물로 파악한 청나라는 그를 톈진으로 압송했다.

많은 수모를 당하며 3년간 유폐생활을 한 대원군은 난초 그리기로 마음을 달랬다고 한다. 이때 그린 「석파란石波蘭」은 청나라에서도 유명해졌다.

1885년 청나라는 러시아와 일본의 조선 진출을 견제하기 위해 흥선대원군을 조선으로 돌아가게 했다. 청나라에서 벗어나려는 고종과 명성황후를 견제할 수 있는 인물로 판단했기 때문이다. 그러나 이후 흥선대원군은 권력의 중심에서 멀어졌고, 말년을 아소정에서 보냈다. 아소정이라는 이름은 흥선대원군의 시 「아소당我笑堂」(내가 웃는 집)에서 비롯되었다. 이 시는 장지연이 편찬한 『대동시선』에 수록되어 있다.

> 내가 날 저버렸으니 그 책임 가볍지 않구나
> 나랏일 물러나 한적한 날 술산만 기울인다
> 지난 일들 모두가 꿈이었구나
> 남은 삶 세속에 맡기자니 부끄럽기만 하다
> 나는 전생과 이생을 생각하며 웃는다
> ─『대동시선』, 장지연 편, 「아소당」

마지막 구절이 "나는 전생과 이생을 생각하며 웃는다我笑前生又此生"이다. 이태백의 시「산중문답山中問答」에도 "나에게 묻노니, 그대는 왜 푸른 산에 사는가問余何事棲碧山 / 웃으면서 답하지 않으니 마음이 한가롭네笑而不答心自閑"라는 구절이 있는데, 이 시와 제목이나 의미 면에서 통한다.

1895년 10월 을미사변이 일어나던 날 일제는 아소정에 머물던 고령의 흥선대원군을 경복궁 앞으로 오게 했다. 명성황후 살해를 계획하면서 이것을 며느리와 대립했던 흥선대원군 세력이 주도한 일로 꾸미려는 의도였다. 마지막까지 권력의 희생양이 되었던 흥선대원군은 1898년(고종 35) 2월 2일 79세의 나이로 운현궁 노안당에서 생을 마감했다.

부인 여흥 민씨가 세상을 떠난 지 한 달 만이었다. 흥선대원군의 장례는 국장으로 진행되었다.『고종실록』1898년 2월 2일의 기록에는 흥선대원군이 승하하자 고종이 조령詔令을 내려, 장례를 주관하는 예장청禮葬廳을 설치하고 대원군 부인과 합장할 것을 지시한 내용이 보인다.

흥선대원군의 무덤 흥원興園이 처음 조성된 곳도 말년에 자주 머물렀던 아소정이다. 아소정은 당시 공덕리 본궁으로 불린 사실이『승정원일기』에서 확인된다. 흥선대원군 묘소는 1906년 파주시 대덕리로 이장했다가 1966년 남양주시 화도읍 창현리로 옮겨졌다.

아소정 자리에 흥선대원군의 묘소가 위치하면서 한때 이곳을 국태공원國太公園이라 불렀다고 한다. 아소정은 해방 이후 국유지가 되었고, 1955년 동도공업고등학교가 이 자리에서 개교했다. 아소정의 건물 상당수는 동도공업고등학교 증축 공사 때 헐려서 일부는 서대문구 봉원사로 이전되었고, 지금은 우물의 디딤돌만 남아 있다. 봉원사의 대방人房 건물은 아소정에서 가져온 것이다. 동도공업고등학교는 2004년 서울디자인고등학교로 교명을 바꾼 뒤 현재까지 이어지고 있다.

석파정은 흥선대원군 권력의 상징을, 아소정은 권력에서 물러나 스스로 웃을 수밖에 없었던 흥선대원군의 빛과 그늘을 보여주는 대표적 공간이다.

49
경복궁 중건 이야기

서울을 대표하는 랜드마크, 외국인이 가장 한국적인 곳으로 기억하는 장소는 경복궁景福宮이다. 1395년(태조 4) 9월 태조의 왕명을 받은 정도전이 주도해 완성한 경복궁의 처음 규모는 그리 크지 않았다.

755칸으로 출발한 경복궁은 이후에 계속 건물이 증축되었으나, 1592년 임진왜란으로 완전히 폐허가 되었다. 그리고 270여 년이 지난 후 대왕대비 신정왕후의 뜻을 받드는 형식으로 경복궁 중건 사업이 시작되었다. 왕실의 위상과 권위를 회복하려는 흥선대원군의 의지 때문이기도 했다.

이 사업의 시작은 1865년(고종 2) 4월 2일 조대비의 하교에서 비롯되었다. 조대비는 전교를 내려 "경복궁은 우리 왕조에서 수도를 세울 때 맨 처음으로 지은 정궁正宮이다. 규모가 바르고 크며 위치가 정제하고 엄숙한 것을 통하여 성인聖人의 심법心法을 우러러볼 수 있거니와 정령政令과 시책이 다 바른 것에서 나와 팔도의 백성이 하나같이 복을 받은 것도 이 궁전으로부터 시작되었다. 그러나 불행하게도 전란으로 불타버리고 난 다음에 미처 다시 짓지 못한 관계로 오랫동안 뜻 있는 선비들의 개탄을 자아냈다"고 말했다.

이와 함께 "돌이켜보면 익종께서 정사를 대리하면서도 여러 번 옛 대궐에 행차하여 옛터를 두루 돌아보면서 개연히 다시 지으려는 뜻을 두었으나 미처 착수하지 못했고, 헌종께서도 그 뜻을 이어 여러 번 공사를 하려다가 역시 시작하지 못하고 말았다"고 하여, 경복궁 중건이 자신의 남편인 익종(효명세자)의 유지를 따르는 것이기도 함을 선언했다.

이어서 조대비는 "아! 마치 오늘을 기다리느라고 그랬던 것 같다. 우리 주상은 왕위에 오르기 전부터 옛터로 돌아다니면서 구경했고 근일에 이르러서는 조종조祖宗朝께서 이 궁전을 사용하던 그 당시의 태평한 모습을 그리면서 왜 지금은 옛날처럼 못 되는가 하고 한탄한다. 이것은 비단 조상의 사업을 계승한다는 성의聖意일 뿐만 아니라 넓고도 큰 도량까지 엿볼 수 있는 것이니, 이것은 백성의 복이며 국운의 무궁할 터전도 실로 여기에 기초할 것이다. 내 마음은 경사와 행복을 이기지 못하겠다"고 하여 경복궁 중건에 임하는 감격을 표현했다.

조대비의 하교 후에 경복궁 중건 사업을 담당할 임시 기관인 영건도감이 구성되었고, 중건 시작일은 4월 13일로 정했다.

4월 5일의 하교에서는 "어제와 오늘 이틀 사이에 모인 원납전願納錢이 10만 냥에 달하고 선파璿派(종친)들이 보조한 돈도 몇만 냥이 넘는다고 한다. 이로 미루어보면 이 공사가 하늘의 뜻과 백성의 마음에 부합된다는 것을 알 수 있거니와 나라를 위하는 우리 백성

경복궁 중건 사업은 신정왕후의
뜻에 따라 시작되었다.

의 성의도 융성하던 옛날에 비하여 부끄럽지
않다"고 하여 자발적 기금이 상당했음을 알리
고 있다.

　그러나 원납전은 말이 원해서 납부한 돈이지, 실제로는 강제
기부금의 성격이 커서 '원망하며 납부한 돈'이란 뜻으로 원납전怨納
錢으로도 불렸다.

　공사에 참여한 인원이 부족하자 승려들을 충당하기도 했다.
1865년 5월 영건도감에서는 "공장工匠의 수가 충분치 못한 관계로
목석木石을 다듬는 일을 기한 내에 마칠 길이 전혀 없습니다. 승도僧
徒 중에 장수匠手를 업으로 하는 자들을 모집하여 장부로 작성해서
올려보내고 일을 끝마칠 때까지 부역시킬 일로 성화같이 팔도와
사도四都에 모이게 하는 것이 어떻겠습니까?"라고 건의했고, 고종

은 이를 허락했다.

공사에 따르는 비용을 충당하기 위해 1866년 11월부터 고액 화폐인 당백전當百錢(일종의 국채)을 발행했으나, 화폐 가치의 폭락과 물가의 폭등을 초래했다. 결국 1867년 5월 15일 이후 당백전을 철파했다.

경복궁 중건 과정에서는 화재가 일어나 많은 어려움을 겪기도 했다. 1866년 3월 6일에는 동십자각에 있는 훈련도감 가건물의 화재로 건물 800여 칸이 불탔다. 입직 당상인 훈련대장 임태영을 파직했다가 얼마 뒤에 용서했다. 1867년 2월에는 영건도감이 감역소監役所에서 지핀 불씨로 인해 화재가 일어나 많은 자재를 불태웠다. 부역에 동원된 백성은 공사 중단을 기대했지만 흥선대원군은 중건 사업을 더욱 독려했다. 강력한 추진력 덕분인지 중건 사업은 점점 완성돼가고 있었다.

1867년 11월 16일 고종은 경복궁 근정전에 앉아서 백관의 축하를 받았다. 고종은 "옛날에 태조는 새로 큰 도읍을 세우고 경복궁이라는 대궐에서 거처하니, 앞은 남산이고 뒤는 삼각산三角山이라 바로 천지의 중간에 있는 좋은 곳이었고, 먼저 종묘를 짓고 뒤에 거처하는 방을 세우니 전각이 위아래로 취하는 바가 있었다. 상서로운 징조가 이미 나타나서 100년 동안에 왕업이 흥성했고, 그 제도는 실로 삼대三代 때를 본떴으니 후세에 더할 것이 없었다"라고 하여 경복궁의 의미를 기억하고 자신의 시대에 경복궁이 다시 완성된 사실에 크게 감격했다.

1868년 7월 2일 드디어 경복궁이 완성되었다. 고종은 대왕대

비(신정왕후), 왕대비(헌종비 효정왕후, 명헌대비), 대비(철인왕후, 철종비), 왕비(명성왕후)를 모두 대동하고 경복궁으로 거처를 옮겼다.

고종은 "법궁法宮을 영건한 지 겨우 40개월가량밖에 되지 않는데 지금 벌써 이어移御하게 되었다. 300년 동안 미처 하지 못하던 일을 이렇게 완공했으니, 그 기쁘고 다행한 마음을 이루 다 말할 수 있겠는가?"라며 깊이 감격했다.

이어서 "국초에 영건한 공로가 봉화백奉化伯 정도전, 의성부원군宜城府院君 남은, 영의정 이직, 청성백靑城伯 심덕부에게 있다는 것을 영원히 잊을 수 없으니, 이제 오랜 나라의 운수가 새로워지는 때를 당해서 성의를 보이는 조처가 없을 수 없다. 그들의 무덤에 다 같이 지방관들을 보내 치제를 하도록 하라"는 지시를 내렸다.

1398년 왕자의 난 때 이방원에 의해 피습되면서 역적의 굴레를 덮어썼던 정도전이 경복궁 중건으로 그 명예를 회복하는 순간이었다.

중건된 경복궁의 규모는 330여 동의 궐내 전각 7225칸, 후원 전각 232칸 반으로 7450칸이 넘었다. 정도전이 처음 완성한 경복궁 전각이 755칸이었던 것과 비교하면 거의 열 배나 되는 규모였다. 정도전이 왕이 먼저 검소와 절약을 실천할 상징 공간으로 경복궁을 조성했다면, 1868년 흥선대원군이 주도한 경복궁 중건 사업은 최대한 왕실의 위상과 권위를 강조하는 방향으로 진행되었기 때문이다.

7월 18일에는 창덕궁 선원전에 나아가 어진을 배봉陪奉하여 경복궁의 선원전에 옮겼다. 조선 후기 법궁 역할을 하던 창덕궁이 그 위상을 경복궁에 돌려준 것이었다. 1872년 9월 16일 영건도감 책임자들에 대한 시상이 이루어졌고, 영건도감에서 회계부會計簿를 바치면서 경복궁 중건 사업은 마무리되었다.

당시의 재정 상황은 실록에 자세히 기록되어 있는데, 내하內下한 돈이 11만 냥, 단목丹木이 5000근, 백반白礬이 3000근이며, 선파인璿派人이 원납願納한 돈이 34만913냥6전이고, 각인各人이 원납한 논이 727만7780냥4전3푼에 백미白米가 824석, 종계 783만8694냥3푼, 백미 824석, 단목 5000근, 백반 3000근이었다.

흥선대원군이 대왕대비인 신정왕후의 뜻을 받드는 형식으로 전개되었던 경복궁 중건은 흥선대원군의 정치적 야망이 가장 굳건히 표현된 사업이었다. 국가 재정의 파탄, 부역에 동원된 백성의 불만 등 부정적인 요소도 있지만, 이때 완성된 경복궁 중건으로 인해 우리는 가장 한국적인 궁궐을 보유할 수 있게 되었다.

1866년 3월 3일 경복궁 영건일기에는 "광화문 앞에 월대를 쌓았다"는 기록이 나오는데, 이 월대月臺(궁궐 주요 건물의 품격을 높이기 위해 터보다 높게 쌓은 단)는 일제강점기인 1923년 전차 선로가 설치되면서 땅속에 묻혀버리고 말았다. 2023년 4월에는 광화문 월대의 전모가 100년 만에 확인되기도 했다. 문화재청에서는 월대의 복원에 착수해 1868년에 완성된 경복궁의 원래 모습 찾으려 했고, 월대는 2023년 10월 15일 복원되었다.

「이하응 초상 금관조복본」 132.1×67.6cm, 보물 1499-2호, 조선시대, 국립중앙박물관

50
경복궁 뒤뜰의 숨은 공간들

경복궁에서도 사람들의 발길이 잘 닿지 않는 곳이 있다. 건청궁乾淸宮과 집옥재集玉齋는 경복궁 후원에서도 가장 깊숙한 곳에 있기 때문에 가기 쉽지 않다. 고종이 독립된 공간으로 설치한 건청궁과 근대의 길로 갈 것을 모색한 집옥재 그리고 건청궁과 연결되는 정자 향원정香遠亭의 역사 속으로 들어가보자.

1865년 조대비의 하교로부터 시작된 경복궁 중건 사업은 1868년 7월 일단 그 완성을 보았다. 고종은 대왕대비 신정왕후, 왕비 명성황후 등과 함께 거처를 창덕궁에서 경복궁으로 옮기면서 경복궁 시대의 시작을 다시 알렸다.

경복궁 중건 사업의 실질적인 지휘자 흥선대원군이 1873년 하야하면서 고종의 친정親政이 시작되었다. 이 무렵 고종이 건물 하나를 완성했으니, 이곳이 바로 궁궐 속의 궁궐 건청궁이다. 건청궁 공사는 궁궐의 내탕금으로 비밀리에 진행되었는데, 건립 사실이 알려지면서 이를 반대하는 상소문이 올라왔다.

부호군副護軍 강진규姜晉奎는 "삼가 듣건대, 건청궁을 짓는 역사

비밀리에 건립이 추진된 건청궁.

役事가 몹시 웅장하고 화려하다고 합니다. 이곳은 행차할 때 임시로 거처하는 장소에 지나지 않는데, 그토록 웅장하고 화려하게 지어서 어디다 쓴다고 지나치게 경비를 허비하는 것입니까? 게다가 창고가 화재를 입어 한창 수선하고 있는데 다시 이렇게 정도에 지나친 큰 공사를 한다면 백성은 거듭 시달림을 받고 나라의 저축은 더 모자랄 것이니 밝고 검박한 성상의 덕에 손상을 주는 일이 적지 않을 것입니다"라면서 건청궁 공사 중지를 건의했다.

고종은 가납嘉納(아름답게 받아들임)한다고 했지만, 역대 왕의 초상화를 봉안한다는 명분을 내세우면서 뜻을 굽히지 않았다. 이미 어진을 봉안하는 장소가 있었던 점을 고려하면, 건청궁 건립은 고종 스스로가 새로운 모색을 할 공간의 필요에서 추진한 것이었다.

1875년 10월에는 수정전修政殿에 모신 어진과 교명, 책보를 건청궁 관문당觀文堂에 옮겨 봉안할 것을 지시하면서 건청궁의 위상을 높였다.

건청궁은 궁궐 건축이 갖는 격식보다는 사랑채, 안채, 행랑채를 갖춘 사대부 집과 비슷하게 조성되었다. 사랑채인 장안당長安堂에는 고종이, 안채인 곤녕합坤寧閤에는 명성황후가 거처했다. 복수당福綬堂에는 상궁들의 거처와 곳간 등이 있었다.

단청을 하지 않은 소박한 건물 형태는 순조 때 효명세자가 부친을 위해 지은 연경당이나 헌종 때 지은 낙선재와 유사하다. 건청궁은 용도를 떠나, 고종이 아버지의 그늘에서 벗어나 스스로 국정을 주도한 직후에 세운 건물이라는 점에서 의의가 크다. 고종은 건청궁에서 원임 대신과 시임 대신들을 접견했을 뿐만 아니라 일본 대리공사 다카히라 쇼고로高平小五郎를 접견하는 등 왕으로서의 위상을 강화하는 공간으로 활용했다.

경복궁의 내전 일부가 불에 타 고종이 창덕궁으로 거처를 옮기면서 건청궁은 잠시 그 위상을 잃었으나, 1885년(고종 22) 고종이 다시 건청궁으로 돌아오면서 근대사의 중심 무대로 자리잡게 된다.

1885년 9월에는 미국 대리공사 폴크福久, George C. Foulk, 1886년 5월에는 프랑스 사신 코고르당戈可當, Cogordan을 접견한 사실도 실록에 보인다. 1891년 11월에도 일본 공사와 미국 공사를 접견했다. 고종의 외국 공사 접견은 건청궁에서 수시로 이루어졌고, 이들을 위해 연회를 베풀었다는 내용도 확인할 수 있다.

1894년 2월 27일『고종실록』의 "건청궁에 나아가 각국 공사들

을 접견하고 이어 잔치를 베풀어주었
다"는 기록이 대표적이다. 고종은 이
곳에서 근대 문물 수용에 각별한 관
심을 기울였다. 1887년 3월 6일 우리
나라 최초로 전기를 들여온 것이 대
표적이다.

　1879년에 설립된 에디슨 전기회
사가 발전기를 설치하면서 처음 전등
이 들어왔는데, 8년 후 경복궁 건청궁
인근에서 최초의 점등식이 있었다.
이는 중국의 자금성에서 전기를 받아
들인 것보다 시기가 앞선다.

　문화재청에서는 2015년 경복궁
영훈당 권역 발굴조사 결과 1887년
국내 최초로 전기를 생산해 전등을
밝힌 전기등소電氣燈所의 위치가 향
원지 남쪽과 영훈당 북쪽 사이인 것
으로 밝혔다. 이곳에서 원료인 석탄
을 보관하던 탄고와 발전소 터 등

명성황후 조난지 표석.

1887년 우리나라에 최초로 세워졌던 전기등소의 유구가 확인되었
기 때문이다.

　1888년에는 건청궁 내에 1층 한옥으로 조성한 관문당觀文堂을
보수해 서양식 2층 건물인 관문각觀文閣으로 만들었다. 러시아 건

347

축가 사바틴이 설계한 관문각은 명성황후가 외국 손님을 접견하는 곳으로도 이용되었으며, 사바틴이 1895년 8월 20일(양력 10월 8일) 일제가 자행한 을미사변의 현장을 목격한 장소가 되기도 했다.

명성황후는 건청궁에 거처하는 동안 일본의 압력에서 벗어나고자 러시아 등 서양 여러 나라와 활발한 외교정책을 폈다. 이에 일제는 조선 침략의 가장 걸림돌이 되는 왕비를 제거하는 일에 나섰고, 1895년 8월 20일 명성황후는 건청궁 곤녕합에서 잔인하게 피살되었다.

『승정원일기』에는 "개국 504년 8월 20일 묘시에 왕후가 곤녕합에서 승하하셨다"라고 기록하고 있다. 명성황후의 죽음이라는 엄청난 충격을 직접 겪은 고종은 1896년 2월 러시아와 친러파의 도움을 받아 거처를 러시아 공사관으로 옮겼다. 이후 경복궁은 다시는 왕이 거처하지 않는 공간이 되었고, 그 지위도 현격히 추락했다.

건청궁 남쪽에는 향원지라는 연못의 인공 섬 위에 만든 정자 '향원정'이 있다. 이 이름은 북송 시대의 성리학자 주돈이周敦頤의 「애련설愛蓮說」에서 연꽃을 예찬하면서 쓴 "연꽃의 향기는 멀수록 더욱 맑다香遠益淸"라는 구절에서 따왔다.

성외부가 사신을 접대하거나 국가적 행사를 하는 누각이었다면, 향원정은 왕족의 사적인 휴식 공간이었다. 향원정의 모태는 취로정翠露亭으로, 『세조실록』에 "경복궁의 후원에 신정新亭을 낙성落成했다. (…) 이름은 '취로정'이라 하고 앞에 못을 파서 연꽃을 심게 했다"는 기록이 보인다.

경복궁 향원정.

　　　취로정은 임진왜란 때 불타 없어졌다가, 건청궁을 지을 무렵 이곳에 정자를 다시 조성하면서 향원정이라는 이름을 얻었다. 고종과 명성황후가 건청궁에 거처했기에, 연못을 건너 향원정에 갈 수 있도록 취향교醉香橋를 만들었다. '향기에 취한 다리'라는 뜻으로 향원정 북쪽에 무지개 모양으로 설치했다. 취향교는 한국전쟁 때 불타 없어졌는데, 1953년 복원할 때는 남쪽에서 향원정으로 갈 수 있게 설치했다. 당시 건청궁이 복원되지 않은 상황에서 경복궁에서 향원정으로 가려면 다리가 남쪽에 있어야 한다고 생각했기 때문이다.

　　　1953년의 취향교 복원은 잘못된 문화재 복원의 대표적인 사례였고, 2017년 문화재청은 향원정 보수 공사를 하면서 취향교를 원래 위치로 복원할 것을 결정했다. 향원정 북쪽에 남아 있는 다리의 유구를 활용했으며 2021년 복원이 완료되었다.

건청궁 서북쪽에는 청나라 양식의 요소가 많아 이국적인 모습을 한 건물이 눈이 들어온다. 중심에 자리를 잡은 집옥재集玉齋와 그 서쪽에 팔우정八隅亭, 동쪽에 협길당協吉堂이 있는데, 세 채의 건물은 유리창이 있는 복도로 연결되어 있다.

집옥재, 협길당, 팔우정은 1881년(고종 18)에 창덕궁 함녕전(창덕궁 수정전 자리에 설치한 전각)의 북별당北別堂이었는데, 고종이 창덕궁에서 경복궁으로 거처를 옮긴 후인 1891년 현재의 위치에 세웠다.

1891년 7월 13일 고종은 중건소重建所에 집옥재를 옮겨 짓는 공사를 거행하라고 명했다. 고종은 집옥재에 어진을 봉안하고 서재로 사용했는데, 여기에는 4만여 권의 도서가 수집되었다. 현판은 북송의 서예가 미불米芾의 글씨를 집자해 만들었다. 집옥재의 도서는 현재 서울대학 규장각한국학연구원과 한국학중앙연구원 장서각에서 보관하고 있다.

고종은 집옥재를 건청궁과 같이 사신을 접견하는 장소로도 활용했다. 외국과의 문물 교류에 대한 공간으로 삼으려는 의지가 컸기 때문이다. 1893년(고종 30) 한 해에만 영국, 일본, 러시아, 오스트리아 등 외국 공사들을 접견한 기록이 『고종실록』에 나타난다. 고종은 집옥재를 선진 문물을 수용하는 중심 공간으로 삼고, 왕이 주도하는 근대화의 길로 나아가는 모습을 보인 것이다.

집옥재는 고종의 서재였던 만큼 이를 현대식으로 활용하는 방안들도 진행 중이다. 2016년 집옥재를 책을 읽을 수 있는 공간으로 만들었고, 궁궐을 찾는 사람들에게 개방했다.

51
서울의 새해맞이

한 해를 시작하는 새해가 차지하는 의미는 예나 지금이나 여전하다. 민간에서는 세배를 하고, 설빔을 입고 떡국을 먹으면서 한 해를 준비했다. 왕실에서는 새해를 맞이해 왕이 주관하는 큰 잔치가 벌어졌고, 신하들은 왕의 만수무강을 기원하는 축문과 함께 특산물을 바쳤다. 왕은 신하들에게 지금의 연하장과 같은 세화歲畫라는 그림을 하사했고, 새해를 축하하는 시를 지어 올리게 했다.

『조선왕조실록』이나 『일성록』처럼 국가에서 편찬한 기록은 물론이고, 정조 때의 학자 홍석모가 한 해의 세시풍속을 정리한 『동국세시기東國歲時記』, 조선 후기 실학자 유득공의 『경도잡지京都雜志』와 같은 책에는 새해맞이 풍경이 자세히 기록되어 있다. 『경도잡지』는 제목에서 보듯 서울에 관한 여러 내용을 다루고 있는데, 상권에는 의복·음식·주택·시화 등의 풍속을 19항으로 나누어 기술하고, 하권에서는 서울의 세시를 19항으로 분류해 기록하고 있다.

『동국세시기』에 따르면 백성은 새해 아침 일찍 제물을 사당에 진설하고, '정조다례正朝茶禮'라는 제사를 지냈다. 남녀 아이들은 '설빔歲庇陰'이라는 새옷으로 갈아입었다. 차례를 지낸 후에는 집안 어른과 나이 많은 친척 어른들을 찾아가 새해 첫인사인 '세배歲拜'를 드렸다. 세배 때 음식을 대접하는 것을 세찬歲饌이라 했고, 이때 내주는 술을 세주歲酒라 했다. 떡국은 한자로는 '탕병湯餠'(끓인 떡)이라고 했는데, 전통 시대에도 새해를 대표하는 음식이었다.

『경도잡지』에는 "멥쌀로 떡을 만들고, 굳어지면 돈처럼 얇게 가로로 썬 다음 물을 붓고 끓이다가 꿩고기, 훗추가루 등을 섞었다"고 해 19세기 서울의 떡국 모양과 재료를 기록하고 있다.

원래 떡국에 넣은 고기는 꿩고기였다. 맛이 좋기도 했지만 꿩을 상서롭게 여겼기 때문이다. 그런데 점차 꿩고기를 구하기가 어려워져 닭고기를 썼고, 거

설날에 여성들은 널뛰기를 즐겼다.

기서 유래한 말이 '꿩 대신 닭'이다.

정약용은 당시까지의 속담을 모은 책『이담속찬耳談續纂』에 "꿩을 잡지 못했으면 닭으로 준비할 수 있다"라고 했다.

새해에 친구나 젊은 사람을 만나면 올해는 '과거에 합격하시오' '부디 승진하시오' '아들을 낳으시오' '재물을 많이 얻으시오'와 같은 덕담을 주고받았다. 초하룻날 첫새벽에 거리에 나가 맨 처음 들려오는 말소리로 그해 1년간의 길흉을 점쳤는데, 이것을 청참聽讖이라 했다.

한 해의 운수를 점치는 풍습도 유행했다. 조선시대 민간에서는 윷점과 오행점五行占이 유행했다. 오행점은 나무로 장기쪽같이 만들어 금, 목, 수, 화, 토를 새겨넣은 다음 나무가 엎어지는 상황을 보고 점괘를 얻었다. 윷점은 윷을 던져 새해의 길흉을 점쳤는데, 도가 세 번 나오면 '어린아이가 엄마를 만나는 운세' '도·도·개'면 '쥐가 창고에 들어가는 운세' 등으로 해석했다.

그런데 요즘 새해 운세를 보는 책으로 유행하고 있는『토정비결』에 관한 내용은 조선 후기 세시풍속을 기록한 책들에서는 언급되지 않고 있다. 이로써『토정비결』은 빨라야 19세기 후반부터 유행한 책으로 짐작된다.

일기에 기록된 새해 풍경

16세기 학자이자 관리 유희춘(1513~1577)이 서울에서 관직 생활을 하면서 주로 쓴『미암일기眉巖日記』에서도 새해의 모습들을 찾아볼 수 있다. 1567년 10월 1일에서 시작해 1577년 5월 13일까지 11년에 걸쳐 쓴 이 일기 중에서 1568년 1월 1일 자에는 "유협이 곶감 두 접과 건수어乾水魚 네 마리, 참빗 열 개를 나를 주었다. (…) 나는 최인길에게 쌀 다섯 두를 보내고 구비舊婢인 파치에게도 쌀 한 두를 보냈다"고 기록해, 지인들과 선물을 주고받은 모습이 나타난다.

1571년 1월 1일에는 "닭이 울자마자 대소의 사람들이 와서 세배를 했는데 모두 기록할 수가 없다. 박해朴海가 소 한 다리와 떡을 보냈다"고 해, 세배하는 행렬이 줄을 이었음을 볼 수 있다. 1월 3일의 "윤홍중이 새 달력 한 건을 보내왔다"는 기록에서는 새해에 달력을 선물하는 풍속은 예나 지금이나 같음이 나타난다.

1576년의 1월 1일에는 "부인과 포包를 떼고 장기를 두었는데, 승부가 비등하였다"고 했다. 이는 부인과 장기를 둔 조선시대 관리에 대한 기본적인 이미지와 차이를 드러내 흥미롭다.

1577년 새해에 유희춘은 복을 맞기 위해 문지방에 "상서로운 경치는 새해 첫날에서 비롯되고 즐거움은 1년 내내 많을 것이다"라고 하고, "풍년이 들어 한 마을이 같이 즐거워하고 집안이 태평하여 우리 가족이 모두 기뻤으면 한다"는 글귀를 걸어두었다. 새해를 맞아 새로운 다짐과 포부를 밝히는 모습을 옛사람의 일기에서도 확인할 수 있는 것이다.

새해가 되면 조선 왕실 사람들도 분주했다. 각종 의식을 준비해야 했기 때문이다. 새해 첫날 왕실에서 행해지는 가장 큰 공식 행사는 정조正朝 의식, 요즈음으로 치면 신년 하례식이었다. 정조(음력

1월 1일)를 맞아 왕과 문무백관의 신하들이 한곳에 모여 신년을 축하하는 조하 의식을 행했다. 영의정, 좌의정, 우의정이 중심이 되어 관리들을 거느리고 왕께 새해 문안을 드리며 새해를 축하하는 전문箋文과 표리表裏(옷감의 겉과 속)를 올렸다.

지방의 관리들은 축하 전문과 함께 그곳 특산물을 올렸다. 왕은 신하들에게 회례연會禮宴을 베풀어 음식과 술, 꽃 등을 하사하면서 노고를 치하했다. 왕비의 거처인 중궁전에서도 왕실 여성을 위한 잔치가 베풀어졌다.

왕실의 비서 기관인 승정원에서는 미리 선정한 시종신侍從臣(왕을 가까이서 모시는 신하, 승정원, 사간원, 사헌부, 홍문관, 예문관 소속의 관리)과 당하의 문관들로 하여금 연상시延祥詩라는 신년의 시를 지어 올리게 했다. 당선된 시는 궁궐 안 전각 기둥이나 문설주에 붙여 많은 사람이 보게 했고 새해를 함께 축하했다.

조정의 관리나 왕실 및 관리의 부인 중에서 70세가 넘는 사람에게는 새해에 쌀, 생선, 소금 등을 하사했다. 관리로서 80세이거나, 백성으로서 90세가 되면 한 등급을 올려주고, 100세가 되면 한 품계를 올려주었다. 새해를 맞이해 장수한 노인들을 특별히 배려해 준 것이다.

그림을 전문적으로 그리는 화원畫員들이 소속된 도화서에서는 수성壽星(인간의 장수를 맡고 있다는 신) 및 선녀와 직일신장直日神將(하루의 날을 담당한 신)의 그림을 그려 왕에게 올리고 또 서로 선물하기도 했는데, 이를 세화歲畫라고 했다.

이외에 붉은 도포와 검정 사모를 쓴 화상을 그려서 궁궐의 대

문에 붙이기도 했고, 역귀와 악귀를 쫓는 그림
이나 귀신의 머리를 그려 문설주에 붙이기도
했다. 관청의 아전과 하인 및 군영의 장교와 나

1791년 정조는 선원전에 나가 인
사를 올리고, 신하들에게 종묘와
경모궁에 나아가 예를 표할 것을
지시했다.

졸들은 종이를 접어 이름을 쓴 명함을 윗사람의 집을 찾아 옻칠한
쟁반에 올렸다. 이것을 세함歲衘이라고 했는데, 신년에 주고받는 명
함이라는 뜻이다.

　　1791년 1월 4일에 정조는 종묘와 경모궁(사도세자를 모신 사당)
에 나아가 예를 표할 것을 지시했다. 이해는 정조가 40세 되던 해였
다. 왕으로서 가장 왕성하게 활동할 나이의 새해 첫날 정조는 먼저
역대 왕의 어진(왕의 초상)을 봉안한 선원전에 나아가 인사를 올렸
다. 이어 예조 관리들의 인사를 받고 나이가 많은 신하에게는 특별
히 새해 음식을 하사했다.

"신하로서 나이가 일흔이 넘었고 내외가 해로하는 자가 자그마치 13명이나 된다. 이런 경사스러운 때를 맞아 기축祈祝하는 일로는 노인을 공경하는 것보다 더한 것이 없다"면서 경로사상을 고취했다.

또한 정조는 새해를 맞아 팔도에 농사를 장려하는 윤음綸音을 내리기도 했다. "나는 백성이 하늘로 삼는 것을 소중히 여겨 '권농勸農'이란 두 글자를 앞에 닥친 많은 일 가운데 첫째가는 급선무로 삼으려고 한다"면서 농사를 권장하고 민생을 최우선으로 할 것을 선언했다.

새해에 설빔을 입고 세배를 하며 선물을 주고받는 풍경은 현재의 우리 모습과 매우 비슷했고, 이것은 다양한 기록에서도 확인되었다.

서울의 자서전: 조선의 눈으로 걷다

1판 1쇄 2024년 5월 17일
1판 2쇄 2024년 7월 1일

지은이 신병주
펴낸이 강성민
편집장 이은혜
마케팅 정민호 박치우 한민아 이민경 박진희 정유선 황승현
브랜딩 함유지 함근아 고보미 박민재 김희숙 박다솔 조다현 정승민 배진성
제작 강신은 김동욱 이순호

펴낸곳 (주)글항아리 | 출판등록 2009년 1월 19일 제406-2009-000002호

주소 10881 경기도 파주시 심학산로 10 3층
전자우편 bookpot@hanmail.net
전화번호 031-955-2689(마케팅) 031-941-5161(편집부)
팩스 031-941-5163

ISBN 979-11-6909-230-2 03900

잘못된 책은 구입하신 서점에서 교환해드립니다.
기타 교환 문의 031-955-2661, 3580

www.geulhangari.com

이 저서는 2018년 대한민국 교육부와 한국연구재단의 지원을 받아 수행된 연구임
(NRF-2018S1A63A0304397)